职业教育
示范性虚拟仿真实训基地
年度报告与建设实践

（2021）

教育部高等学校科学研究发展中心　组编

中国教育出版传媒集团

高等教育出版社·北京

内容提要

　　根据《关于开展职业教育示范性虚拟仿真实训基地建设工作的通知》（教职成司函〔2020〕26号）工作要求，教育部遴选公布了职业教育示范性虚拟仿真实训基地培育项目。2021年是基地培育项目开展建设的第一年，各项目培育单位上报的建设数据、年度总结，以及据此发布的年度建设效能报告，全面、系统地反映了我国职业院校（含职业本科、高职专科、中职）适应职业教育数字化转型升级战略要求，在虚拟仿真实训基地建设方面的基本情况、主要思路、具体做法和取得的阶段成效。为了及时总结建设成果、分享建设经验，深入推进职业教育示范性虚拟仿真基地建设，推进现代信息技术与职业教育教学深度融合，促进职业教育高质量发展，培养更多高素质技术技能人才、能工巧匠、大国工匠，本书将有关内容进行了整理、汇编，以供职教战线相关人员借鉴和参考。

图书在版编目（ＣＩＰ）数据

　　职业教育示范性虚拟仿真实训基地年度报告与建设实践.2021／教育部高等学校科学研究发展中心组编.－－北京：高等教育出版社，2024.1
　　ISBN 978-7-04-061385-8

　　Ⅰ．①职… Ⅱ．①教… Ⅲ．①职业教育－研究报告－中国－2021 Ⅳ．①G719.2

　　中国国家版本馆CIP数据核字（2023）第218050号

职业教育示范性虚拟仿真实训基地年度报告与建设实践（2021）
ZHIYEJIAOYU SHIFANXING XUNIFANGZHEN SHIXUNJIDI NIANDUBAOGAO YU JIANSHESHIJIAN（2021）

策划编辑	叶　波	责任编辑　周先海	封面设计　贺雅馨		责任绘图　裴一丹
版式设计	马　云	责任校对　窦丽娜	责任印制　刘思涵		

出版发行	高等教育出版社	网　　址	http://www.hep.edu.cn
社　　址	北京市西城区德外大街4号		http://www.hep.com.cn
邮政编码	100120	网上订购	http://www.hepmall.com.cn
印　　刷	佳兴达印刷（天津）有限公司		http://www.hepmall.com
开　　本	787 mm×1092 mm　1/16		http://www.hepmall.cn
印　　张	16		
字　　数	360千字	版　　次	2024年1月第1版
购书热线	010-58581118	印　　次	2024年1月第1次印刷
咨询电话	400-810-0598	定　　价	58.00元

本书如有缺页、倒页、脱页等质量问题，请到所购图书销售部门联系调换
版权所有　侵权必究
物料号　61385-00

本书编委会

主　　任：罗方述

副 主 任：刘红斌

主　　编：马　亮

编写顾问：田秀萍　　王纪安

成　　员（按姓氏笔画排序）：

毛书朋　刘　维　苏　航　肖书笑

张甲瑞　赵艳玲　耿　飞　崔　嘉

前　言

　　教育数字化是加速实现教育现代化、建设教育强国、建设学习型社会的重要战略举措，党的二十大首次将"教育数字化"写进报告，为新时代新征程进一步发展教育数字化指明了方向。虚拟现实技术作为教育数字化技术图谱中的重要一极，是新一代信息技术的前沿方向，是构建数字经济发展新优势的重点领域。基于虚拟现实技术的"3I"特性（沉浸感、交互性、构想性），构建交互式实训学习环境，对于解决职业教育实训教学中的"三高三难"问题具有重要的现实价值，并已在诸多领域得到有效应用。开展职业教育虚拟仿真实训基地建设、推动虚拟仿真技术与职业教育教学深度融合更将有助于推进教育数字化、促进教育高质量发展。

　　2020 年，教育部职业教育与成人教育司（以下简称职成司）发布了《关于开展职业教育示范性虚拟仿真实训基地建设工作的通知》（教职成司函〔2020〕26 号），提出在数字经济、技术变革、产业升级的大背景下，瞄准生产实际和岗位需求，依托虚拟仿真实训基地建设推动人才培养模式改革，深化新一代信息技术与教育教学的有机融合。2021 年，职成司发布《关于公布职业教育示范性虚拟仿真实训基地培育项目名单的通知》（教职成司函〔2021〕35 号），公布了 215 个职业教育示范性虚拟仿真实训基地培育项目，强调各地要探索产教融合、校企合作方式，加强政策支持和经费保障，动员各方力量支持项目建设；同时委托教育部高等学校科学研究发展中心（以下简称科研发展中心）指导项目单位开展建设工作，监测建设进度，评估建设成效。

　　为落实好相关任务，更好地指导职业教育示范性虚拟仿真实训基地培育项目单位高质量高效率开展建设工作，科研发展中心于 2021 年 9 月发布《职业教育示范性虚拟仿真实训基地建设指南》，对基地建设的原则、内涵、路径等提出指导意见和效能要求。2021 年 11 月，搭建职业教育示范性虚拟仿真实训基地建设监测平台，组织 215 个国家级职业教育示范性虚拟仿真实训基地培育项目（以下简称国培）单位和 152 个省级职业教育示范性虚拟仿真实训基地培育项目（以下简称省培）单位上报年度基地建设效能数据、年度总结及典型案例。2022 年，科研发展中心对相关数据和总结进行了深入分析研究，编制完成本报告。本报告是我国职业教育关于示范性虚拟仿真实训基地建设领域的第一个系统性报告，包括了基于主要效能数据的系统分析和建议意见，并在每个省份各选择一所院校的总结作为建设情况基本介绍。遴选出的 39 个典型案例已在国家职业教育智慧教育平台"虚拟仿真实训中心"展示，不再在本书中重复列出。2023 年 7 月，《教育部办公厅关于加快推进现代职业教育体系建设改革重点任务的通知》（教职成厅函〔2023〕20 号）发布，该文件对建设职业教育示范性虚拟仿真实训基地提出了新的要求。本报告的出版发行，必将对进一步深化推进职业教育示范性虚拟仿真实训基地建设,加快推进现代职业教育体系建设改革重点任务起到积极的促进作用,并为广大职业院校教育数字化相关工作提供有益的参考。

本报告的编写由罗方述、刘红斌担任策划指导,马亮担任主编,耿飞、毛书朋、苏航、刘维、肖书笑、张甲瑞、崔嘉、赵艳玲负责数据统计分析和书稿内容写作,田秀萍、王纪安担任编写顾问。相关国培单位、省培单位提供了大量的数据和案例支持。因基地建设实践为新生事物,加之编者能力水平有限,报告难免存在不妥之处,还请广大读者批评指正。

编　者
2023 年 10 月

目　录

第一篇　职业教育示范性虚拟仿真实训基地培育项目 2021年度建设效能报告

第二篇　职业教育示范性虚拟仿真实训基地建设实践

职业教育示范性虚拟仿真实训基地培育项目 2021 年度建设效能报告

党的十九大以来,党中央、国务院相继出台了《国家职业教育改革实施方案》《关于推动现代职业教育高质量发展的意见》等职业教育改革发展的系列重要文件,从深化改革到提质培优,再到高质量发展,形成相互衔接、逐级递进的内在逻辑,明确了"十四五"期间职业教育改革发展政策框架,同时也将信息技术与教育教学深度融合、职业教育数字化升级等任务提到了前所未有的崭新高度。2020 年教育部发布了《关于开展职业教育示范性虚拟仿真实训基地建设工作的通知》(教职成司函〔2020〕26 号),提出在数字经济、技术变革、产业升级的大背景下,瞄准生产实际和岗位需求,依托虚拟仿真实训基地建设推动人才培养模式改革,深化新一代信息技术与教育教学的有机融合。2021 年教育部发布《关于公布职业教育示范性虚拟仿真实训基地培育项目名单的通知》(教职成司函〔2021〕35 号),公布了 215 个职业教育示范性虚拟仿真实训基地培育项目名单,强调各地要探索产教融合、校企合作方式,加强政策支持和经费保障,动员各方力量支持项目建设;同时委托教育部高等学校科学研究发展中心(以下简称科研发展中心)研究制定并发布建设指南,指导项目单位开展建设工作,监测建设进度,评估建设成效。

为扎实推进建设任务,更好地指导基地高质量高效率建设,科研发展中心于 2021 年 9 月发布《职业教育示范性虚拟仿真实训基地建设指南》(以下简称《建设指南》)并进行解读,对职业教育虚拟仿真实训基地建设的原则、内涵、路径等提出指导意见和效能要求。同年 11 月,搭建职业教育示范性虚拟仿真实训基地建设监测平台(以下简称监测平台),用于 2020 年至 2023 年

215 个国家级职业教育示范性虚拟仿真实训基地培育项目(以下简称国培)单位和 152 个省级职业教育示范性虚拟仿真实训基地培育项目(以下简称省培)单位年度基地建设效能数据、总结的上报及典型案例项目申报;根据 2020 年的填报数据,研究编制《职业教育示范性虚拟仿真实训基地培育项目 2020 年度基地建设基础数据分析报告》。

结合 2020 年度基地建设数据分析结果,科研发展中心进一步完善监测平台,于 2022 年 3 月 15 日至 4 月 29 日对各国培、省培单位 2021 年度基地建设效能数据、年度总结报告及年度典型案例申报材料进行了采集,经深入分析研究,进而形成本书。

一、数据概况

（一）基础数据情况

经统计,除 5 个从未登录监测平台的省培单位、1 个未在监测平台填报任务书的省培单位外,215 个国培单位及 146 个省培单位均进行了基础数据填报,因此本书基础数据部分以 215 个国培单位和 146 个省培单位填报的有效数据为样本。

1. 基地分布

215 个国培单位涵盖除港澳台外 31 个省(自治区、直辖市)和新疆生产建设兵团(以下简称兵团),其中广东省数量最多(13 个),山东、浙江、北京、江苏四省市的省培数量较多,均在 10 个以上,详细分布情况如图 1-1 所示。

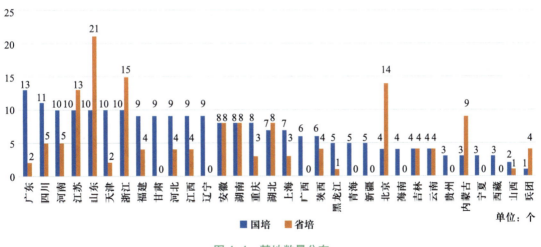

图 1-1　基地数量分布

2. 办学层次

国培单位办学层次涉及职业本科、高职专科、中职,其中职业本科 5 所、高职专科 195 所、中职 15 所,公办院校 213 所、民办院校 2 所;省培单位中,职业本科 3 所、高职专科 118 所、中职 25 所,均为公办院校,如图 1-2 所示。

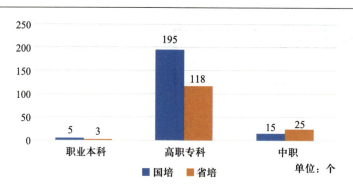

图 1-2 基地所在学校办学层次情况

3. 覆盖专业或专业群

国培和省培服务专业或专业群覆盖《职业教育专业目录（2021 年）》中除新闻传播大类、公安与司法大类外的 17 个专业大类（不含综合类），如图 1-3 所示。国培中面向装备制造大类的基地 69 个，交通运输大类的基地 37 个，综合类（服务多个不同专业大类专业群、服务某个区域、服务某个产业）的基地 20 个；省培中面向装备制造大类、综合类和交通运输大类的基地数量最多，面向财经商贸大类的基地数量远高于国培该专业大类的基地数量。

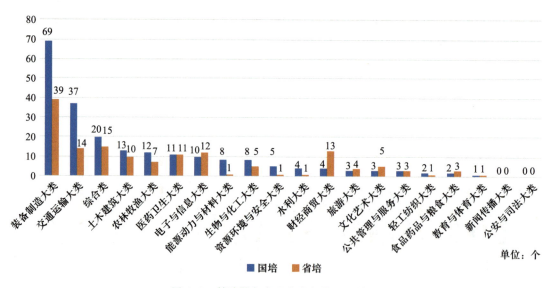

图 1-3 基地服务专业大类数量分布情况

4. 预算投入

建设期内，国培各单位通过各级财政投入、行业企业支持、学校自筹等方式的总计预算投入为 611 828 万元，各单位平均预算投入超 2 800 万元，各省（自治区、直辖市）和兵团预算投入资金具体情况及省内预算校均值如图 1-4 所示。广东省预算投入 60 231 万元，占基地总预算投入近 1/10；预算投入最多的两所院校是广州铁路职业技术学院（12 000 万元）、咸宁职业技术学院（10 036 万元）。省内预算校均值排前三位的省份为山东、广东、湖北，均在 4 000 万元以上。

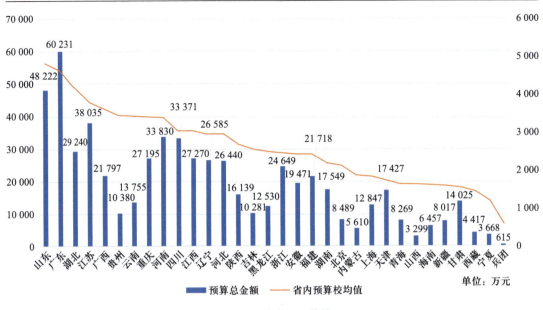

图 1-4　国培资金预算情况

监测平台数据显示,有效填报预算资金的 136 个省培单位总计投入 251 371.89 万元,平均预算投入 1 800 余万元。

(二) 2021 年填报数据总览

监测平台数据显示,215 个国培单位均进行了年度效能数据填报;152 个省培单位中,37 个省培单位未登录平台或未填报数据或填报数据无效。因此,本书 2021 年度数据分析部分以 215 个国培单位和 115 个省培单位 2021 年度填报的有效数据为样本。

数据显示,各职业院校虚拟仿真实训基地建设总经费支出为 232 896.55 万元,其中国培单位总支出 176 011.19 万元,省培单位总支出 56 885.36 万元。已建设虚拟仿真实训教学管理及资源共享平台 242 个,其中国培单位建有平台 144 个,涉及 94 所院校;省培单位建有平台 98 个,涉及 52 所院校。已建设虚拟仿真实训资源总计 11 629 个,其中国培单位 8 369 个、省培单位 3 260 个;已建设含有虚拟仿真实训资源的教材共 1 624 部,其中国培单位 994 部、省培单位 630 部。

教师主持省级及以上虚拟仿真实训教学模式研究课题 913 项,其中国培单位 689 项、省培单位 224 项;教师参加省级及以上虚拟仿真类大赛获奖累计 1 454 项,其中国培单位 1 085 项、省培单位 369 项。

在建设进度方面,国培单位总计完成建设任务 442 项。创新激励及开放共享机制 191 项,其中国培单位 136 项、省培单位 55 项;使用虚拟仿真资源解决实训中"三高三难"痛点和难点计 1 421 项,其中国培单位 1 116 项、省培单位 305 项;国培单位结合虚拟仿真实训优势优化人才培养方案 1 152 项。

二、数据分析

根据监测平台设置及数据填报要求,各单位结合任务书内容,根据《建设指南》中"建设效能数据指标"框架填报 2021 年度建设数据。本部分从行政管理归属和专业大类归属两个维度,针对各项指标进行定量分析,并与 2020 年度数据做纵向对比,分析各项目建设情况(注:个别异常数据已处理)。

(一) 资金执行情况

国培 2021 年度资金预算和支出情况如图 1-5、图 1-6 所示,国培建设经费总支出 178 296.82 万元、总预算 166 030.47 万元,总支出、省内校均支出分别大于总预算、省内校均预算。

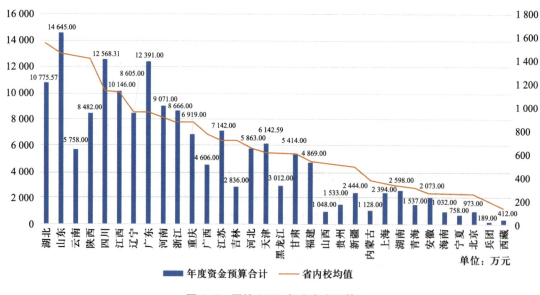

图 1-5　国培 2021 年度资金预算

年度实际支出最高的地区为山东省,实际支出 16 016.34 万元。省内校均投入最高的地区为湖北省,紧随其后的为山东省、云南省,与年度资金预算投入匹配度较高。支出经费较多的学校有咸宁职业技术学院(6 427 万元)、江西软件职业技术大学(5 670 万元)、四川工程职业技术学院(3 707 万元)、昆明铁道职业技术学院(3 527 万元)、广州番禺职业技术学院(3 382 万元)。

图 1-6　国培 2021 年度实际支出

各地资金预算到位率和预算支出执行率如图 1-7 所示。

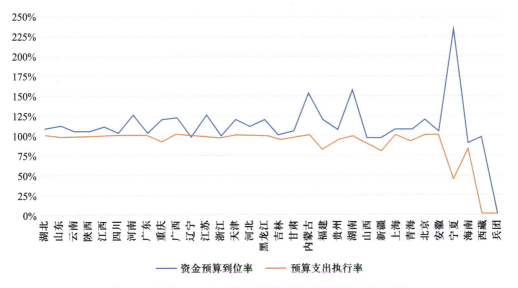

图 1-7　国培 2021 年度资金预算到位率和预算支出执行率

通过分析图中异常数据点,得出部分省份个别院校存在国培 2021 年度资金预算、年度实际到位和年度实际支出异常情况,如表 1-1 所示。

省培 2021 年度资金预算和支出情况如图 1-8、图 1-9 所示,省培建设经费总支出 59 535.99 万元、总预算 69 978.20 万元,总支出、省内校均支出小于总预算、省内校均预算。其中山东省支出 16 438.04 万元,投入力度最大,接近省培总投入 30%。省内校均投入较高的有陕西省、湖北省、山东省、河南省等,与年度资金预算基本一致。支出经费较多的学校有陕西能源职业技术学院(5 203 万元)、山东信息职业技术学院(3 538.19 万元)。

表 1-1　部分院校国培 2021 年度资金预算、到位、支出异常情况

序号	院校	年度资金预算/万元	年度实际到位/万元	年度实际支出/万元
1	福建信息职业技术学院	205	0	0
2	广东工贸职业技术学院	700	0	0
3	海南经贸职业技术学院	252	162	0
4	巴音郭楞职业技术学院	435	443	0
5	宁夏工业学校	0	1 000	0

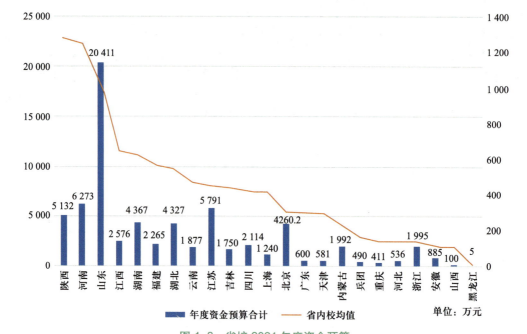

图 1-8　省培 2021 年度资金预算

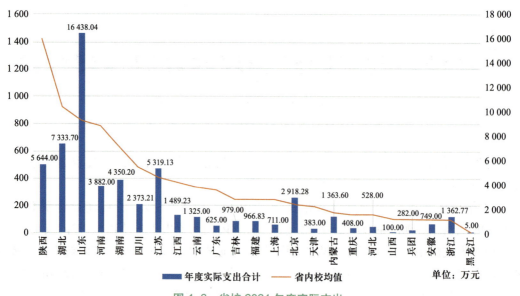

图 1-9　省培 2021 年度实际支出

省培 2021 年度资金预算到位率和预算支出执行率如图 1-10 所示,通过分析图中异常数据点,得出部分省份个别院校存在省培 2021 年度资金预算、年度实际到位和年度实际支出异常情况,如表 1-2 所示。

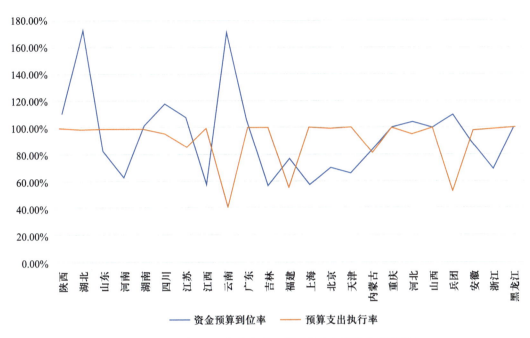

图 1-10　省培 2021 年度资金预算到位率和预算支出执行率

表 1-2　部分院校省培 2021 年度资金预算、到位、支出异常情况

序号	院校	年度资金预算/万元	年度实际到位/万元	年度实际支出/万元
1	聊城职业技术学院	0	0	0
2	烟台汽车工程职业学院	0	0	0
3	山东畜牧兽医职业学院	0	0	0
4	高唐县职业教育中心学校	0	0	0
5	厦门海洋职业技术学院	62	0	0
6	漳州卫生职业学院	485	0	0
7	云南交通职业技术学院	500	550	0

从专业大类维度分析,国培 2021 年度预算和支出情况如图 1-11、图 1-12 所示,装备制造大类、交通运输大类基地总预算与总投入最多;能源动力与材料大类、财经商贸大类的校均预算和投入最多。

省培 2021 年度预算和支出情况如图 1-13、图 1-14 所示。装备制造大类、交通运输大类基地总预算与总投入最多;资源环境与安全大类校均预算和投入最高,该大类中只有 1 个省培单位,即陕西能源职业技术学院,其年度预算、到位和支出分别为 4 695 万元、5 272 万元和 5 203 万元。

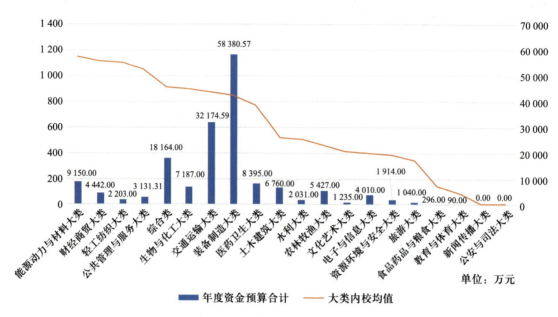

图 1-11　国培 2021 年度资金预算情况（按专业大类）

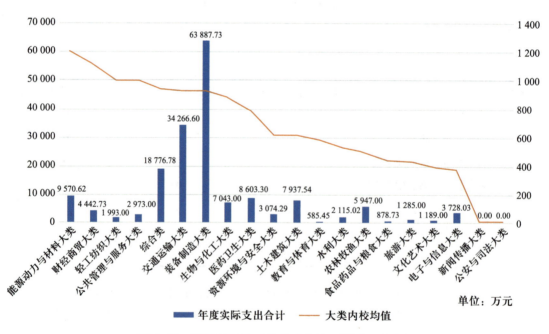

图 1-12　国培 2021 年度资金支出情况（按专业大类）

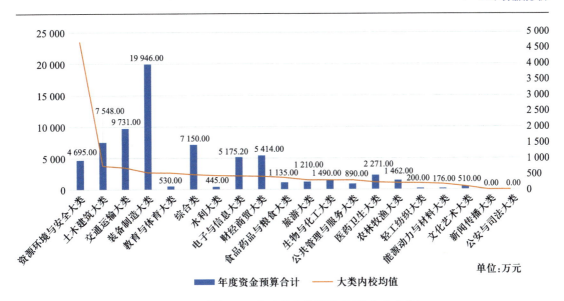

图 1-13　省培 2021 年度资金预算情况（按专业大类）

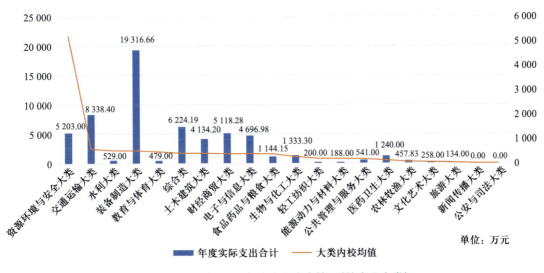

图 1-14　省培 2021 年度资金支出情况（按专业大类）

（二）校本资源建设情况

1. 虚拟仿真实训教学管理及资源共享平台

虚拟仿真实训教学管理及资源共享管理平台（以下简称管理平台）是实现软硬件资源管理及远程共享、实训教学过程性管理和教学诊断改进的系统平台，需要实现《建设指南》中"宏观架构"要求的互联互通，完成网络安全定级备案，通过网络安全等级保护测评。国培和省培 2021 年度总计有独立管理平台 242 个，有平台的国培单位 94 个，平台总数为 144；有平台的省培单位 52 个，平台总数为 98，具体分布情况如图 1-15、图 1-16 所示。

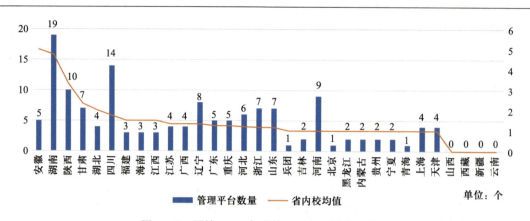

图 1-15　国培 2021 年度管理平台数量分布情况

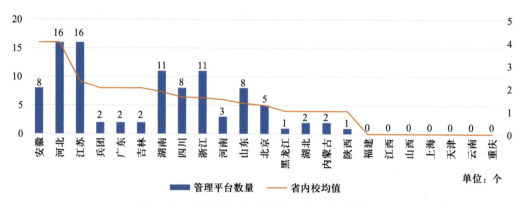

图 1-16　省培 2021 年度管理平台数量分布情况

　　以专业大类为维度,国培和省培 2021 年度管理平台分布情况如图 1-17、图 1-18 所示,装备制造大类、交通运输大类基地的管理平台最多;公共管理与服务大类、能源动力与材料大类校均数最多。

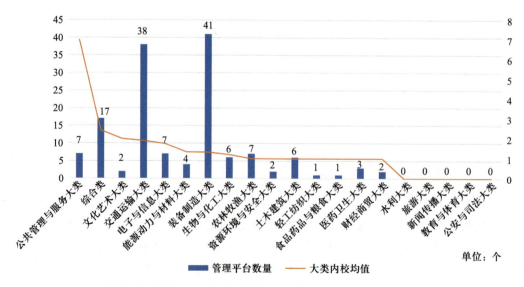

图 1-17　国培 2021 年度管理平台数量分布情况(按专业大类)

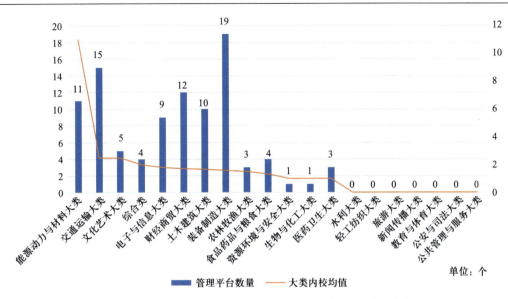

图 1-18　省培 2021 年度管理平台数量分布情况（按专业大类）

2. 虚拟仿真实训资源

虚拟仿真实训资源数量及年度更新率是衡量基地建设效能的核心指标之一。虚拟仿真实训资源分为纯虚拟资源、模块化资源和数字孪生资源三大类，单个资源的量化方式为每个资源对应一个虚拟仿真实训项目（典型工作任务）。

国培 2021 年度虚拟仿真实训资源总计 8 369 个，其中纯虚拟资源 3 967 个、模块化资源 3 360 个、数字孪生资源 953 个，总计更新（含升级资源和新增资源）5 998 个，总更新率 71.7%。更新数量较多的国培单位有重庆工商职业学院（609 个）、黄河水利职业技术学院（311 个）。各地区虚拟仿真实训资源数量与更新率如图 1-19 所示，各地区资源类型分布情况如图 1-20 所示。

图 1-19　国培 2021 年度虚拟仿真实训资源数量与更新率分布情况

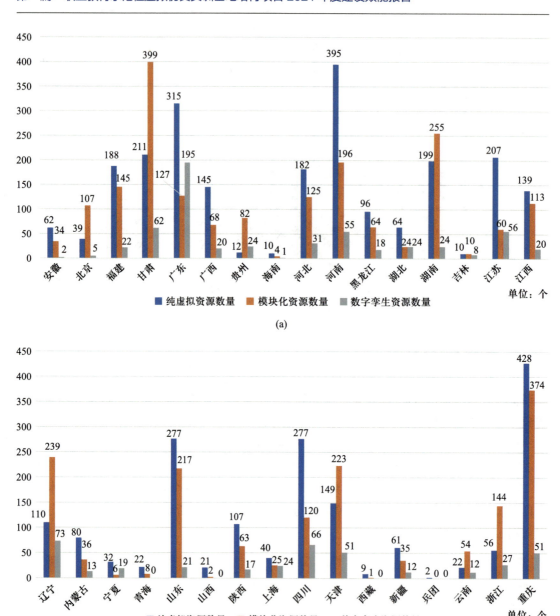

图 1-20　国培 2021 年度虚拟仿真实训资源类型分布情况

　　以专业大类为维度,国培 2021 年度虚拟仿真实训资源更新数量分布如图 1-21 所示,装备制造大类、综合类、交通运输大类的资源更新数量最多,综合类校均值最高。

　　省培 2021 年度虚拟仿真实训资源总计 3 260 个,其中纯虚拟资源 1 518 个、模块化资源 1 386 个、数字孪生资源 338 个,总计更新 2 041 个,总更新率 62.6%,更新数量最多的省培单位为北京经济管理职业学院(498 个)。省培 2021 年度虚拟仿真实训数量与更新率分布情况如图 1-22 所示,各地区资源类型分布情况如图 1-23 所示。

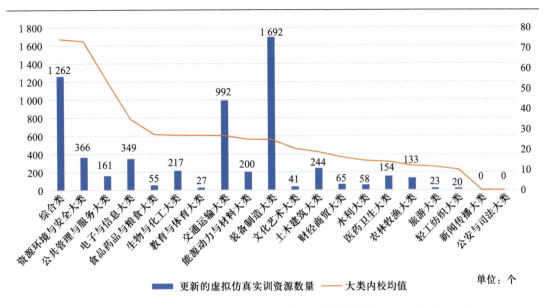

图 1-21 国培 2021 年度虚拟仿真实训资源更新数量分布情况（按专业大类）

图 1-22 省培 2021 年度虚拟仿真实训资源数量与更新率分布情况

从专业大类维度看，省培 2021 年度虚拟仿真实训资源更新数量分布情况如图 1-24 所示，电子与信息大类、装备制造大类的资源更新数量最多，能源动力与材料大类校均值最高。

3. 含有虚拟仿真实训资源的教材

《国家职业教育改革实施方案》要求围绕"教师、教材、教法"（三教）推进教育教学改革，建设一批校企双元合作的教材，倡导使用新形态一体化教材、活页式教材、工作手册式教材并开发相应教学资源。基于"三教"改革推进新形态一体化教材的建设，不但可以提高职业

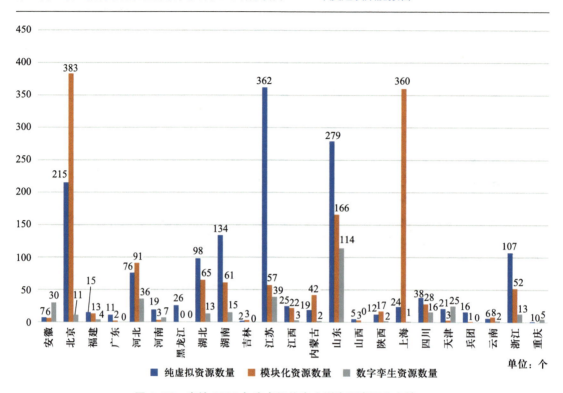

图 1-23　省培 2021 年度虚拟仿真实训资源类型分布情况

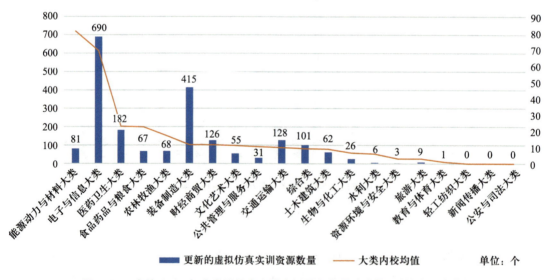

图 1-24　省培 2021 年度虚拟仿真实训资源更新数量分布情况（按专业大类）

院校的教学质量,而且还是职业教育转型升级的必经之路。本书所指的教材是指公开出版或校内印发使用的教材,教材属性为普通教材、活页式教材、实训手册或实训指导书。

　　国培 2021 年度含有虚拟仿真实训资源的教材数量总计 994 部,较 2020 年度新增 611 部,各地具体数据如图 1-25 所示,海南省、兵团含有虚拟仿真实训资源的教材实现了从无到有的突破。

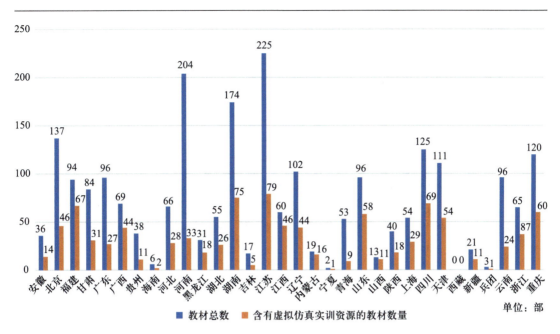

图 1-25　国培 2021 年度含有虚拟仿真实训资源的教材数量情况

省培 2021 年度含有虚拟仿真实训资源的教材数量总计 630 部,其中山东省数量最多(219 部),各地具体数据如图 1-26 所示。

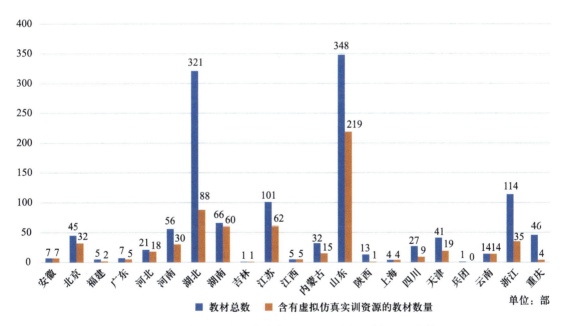

图 1-26　省培 2021 年度含有虚拟仿真实训资源的教材数量情况

以专业大类为维度,国培 2021 年度装备制造大类、交通运输大类基地含有虚拟仿真实训资源的教材数量最多,食品药品与粮食大类校均值最高,如图 1-27 所示;省培装备制造大类、综合类基地相应的教材数量最多,能源动力与材料大类校均值最高,如图 1-28 所示。

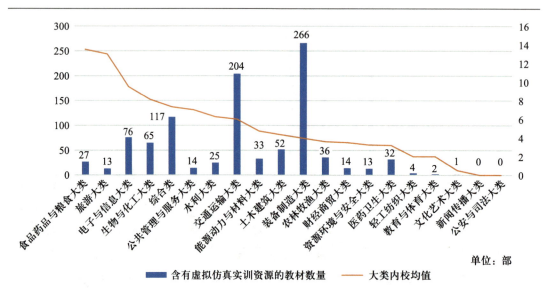

图 1-27　国培 2021 年度含有虚拟仿真实训资源的教材数量情况（按专业大类）

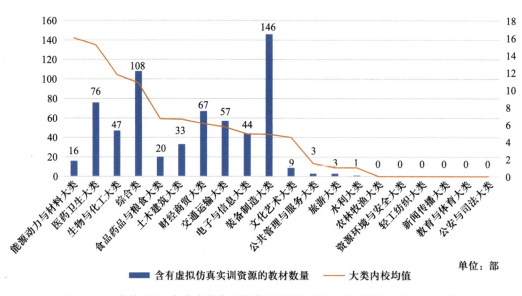

图 1-28　省培 2021 年度含有虚拟仿真实训资源的教材数量情况（按专业大类）

　　国培 2021 年度各地区课程资源中含虚拟仿真资源的课程数占总课程数比例的平均值为 40% 左右，各地区含虚实结合实训资源课程数占总课程数比例的平均值为 25% 左右，如图 1-29 所示。

　　省培 2021 年度各地区课程资源中含虚拟仿真资源课程数占比和含虚实结合实训资源课程数占比如图 1-30 所示。各地区含虚拟仿真资源课程数占总课程数比例的平均值为 50% 左右，含虚实结合实训资源课程数占总课程数比例的平均值为 20% 左右。

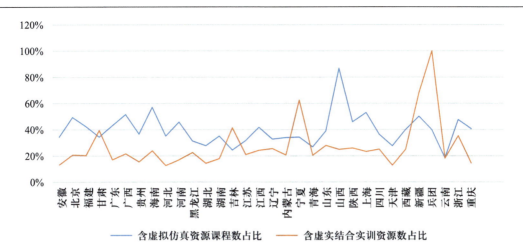

图 1-29　国培 2021 年度课程含虚拟仿真资源课程数占比和含虚实结合实训资源课程数占比情况

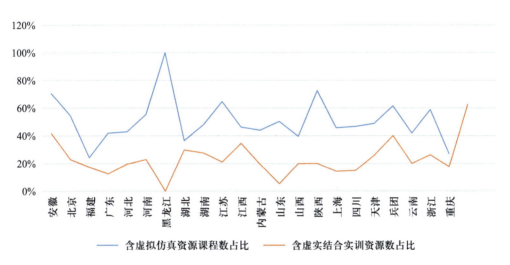

图 1-30　省培 2021 年度课程含虚拟仿真资源课程数占比和含虚实结合实训资源课程数占比情况

（三）教师发展建设情况

1. 参加虚拟仿真实训教学专题培训的教师占比

该指标为参加虚拟仿真实训教学专题培训的教师人次与参加各类培训的教师总人次的比值，反映的是各单位对教师参加虚拟仿真类培训的重视程度。受疫情影响，在线培训的比例较高。

国培 2021 年度教师参加虚拟仿真实训教学专题培训的总人次为 12 833，较 2020 年度增长近一倍，广东省和重庆市为省内校均值最高的地区，参加培训较多的国培单位有日照职业技术学院（558 人次）、渤海船舶职业技术学院（462 人次）、广西交通职业技术学院（425 人次）及宜宾职业技术学院（424 人次），各地具体数据如图 1-31 所示。

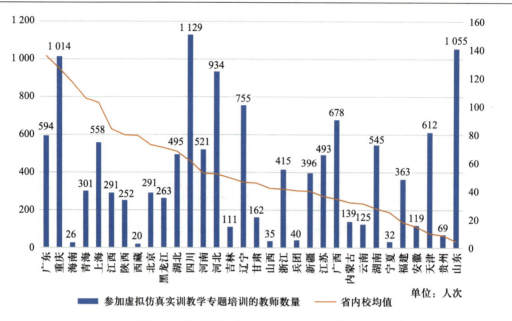

图 1-31 国培 2021 年度教师参加虚拟仿真实训教学专题培训情况

省培 2021 年度教师参加虚拟仿真实训教学专题培训的总人次为 5 293，省内校均值最高的地区为江西省，参加培训较多的省培单位有江西旅游商贸职业学院（751 人次）、河北石油职业技术大学（422 人次），各地具体数据如图 1-32 所示。

图 1-32 省培 2021 年度教师参加虚拟仿真实训教学专题培训情况

2. 参与虚拟仿真实训资源开发的教师占比

该指标反映教师参与虚拟仿真实训教学资源相关的整体设计、脚本撰写与资源转化、软件设计与测试等环节的情况。

国培 2021 年度参与开发虚拟仿真实训资源的教师总计 2 414 人，各地区具体数据如图 1-33 所示。省培 2021 年度参与开发虚拟仿真实训资源的教师总计 669 人，各地区具体数据如图 1-34 所示。

图 1-33　国培 2021 年度参与开发虚拟仿真实训资源的教师数量

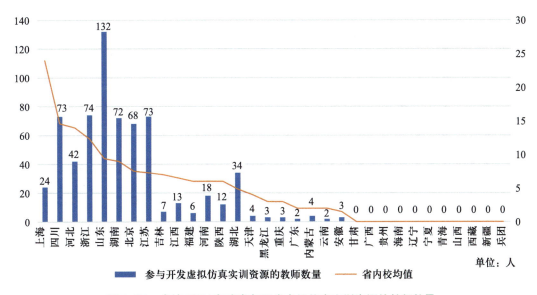

图 1-34　省培 2021 年度参与开发虚拟仿真实训资源的教师数量

3. 引进、培养虚拟现实技术应用专业带头人和骨干教师数

该指标是指引进、培养具有虚拟仿真技术应用能力的专业带头人和骨干教师数量,体现各单位对基地教师团队专业度的重视程度。

国培 2021 年度引进、培养虚拟现实技术应用专业带头人和骨干教师 2 167 人,人数最多的是四川省(215 人),各地具体数据如图 1-35 所示。

省培 2021 年度引进、培养虚拟现实技术应用专业带头人和骨干教师 630 人,各地具体数据如图 1-36 所示。

图 1-35 国培 2021 年度引进、培养虚拟现实技术应用专业带头人和骨干教师数量

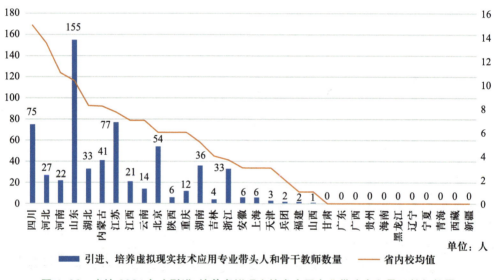

图 1-36 省培 2021 年度引进、培养虚拟现实技术应用专业带头人和骨干教师数量

4. 教师主持省级及以上虚拟仿真实训教学模式研究课题数

该指标反映的是各单位在虚拟仿真实训教学模式研究方面的深度和广度。国培 2021 年度教师主持省级及以上虚拟仿真实训教学模式研究课题 689 项，较 2020 年度新增 426 项，其中湖南省教师主持课题数量最多，各地具体数量如图 1-37 所示。

省培 2021 年度教师主持课题 224 项，同样是湖南省教师主持课题数量最多，具体如图 1-38 所示。

以专业大类为维度，在国培单位中，交通运输大类基地教师主持课题的数量和校均值最高，如图 1-39 所示。省培单位中装备制造大类数量最多，旅游大类、文化艺术大类的校均值最高，如图 1-40 所示。

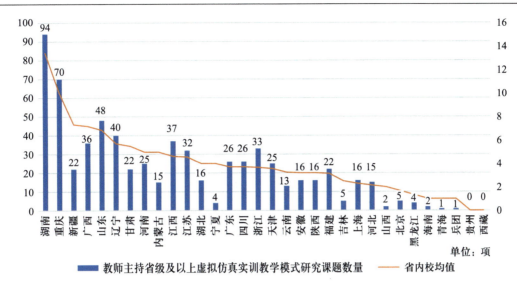

图 1-37　国培 2021 年度教师主持省级及以上虚拟仿真实训教学模式研究课题数量

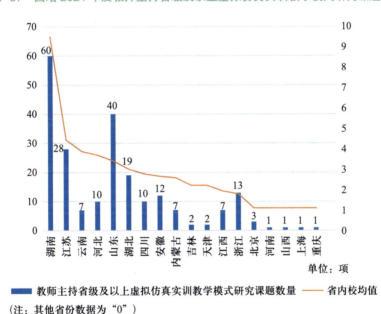

（注：其他省份数据为"0"）

图 1-38　省培 2021 年度教师主持省级及以上虚拟仿真实训教学模式研究课题数量

5. 教师参加省级及以上虚拟仿真类大赛获奖

该指标指各单位教师参加以虚拟仿真技术为支撑的各类技术技能比赛的获奖情况,反映教师对虚拟仿真技术的应用能力以及虚拟仿真技术与专业实训教学融合的成效。

国培 2021 年度教师参加省级及以上虚拟仿真类大赛获奖数量总计 1 085 项,较 2020 年增加 626 项,其中江西省教师获奖数量最多,广西壮族自治区校均值最高,具体数量如图 1-41 所示。省培 2021 年度教师获奖数量共计 369 项,湖南省教师获奖数量及省内校均值最高,具体数量如图 1-42 所示。

单位：项

图 1-39 国培 2021 年度教师主持省级及以上虚拟仿真实训教学模式研究课题数量（按专业大类）

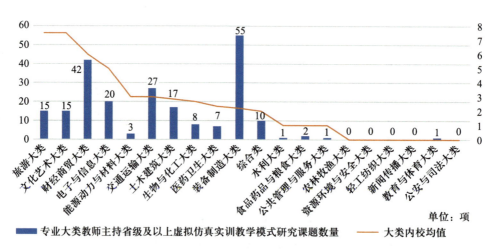

单位：项

图 1-40 省培 2021 年度教师主持省级及以上虚拟仿真实训教学模式研究课题数量（按专业大类）

单位：项

图 1-41 国培 2021 年度教师参加省级及以上虚拟仿真类大赛获奖数量

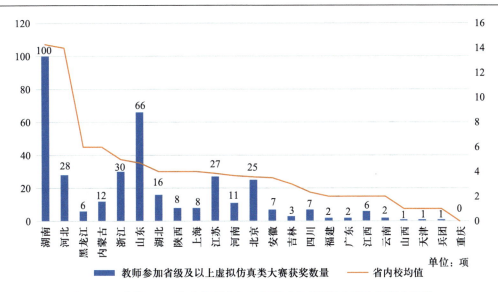

图 1-42　省培 2021 年度教师参加省级及以上虚拟仿真类大赛获奖数量

以专业大类为维度,国培 2021 年度装备制造大类的教师参加省级及以上虚拟仿真类大赛获奖数量最多,土木建筑大类的校均值最高,如图 1-43 所示。

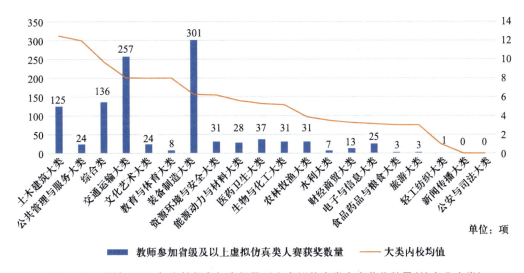

图 1-43　国培 2021 年度教师参加省级及以上虚拟仿真类大赛获奖数量(按专业大类)

省培单位中装备制造大类的教师参加省级及以上虚拟仿真类大赛获奖数量最多,能源动力与材料大类的校均值最高,如图 1-44 所示。

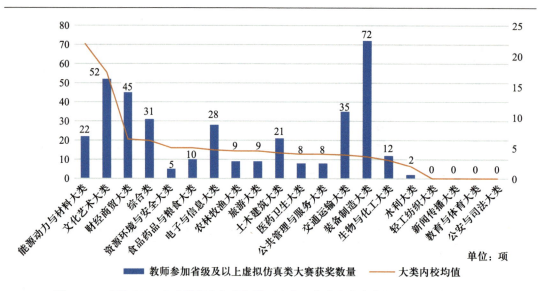

图 1-44　省培 2021 年度教师参加省级及以上虚拟仿真类大赛获奖数量（按专业大类）

（四）建设进度情况

国培单位计划完成任务总数 3 080 项，2021 年度完成 2 442 项，总完成度 79.3%，各地任务完成数与完成度如图 1-45 所示。

图 1-45　国培 2021 年度任务完成数与完成度情况

省培单位计划完成任务总数 1 225 项，2021 年度完成 718 项，总完成度 58.6%，各地任务完成数量与完成度如图 1-46 所示。

国培 2021 年度激励及开放共享机制创新总数 136 个，各地具体情况如图 1-47 所示。

省培 2021 年度激励及开放共享机制创新总数 55 个，各地具体情况如图 1-48 所示。

图 1-46 省培 2021 年度任务完成数与完成度情况

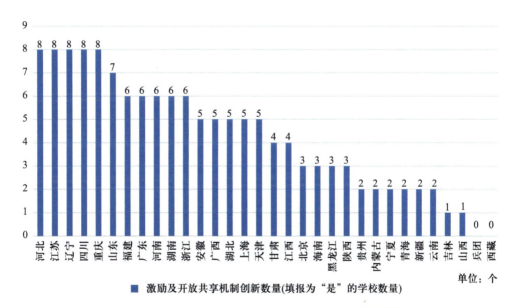

图 1-47 国培 2021 年度激励及开放共享机制创新数量情况

国培 2021 年度计划解决实训中"三高三难"痛点和难点总数 1 235 个,总计解决 1 116 个,总完成度 90.4%,各地虚拟仿真实训解决的痛点和难点数与完成度如图 1-49 所示。

从专业大类看,装备制造大类基地利用虚拟仿真解决实训"三高三难"痛点和难点的总数最多,其次是交通运输大类,具体情况如图 1-50 所示。

省培 2021 年度计划解决实训中"三高三难"痛点和难点总数 326 个,总计解决 305 个,总完成度 93.6%,各地虚拟仿真实训解决的痛点和难点数与完成度如图 1-51 所示。

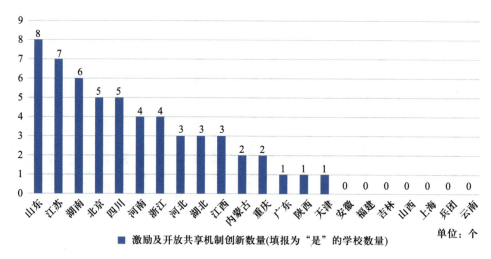

图 1-48　省培 2021 年度激励及开放共享机制创新数量情况

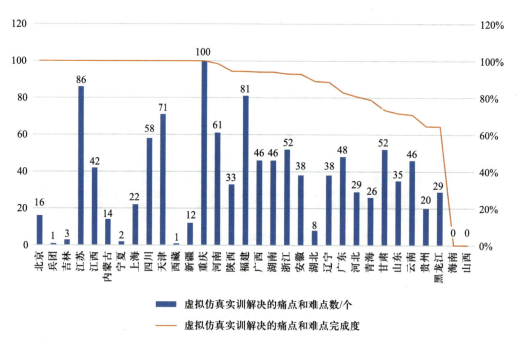

图 1-49　国培 2021 年度虚拟仿真实训解决的痛点和难点数及完成度

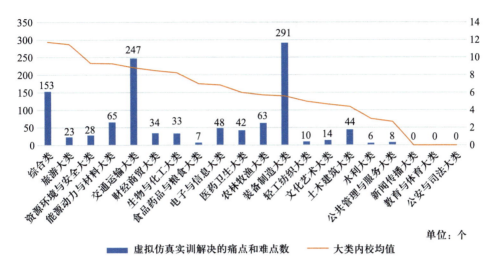

图 1-50 国培 2021 年度虚拟仿真实训解决的痛点和难点数（按专业大类）

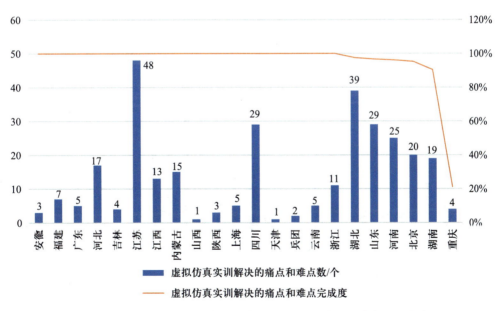

图 1-51 省培 2021 年度虚拟仿真实训解决的痛点和难点数及完成度

国培 2021 年度虚拟仿真实训体现行业新理念、新技术、新工艺、新规范、新标准（五新）的总数为 821 个，具体分布情况如图 1-52 所示。其中体现数量较多的院校有江苏农林职业技术学院、黑龙江建筑职业技术学院、湖南铁路科技职业技术学院。

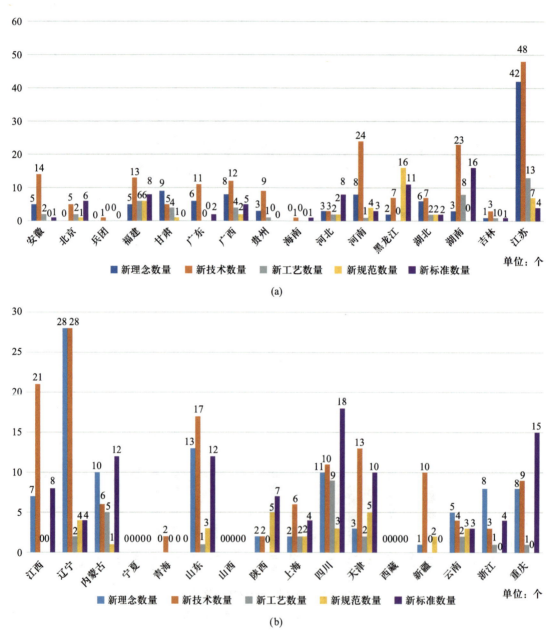

图 1-52　国培 2021 年度虚拟仿真实训体现行业"五新"的数量

以专业大类为分析维度，国培 2021 年度虚拟仿真实训体现行业"五新"的数量情况如图 1-53 所示，装备制造大类虚拟仿真实训体现行业"五新"的数量最多（242 个），农林牧渔大类校均值最高。

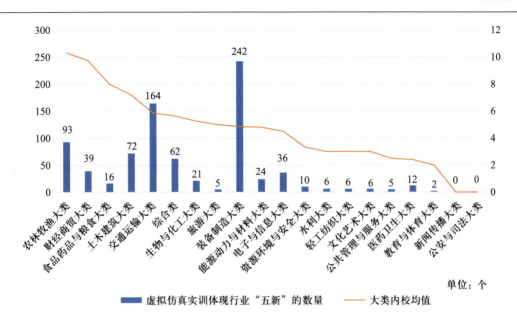

图 1-53　国培 2021 年度虚拟仿真实训体现行业"五新"的数量(按专业大类)

省培 2021 年度虚拟仿真实训体现行业"五新"的总数为 237 个,各地"五新"具体分布情况如图 1-54 所示。

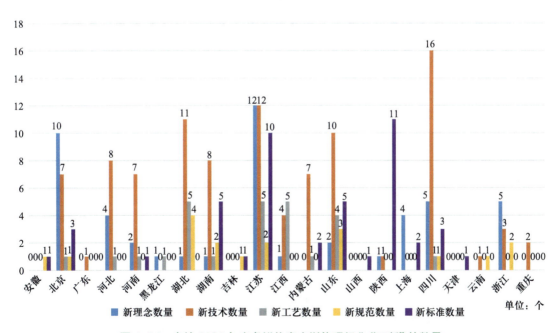

图 1-54　省培 2021 年度虚拟仿真实训体现行业"五新"的数量

（五）人才培养情况

1. 虚拟仿真实训服务专业的占比

该指标是指应用虚拟仿真资源开展实训的专业数与其所在专业群中所有专业数的比值。

国培 2021 年度虚拟仿真实训服务专业数量及占比情况如图 1-55 所示，省培 2021 年度虚拟仿真实训服务专业数量及占比情况如图 1-56 所示。虚拟仿真实训服务专业占比达到 70% 以上。

图 1-55　国培 2021 年度虚拟仿真服务专业数量及占比情况

图 1-56　省培 2021 年度虚拟仿真服务专业数量及占比情况

2. 虚拟仿真实训服务订单班或现代学徒制班的学生数占比

该指标指虚拟仿真实训服务各单位的订单班或现代学徒制班的学生数占比。

国培 2021 年度虚拟仿真实训服务订单班或现代学徒制班的学生数及占比如图 1-57 所示,由图可知,除山西外,各地虚拟仿真实训服务订单班或现代学徒制班的学生数占总人数大部分达到 50% 以上。

图 1-57　国培 2021 年度虚拟仿真实训服务订单班或现代学徒制班的学生数及占比

省培 2021 年度虚拟仿真实训服务订单班或现代学徒制班的学生数及占比如图 1-58 所示,由图可知,各地虚拟仿真实训服务订单班或现代学徒制班的学生数占总人数大部分达到 60% 以上。

图 1-58　省培 2021 年度虚拟仿真实训服务订单班或现代学徒制班的学生数及占比

3. 结合虚拟仿真实训优势优化完善的人才培养方案占比

该指标主要反映各单位利用虚拟仿真技术优化完善教育教学和人才培养的程度。

国培 2021 年度结合虚拟仿真实训优势,优化完善 1 152 个人才培养方案,占其总人才培养方案数的 59.4%,各专业大类和各地优化完善的人才培养方案数量及占比如图 1-59、图 1-60 所示。

图 1-59　国培 2021 年度结合虚拟仿真实训优势优化完善的人才培养方案数量情况(按专业大类)

图 1-60　国培 2021 年度结合虚拟仿真实训优势优化完善的人才培养方案数及占比情况

省培 2021 年度结合虚拟仿真实训优势优化完善的人才培养方案数为 413 个,占其总人才培养方案数的 61.8%,各地优化完善的人才培养方案数量及占比如图 1-61 所示。

图 1-61　省培 2021 年度结合虚拟仿真实训优势优化完善的人才培养方案数及占比情况

4. 在校生参加虚拟仿真实训的人时占比

"人时占比"指在校生参加虚拟仿真实训总人时数与在校生参加实训总人时数的比值，主要反映各单位将虚拟仿真实训资源融入学生技能培养的广度。

国培 2021 年度在校生参加实训总计为 68 940 063 人时，参加虚拟仿真实训为 38 821 272 人时，占比 56.3%。各地参加虚拟仿真实训总人时数情况及占比如图 1-62、图 1-63 所示。

省培 2021 年度在校生参加实训总计为 21 710 747 人时，参加虚拟仿真实训为 14 641 337 人时，占比 67.4%，其中河北省、山东省数据比较突出。各地参加虚拟仿真实训总人时数情况及占比如图 1-64、图 1-65 所示。

国培 2021 年度在校生云端虚拟仿真实训为 7 218 569 人时，其中甘肃省、广西壮族自治区数据比较突出，各地具体情况如图 1-66 所示。省培 2021 年度在校生云端虚拟仿真实训为 10 196 489 人时，其中山东省等 18 个省份的具体情况如图 1-67 所示。

5. 虚拟仿真实训服务学生考取技能证书数

该指标主要反映各单位在使用虚拟仿真技术和资源，助力学生考取技能等级证书方面的情况。

在虚拟仿真实训服务学生考取技能证书数量方面，国培总计 79 089 人、省培总计 33 167 人。国培基地考取证书人数超过 6 000 人的省份有重庆市、浙江省、山东省、辽宁省、江苏省；省培基地中山东省有 7 407 人考取技能证书，为该项数据最高的省份，如图 1-68 所示。

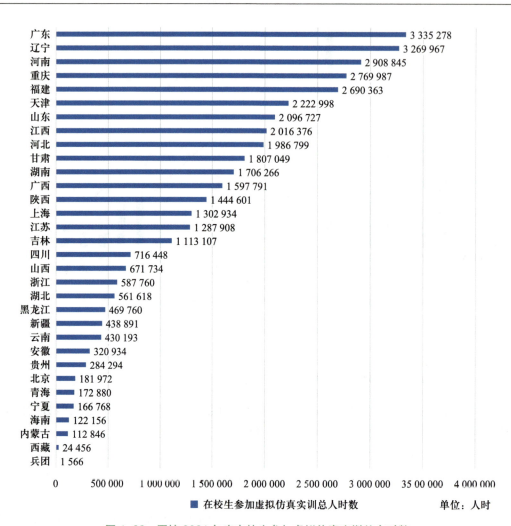

图 1-62　国培 2021 年度在校生参加虚拟仿真实训总人时数

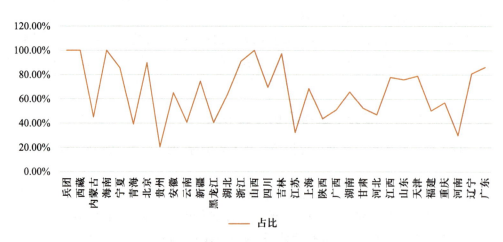

图 1-63　国培 2021 年度在校生参加虚拟仿真实训总人时数占比情况

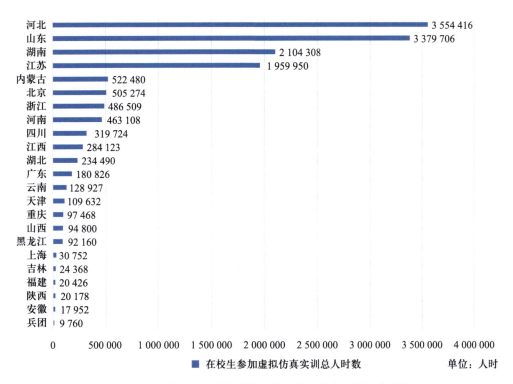

图 1-64　省培 2021 年度在校生参加虚拟仿真实训总人时数

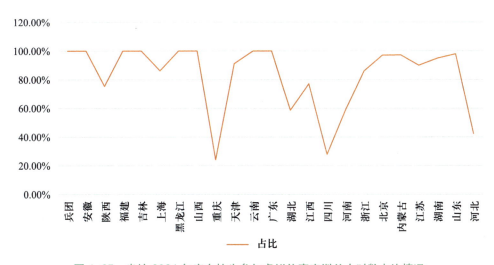

图 1-65　省培 2021 年度在校生参加虚拟仿真实训总人时数占比情况

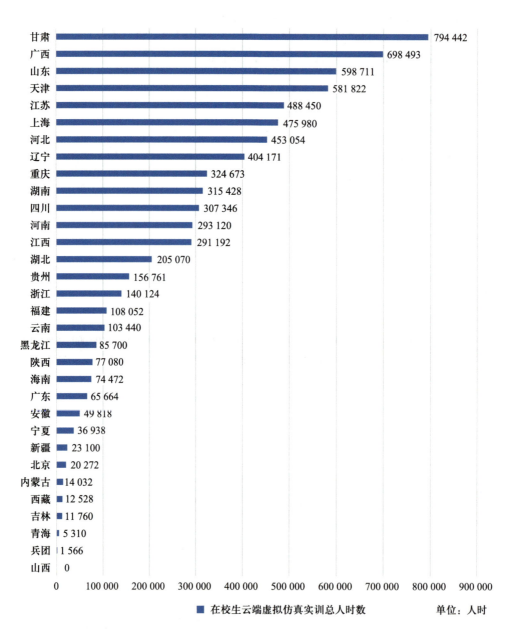

图 1-66　国培 2021 年度在校生云端虚拟仿真实训总人时数

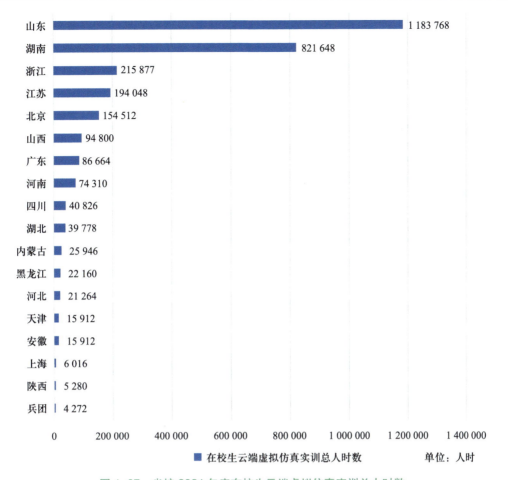

图 1-67　省培 2021 年度在校生云端虚拟仿真实训总人时数

6. 学生参加省级及以上虚拟仿真类大赛获奖数

该指标反映各项目基地单位学生参加以虚拟仿真技术为支撑的各类技术技能比赛的获奖情况。

在学生参加省级及以上虚拟仿真相关竞赛获奖数量方面,国培基地总计 2 868 项、省培基地总计 1 095 项。国培获奖数量超过 200 项的省份有重庆市、山东省和湖南省,省培中山东省获奖数量为 275 项,如图 1-69 所示。

（六）社会服务情况

1. 结合虚拟仿真实训优势优化完善的职业培训方案占比

该指标是指各项目基地单位在服务社会中,将虚拟仿真技术与职业培训方案相融合的情况。

　　各地区国培 2021 年度结合虚拟仿真实训优势优化完善的职业培训方案数量总计 569 个,占比普遍在 60% 以上,如图 1-70 所示。以专业大类为分析维度,装备制造大类、交通运输大类优化方案分别为 162 个、140 个,生物与化工大类校均值最高,如图 1-71 所示。

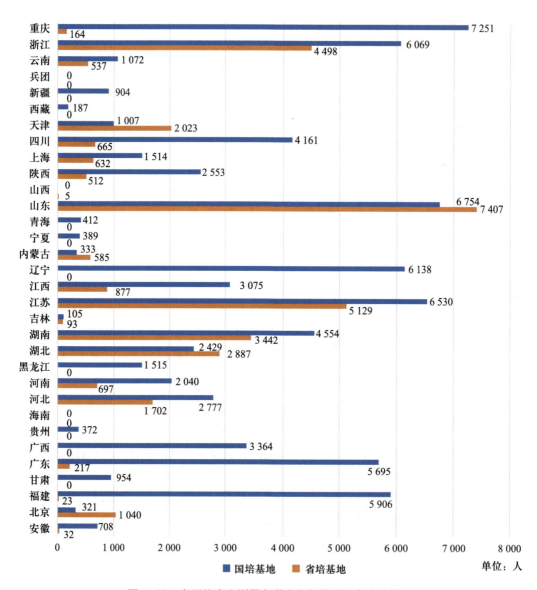

图 1-68　虚拟仿真实训服务学生考取技能证书人数情况

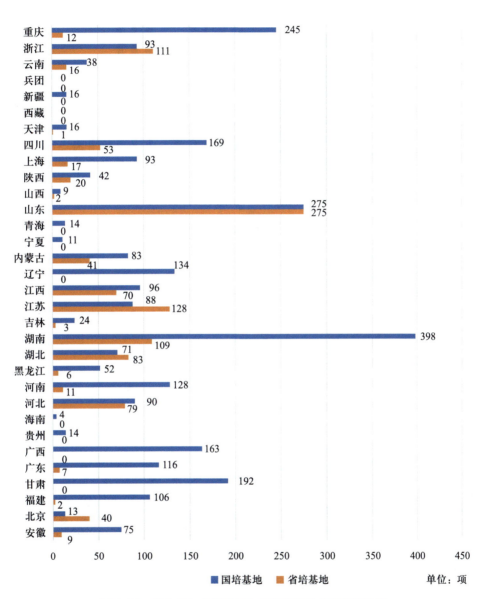

图 1-69　学生参加省级及以上虚拟仿真类大赛获奖数量

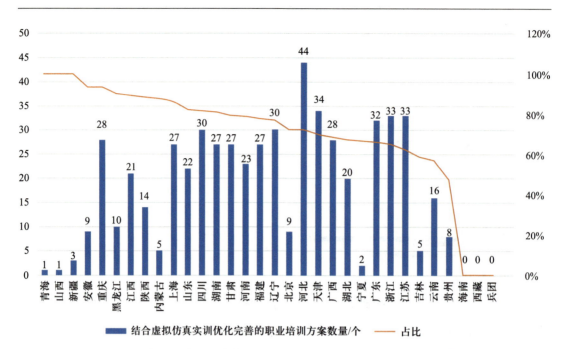

图 1-70　国培 2021 年度结合虚拟仿真实训优化完善的职业培训方案数量及占比

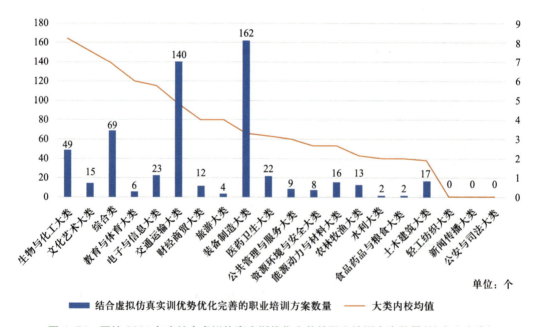

图 1-71　国培 2021 年度结合虚拟仿真实训优化完善的职业培训方案数量（按专业大类）

　　省培 2021 年度结合虚拟仿真实训优势优化完善的职业培训方案数量总计为 202 个，如图 1-72 所示。以专业大类为分析维度，装备制造大类优化方案 75 个，能源动力与材料大类校均值最高，如图 1-73 所示。

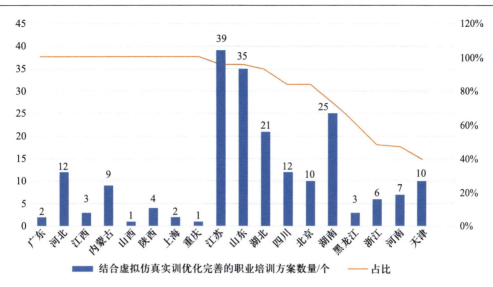

图 1-72　省培 2021 年度结合虚拟仿真实训优化完善的职业培训方案数量及占比

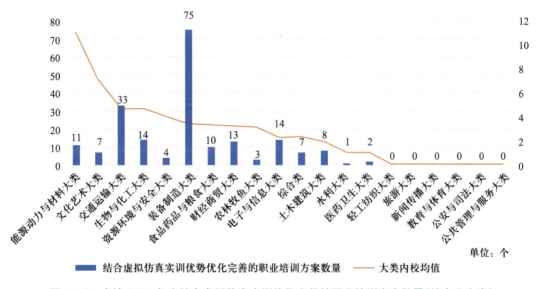

图 1-73　省培 2021 年度结合虚拟仿真实训优化完善的职业培训方案数量（按专业大类）

2. 社会人员参加虚拟仿真实训情况

通过社会人员参加虚拟仿真实训的人时占比及云端虚拟仿真实训总人时数等指标，衡量基地在服务社会中的作用。

国培 2021 年度社会人员参加虚拟仿真实训的人时数为 11 546 051，占社会人员参加实训总人时数的 52.1%，各地详情如图 1-74、图 1-75 所示。其中，天津医学高等专科学校在疫情防控期间以虚拟仿真资源培训医疗防控志愿者核酸检测等技能，总计培训 3 160 208 人时。

省培 2021 年度社会人员参加虚拟仿真实训的人时数为 1 344 928，占社会人员参加实训总人时数的 78.88%，各地详情如图 1-76、图 1-77 所示。

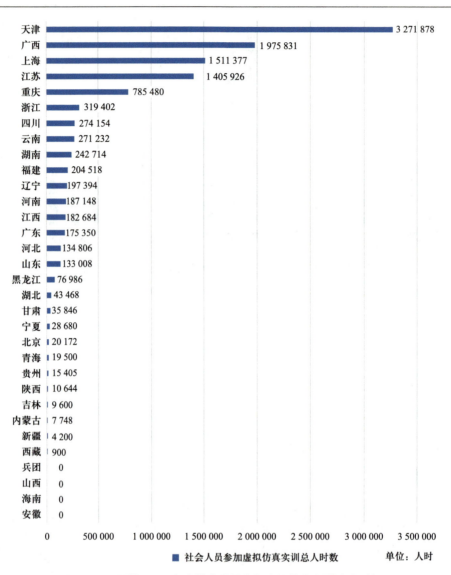

图 1-74　国培 2021 年度社会人员参加虚拟仿真实训总人时数

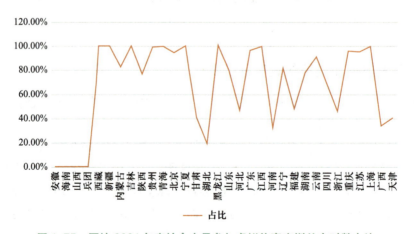

图 1-75　国培 2021 年度社会人员参加虚拟仿真实训总人时数占比

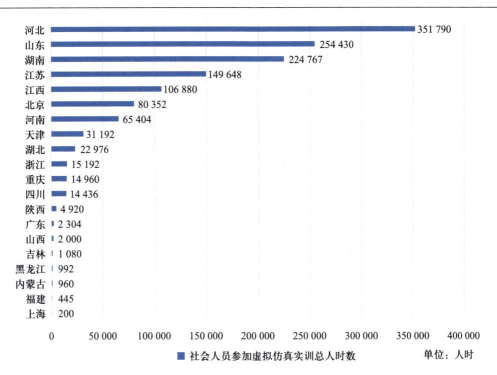

图 1-76　省培 2021 年度社会人员参加虚拟仿真实训总人时数

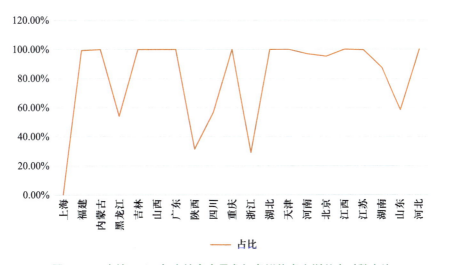

图 1-77　省培 2021 年度社会人员参加虚拟仿真实训总人时数占比

　　国培 2021 年度服务社会人员云端虚拟仿真实训为 7 147 020 人时,各地具体情况如图 1-78 所示;省培 2021 年度服务社会人员云端虚拟仿真实训为 189 669 人时,各地具体情况如图 1-79 所示。

3. 虚拟仿真实训服务职业技能等级鉴定项目占比

　　该指标通过虚拟仿真实训服务职业技能等级鉴定项目占比和项目考试通过人数占比,衡量虚拟仿真实训服务社会的功能。

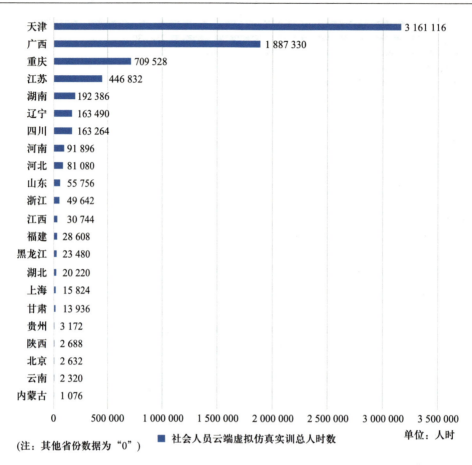

（注：其他省份数据为"0"） ■ 社会人员云端虚拟仿真实训总人时数 单位：人时

图 1-78 国培 2021 年度服务社会人员云端虚拟仿真实训总人时数

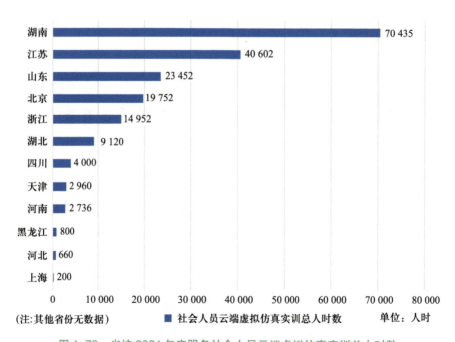

（注：其他省份无数据） ■ 社会人员云端虚拟仿真实训总人时数 单位：人时

图 1-79 省培 2021 年度服务社会人员云端虚拟仿真实训总人时数

国培 2021 年度利用虚拟仿真实训服务职业技能等级鉴定项目总计 550 个,各地具体数据和占比情况如图 1-80 所示。

图 1-80　国培 2021 年度利用虚拟仿真实训服务职业技能等级鉴定项目数及占比

省培 2021 年度利用虚拟仿真实训服务职业技能等级鉴定项目总计 175 个,各地具体数据和占比情况如图 1-81 所示。

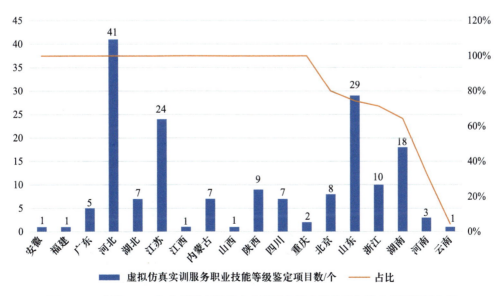

图 1-81　省培 2021 年度利用虚拟仿真实训服务职业技能等级鉴定项目数及占比

国培 2021 年度利用虚拟仿真实训服务职业技能等级鉴定考试通过 55 226 人，各地具体数据和占通过总人数比例如图 1-82 所示。

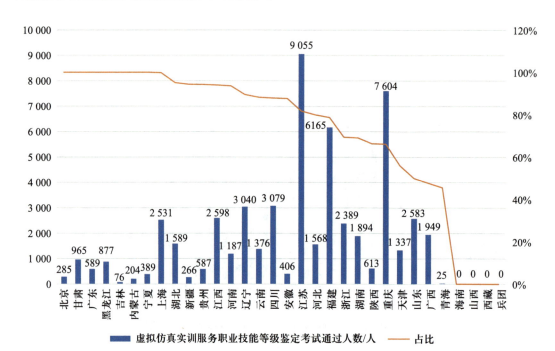

图 1-82　国培 2021 年度利用虚拟仿真实训服务职业技能等级鉴定考试通过人数及占比

省培 2021 年度利用虚拟仿真实训服务职业技能等级鉴定考试通过 13 946 人，各地具体数据和占通过总人数比例如图 1-83 所示。

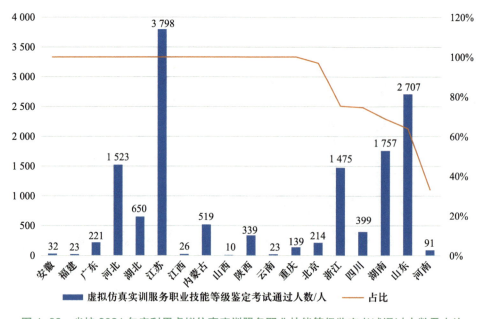

图 1-83　省培 2021 年度利用虚拟仿真实训服务职业技能等级鉴定考试通过人数及占比

（七）课程共享情况

国培 2021 年度虚拟仿真实训课程开放共享总数为 1 488 门,教育与体育大类的校均值最高,各地具体数据和占虚拟仿真实训课程总数比例、各专业大类具体数据和校均值分别如图 1-84、图 1-85 所示。

图 1-84　国培 2021 年度虚拟仿真实训课程开放共享数及占比

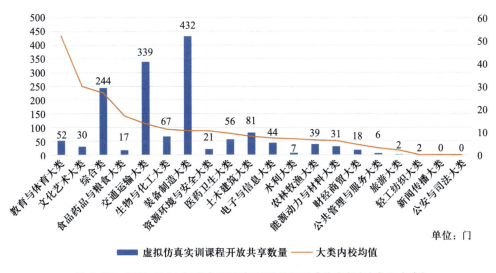

图 1-85　国培 2021 年度虚拟仿真实训课程开放共享数(按专业大类)

省培 2021 年度虚拟仿真实训课程开放共享总数为 518 门,各地具体数据、占虚拟仿真实训课程总数比例、各专业大类具体数据和校均值分别如图 1-86、图 1-87 所示。

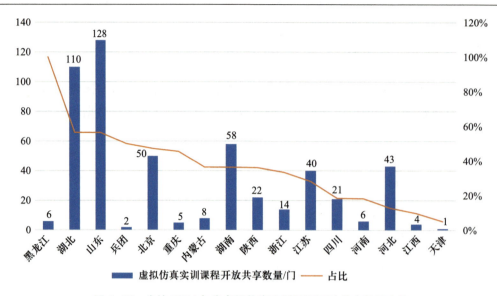

图 1-86　省培 2021 年度虚拟仿真实训课程开放共享数及占比

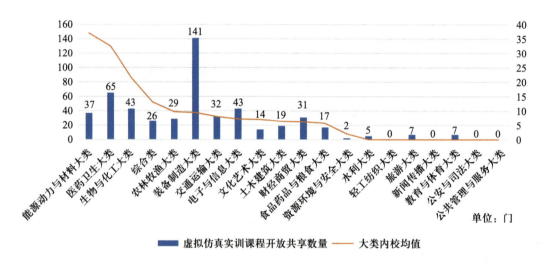

图 1-87　省培 2021 年度虚拟仿真实训课程开放共享数(按专业大类)

国培 2021 年度虚拟仿真实训课程共享学校总数为 1 513 所,各地具体数据如图 1-88 所示。其中,重庆工商职业学院的课程共享学校达 162 所。

省培 2021 年度虚拟仿真实训课程共享学校总数为 405 所,各地具体数据如图 1-89 所示。

国培 2021 年度虚拟仿真实训课程共享企业总数为 1 180 家,各地具体数据如图 1-90 所示。

省培 2021 年度虚拟仿真实训课程共享企业总数为 270 家,各地具体数据如图 1-91 所示。

国培 2021 年度虚拟仿真实训课程使用总人数为 1 715 125 人,各地具体数据如图 1-92 所示。

省培 2021 年度虚拟仿真实训课程使用总人数为 525 697 人,各地具体数据如图 1-93 所示。

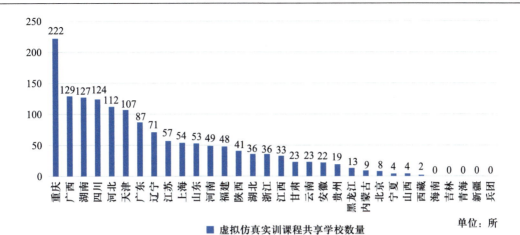

图 1-88　国培 2021 年度虚拟仿真实训课程共享学校数量

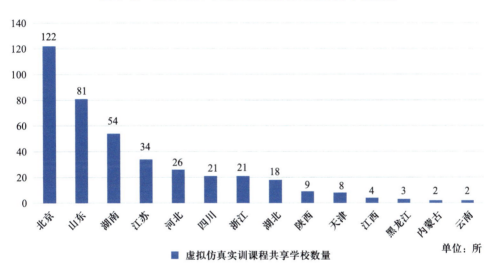

图 1-89　省培 2021 年度虚拟仿真实训课程共享学校数量

图 1-90　国培 2021 年度虚拟仿真实训课程共享企业数量

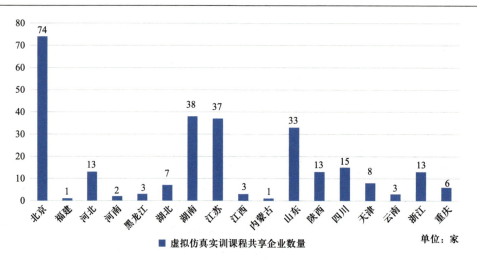

图 1-91　省培 2021 年度虚拟仿真实训课程共享企业数量

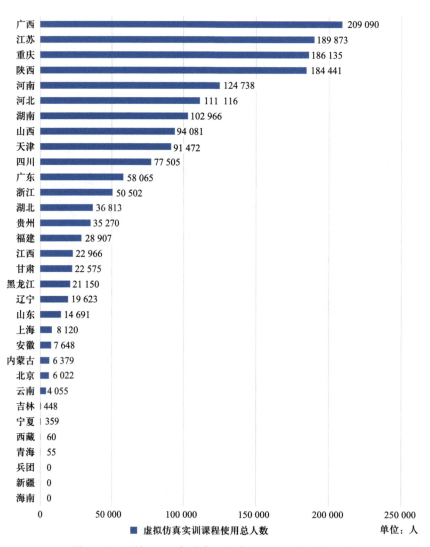

图 1-92　国培 2021 年度虚拟仿真实训课程使用总人数

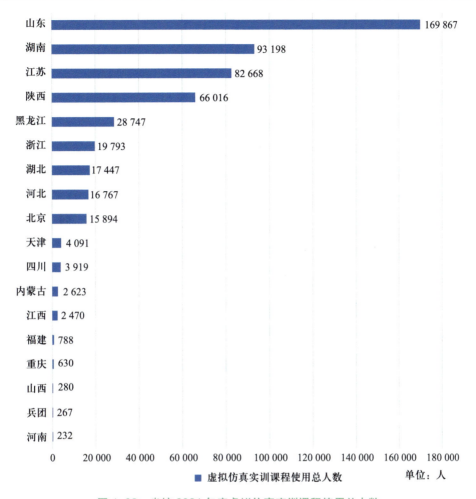

图 1-93　省培 2021 年度虚拟仿真实训课程使用总人数

（八）国内外推广情况

1. 国内推广

国培 2021 年度输出行业企业所需的虚拟仿真实训产品、资源和标准数总计 443 个，其中产品数量 100 个、资源数量 258 个、标准数量 85 个，各地具体分布情况如图 1-94 所示。

省培 2021 年度输出行业企业所需的虚拟仿真实训产品、资源和标准数总计 125 个，其中产品数量 33 个、资源数量 55 个、标准数量 37 个，各地具体分布情况如图 1-95 所示。

国培 2021 年度举办虚拟仿真相关研讨会、师资培训会总数为 488 场，各地具体数据如图 1-96 所示。

省培 2021 年度举办虚拟仿真相关研讨会、师资培训会总数为 107 场，各地具体数据如图 1-97 所示。

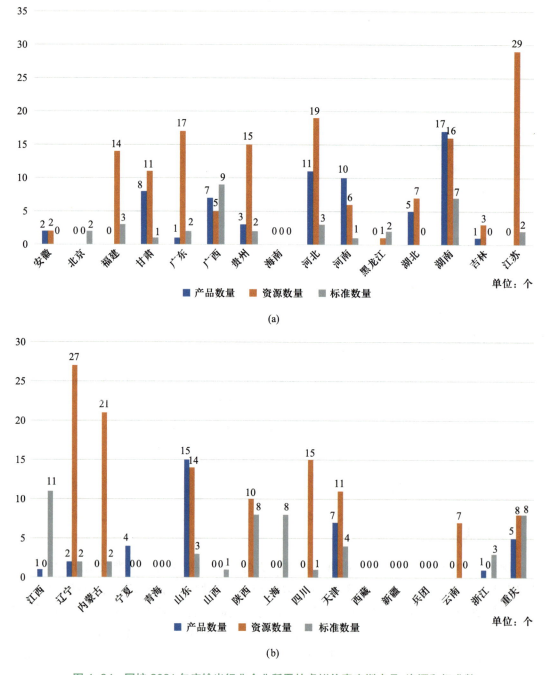

图 1-94　国培 2021 年度输出行业企业所需的虚拟仿真实训产品、资源和标准数

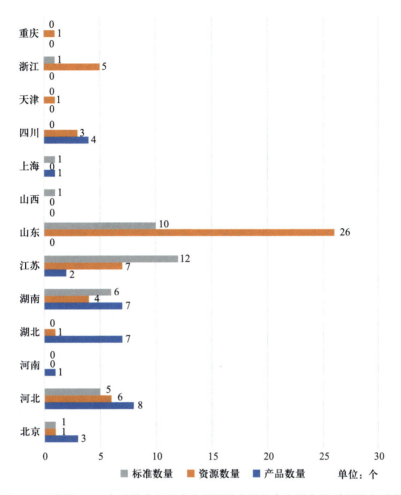

图 1-95 省培 2021 年度输出行业企业所需的虚拟仿真实训产品、资源和标准数

图 1-96 国培 2021 年度举办虚拟仿真相关研讨会、师资培训会情况

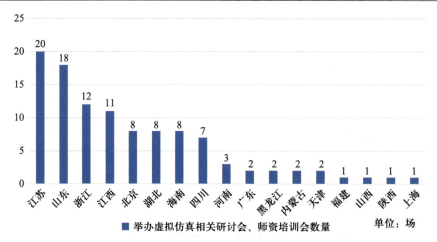

图 1-97 省培 2021 年度举办虚拟仿真相关研讨会、师资培训会情况

2. 国外推广

国培 2021 年度向"一带一路"沿线国家等境外输出虚拟仿真实训课程数量为 165 门，省培 2021 年度向境外输出虚拟仿真实训课程数量为 33 门，各地具体数据如图 1-98 所示。

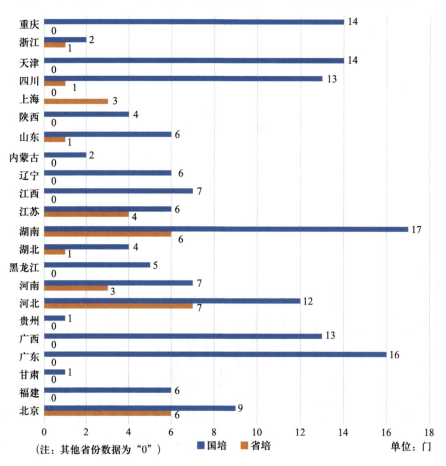

图 1-98 国培、省培 2021 年度向境外输出虚拟仿真实训课程数量情况

国培 2021 年度国际人才交流总计 3 350 人次,省培 2021 年度国际人才交流总计 969 人次,各地具体情况如图 1-99 所示。

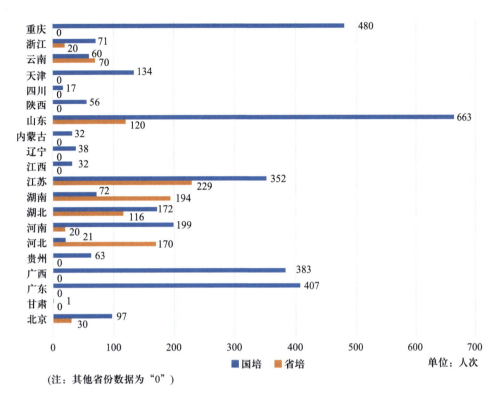

(注:其他省份数据为"0")

图 1-99　国培、省培 2021 年度国际人才交流人次情况

三、建设成效与典型案例项目

（一）建设成效

通过对效能数据、总结报告、典型案例的分析及专题调研可以看出，各省级教育行政部门、各国培省培单位在 2021 年基地建设及推广应用中做了大量工作，取得了一定成效，在疫情防控常态化形势下，为职业院校"停课不停学、停课不停教"的实训教学作出了重要贡献。

1. 全面启动，有力推进

2021 年确定国培项目后，教育部职成司、科学研究发展中心加强领导，密切合作，积极组织，强化推进。组织编制、多元研讨，并发布了《职业教育示范性虚拟仿真实训基地建设指南》，在江西南昌召开了全国职业教育示范性虚拟仿真实训基地建设推进会，有关省级教育行政部门高度重视，积极落实。

2. 有效实施，进展迅速

各国培项目单位相继修订、完善、优化了基地建设规划方案，开始实施并引领带动了一大批省培项目，推动其他院校开展建设工作。部分省级教育行政部门和行业企业，积极组织召开项目建设推进会，开展项目论证、建设指导和经验分享，建设成效明显。

3. 成果再造，专业升级

基地建设突出立德树人根本任务，遵循新专业目录内涵，紧跟新技术、新产业、新业态的时代要求，坚持职业教育类型特色、深化产教融合，初步形成了工匠精神引领、专业数字化升级、虚实紧密结合、岗课赛证融通的新实训教学体系，创新了人才培养模式，提升了人才培养质量。

4. 环境重塑，服务提升

基地建设紧跟国家战略部署服务产业转型升级，紧贴国家重大项目服务区域和产业需求，开展虚拟仿真实训教学环境建设、平台建设，构建"立交桥"促进共建共享，提升了人才培养服务质量。

5. 资源开发,重在应用

基地建设深化产教融合、多元合作、协同创新,坚持以人为本,以学生职业综合素养、技术技能提升为核心,将基于现代化、先进性的生产企业工作场景和工作情境开发的虚拟仿真课程资源应用到实训教学中,解决了实训教学中的"三高三难"问题,同时赋能基于课程思政的特色人才培养,提高了实训效率和质量,提升了学生自主学习的热情。

6. 教师培训,能力提升

基地注重采用虚拟仿真技术的"教、研、创"多元跨界教学团队建设,激励教师协调共进积极参与项目建设。教师自主参与开发虚实结合实训教学资源的能力不断增强,将新技术应用于"三教"改革的意识及能力不断提升。

(二) 典型案例项目

在 2021 年度基地建设效能数据填报期间,科学研究发展中心同时组织开展了职业教育示范性虚拟仿真实训基地 2021 年度典型案例项目(以下简称典型案例项目)申报工作。经统计,材料齐全且符合要求的项目申报材料共 221 份,含国培单位申报材料 154 份,约占70%;省培单位申报材料 67 份,约占 30%。经综合评审,遴选出 2021 年度典型案例项目 39个,如表 1–3 所示。

表 1-3　2021 年度典型案例项目

序号	学校名称	项目名称
1	新疆农业职业技术学院	我在网上开农场——现代农业种植技术虚拟仿真实训中心建设
2	江苏农林职业技术学院	数字农业虚实结合实训系统研发与推广应用
3	日照职业技术学院	虚拟仿真赋能海洋渔业,培养产业高端技术技能人才
4	江西应用技术职业学院	信息技术赋能,助推教学变革
5	平顶山工业职业技术学院	"产教共频、行企协同、多元共融" 打造国家级智慧矿山虚拟仿真中心新高地
6	内蒙古机电职业技术学院	"五维"支撑,虚实结合打造"三三五"教学模式
7	武汉电力职业技术学院	火电机组虚拟仿真实训
8	湖南工程职业技术学院	"课堂工地化"装配式建筑施工智能教学的先行示范
9	河南工业职业技术学院	虚拟仿真实训基地赋能专创融合
10	四川工程职业技术学院	发挥虚拟仿真实训基地技术优势,服务国防建设
11	山东工业职业学院	"六中心·一平台"绿色钢铁智能生产虚拟仿真实训基地

续表

序号	学校名称	项目名称
12	杭州职业技术学院	数字赋能电梯检测高技术技能人才培养
13	渤海船舶职业学院	打造孪生数字船舶，深化岗课赛证融通
14	唐山工业职业技术学院	校企协同转化资源，虚实交互助力高铁人才培养
15	西安航空职业技术学院	科技引领 以虚助实，构建理–虚–实一体化飞机外场维护虚拟仿真实训中心
16	淄博职业学院	"三品·螺旋式"虚拟仿真资源建设模式
17	武汉船舶职业技术学院	虚实结合、铸魂强技 培养新时代造船工匠
18	天津轻工职业技术学院	先进制造与新能源技术专业群职业教育示范性虚拟仿真实训基地
19	陕西国防工业职业技术学院	虚实结合，能力为先，产出导向，"智造"创新
20	哈尔滨职业技术学院	虚实结合、区域共享、服务产业，赋能智能制造产业人才培养
21	咸宁职业技术学院	数字赋能 仿真强技——咸宁职业技术学院虚拟仿真实训基地建设与实践
22	克拉玛依职业技术学院	以虚助实，虚实结合，助力石油工程专业群人才培养高质量发展
23	湖北三峡职业技术学院	虚实结合，校企共建，打造绿色化工人才培养高地
24	广东职业技术学院	数字引领传统产业，虚拟助力职业教育
25	常州工程职业技术学院	应用为本、技术引领、虚实结合、教研并举——丙烯酸甲酯半实物仿真教学工厂建设
26	广西交通职业技术学院	打造虚实结合"教学工场"，服务西南交通运输发展
27	江苏海事职业技术学院	四船交替，虚实结合，能力递进——现代航海技术虚拟仿真实训生态系统建设与实践
28	柳州铁道职业技术学院	仿真高速铁路列车运行控制场景，虚实结合破解"三高三难"
29	广州铁路职业技术学院	校企共建虚拟仿真综合实训基地，破解轨道交通实训"三高三难"问题的广州铁职院实践
30	浙江交通职业技术学院	智虚互融提升培养质量，育训结合服务共同富裕——基于航海技术专业群架构的水上交通安全虚拟仿真平台建设与应用
31	南京交通职业技术学院	虚实一体设计，软硬同步推进——绿色智慧交通建造虚拟仿真实训基地一期项目建设
32	南京信息职业技术学院	5G 网络规划与基站部署虚拟仿真实验
33	四川邮电职业技术学院	破解难题、夯实能力、提升效果，深化基地建设内涵

续表

序号	学校名称	项目名称
34	重庆医药高等专科学校	校企合作开发虚拟仿真产品——形态教学及能力评价系统和医学检验虚拟仿真实验系统
35	宜宾职业技术学院	"匠心匠品,善思善工"——酿酒技术专业群虚拟仿真实践体系建设与实践
36	成都职业技术学院	智慧+现代服务业集群虚拟仿真人才培养初见成效——智慧+现代服务业集群虚拟仿真实训基地建设
37	重庆工商职业学院	高职院校专业群虚拟仿真实训基地集群效应的探索与实践
38	广州番禺职业技术学院	公共虚拟仿真实训基地助力新职教高质量发展
39	天津市职业大学	以虚助实解痛点,新标引入促融通

从典型案例项目申报材料来看,各项目建设单位能立足区域产业发展,结合学校特色专业群,打造具备示范性、先进性、创新性、共享性的虚拟仿真实训基地。典型案例项目具有较好的推广、借鉴意义,举例如下。

江西应用技术职业学院智慧国土国家虚拟仿真实训基地的典型案例,打造三大功能区,其中"绿色国土"课堂由国土智慧教室、CAVE 立体国土、国土+多人协同、国土+人机交互、国土+桌面仿真等五部分组成。针对地质勘察看不见、野外作业危险性大、深部勘探成本高等痛点,校企合作共同开发了地质灾害仿真实训、岩石仿真实训、古生物仿真实训、钻探实训等 7 套虚拟仿真资源,地质勘察虚拟仿真资源如图 1-100 所示。

图 1-100　江西应用技术职业学院地质勘察虚拟仿真资源示例

　　唐山工业职业技术学院与中车唐山公司合作,对接岗位集群,创新"四层次、全模块"实训课程体系,开发源于企业动车检修技术的"沉浸性、交互性、专业化"虚拟仿真资源,开发源于生产的"可共享、易重组、高互动"公共虚拟仿真实训资源,建立虚拟仿真资源更新优化机制,打造国家专业教学资源库的升级版;充分发挥校企资源优势,注重在虚实融合中实现企业资源的有效转化、在虚拟实训中创设企业真实生产场景搭建、在虚拟企业中融入高铁工匠精神,助力精益求精的高铁人才培养。学院虚拟仿真实训基地顶层设计如图1-101所示。

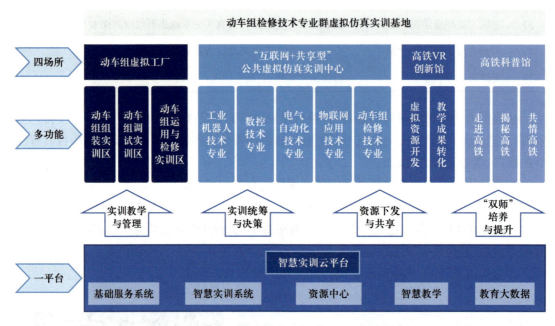

图 1-101　唐山工业职业技术学院虚拟仿真实训基地顶层设计

　　重庆工商职业学院"高职院校专业群虚拟仿真实训基地集群效应的探索与实践"典型案例,围绕专业群虚拟仿真实训基地如何发挥集群效应的问题,按照"互联网+"的思维,建立起"四环八轮"的虚拟仿真实训基地运行模型,如图1-102所示,实现"立德树人、产品研发、教学应用、地方产业"的"四环"同向联动,推进8个虚拟仿真实训中心服务专业和专业群的跨界融合,促进综合类虚拟仿真实训基地发挥集群优势,推动学校整体化和系统化改革。

　　广西交通职业技术学院西部陆海新通道(广西)综合交通运输虚拟仿真实训基地,通过打造虚实结合"教学工场",实施"双师、双线、双课"资源建设模式,开放"实训、科普、服务"3个共享中心,引领人才培养提质增量,促进交通运输人才"需求侧"与职业院校人才"供给侧"紧密衔接,全面服务西南地区现代综合交通运输体系建设,如图1-103所示。

　　新疆农业职业技术学院"我在网上开农场——现代农业种植技术虚拟仿真实训中心建设"典型案例,依托现代农业种植技术虚拟仿真实训基地,该基地建设的农作物虚拟种植系统包括大田作物生产技术、园艺作物生产技术、作物种子生产技术3个实训系统,涵盖玉米、

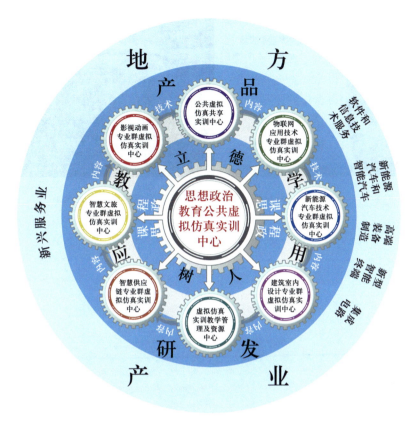

图 1-102　重庆工商职业学院"四环八轮"虚拟仿真实训基地运行模型

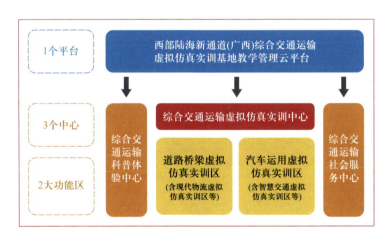

图 1-103　广西交通职业技术学院"1+3+2"建设模式

棉花、番茄、豇豆等 17 种作物从种到收全周期生产技术。通过训练,学生可以利用虚拟仿真资源掌握农作物生产的种植计划制订、农场经营管理、突发事件处置等知识,查看植株、病虫害等 3D 模型和知识库。教师可以实时监控学生的农场运营状态,给予指导,有效解决了学生、教师和学院的"实训难"问题。学院虚拟仿真资源建设如图 1-104 所示。

图 1-104 新疆农业职业技术学院虚拟仿真资源建设

四、问题分析与改进建议

通过对效能数据、典型案例、总结报告、建设成效以及线上线下专题调研情况分析，2021年基地建设取得了长足进步，但同时也存在着一些深层次问题，需要给予高度重视。

（一）问题分析

1. 基地建设缺乏顶层设计，资源建设不够聚焦

具体表现在有的基地建设没有从职业教育数字化升级的新时代要求出发，对"能实不虚、以实带虚、虚实结合、以虚助实"要求理解不深，对虚实结合的新实训体系构建缺乏顶层设计。有的基地建设相对独立，没有融入智慧校园的整体设计之中；有的对基地建设"虚拟仿真技术的课程资源是内涵、是关键、是根本"的理念认识不清、理解不到位，重硬件购买轻软件资源开发；有的基地实训软件资源种类繁多但缺乏系统管理；部分学校建设资金缺乏有效保障，预算、到账和实际支出差距较大。

从效能数据上看，部分院校的基地名称聚焦某个行业和产业，但服务的专业过多，最多的达到57个专业，其中很多专业和基地毫无关系，导致基地建设中的人财物投入过于分散。资源建设没有聚焦到能有效解决"三高三难"问题的虚拟仿真资源上，与企业合作开发或自主开发的虚拟仿真资源还比较少。

2. 平台建设与体制机制建设滞后，资源共建共享不够充分

虚拟仿真实训教学管理及资源共享平台是基地建设的关键要素之一，是实现资源共建共享、互联互通、促进教师和学生有效应用的基本保障。平台建设的难度大、周期长、投资高、涉及广，很多建设单位尚处在调研阶段。部分院校完成了平台建设，但应用体验较差，在校内外互联互通、数据有效管理方面存在不足。

在基地建设中，校企合作机制、体制不完善，激励教师积极参与虚拟仿真实训资源开发建设的政策措施还不够有力，资源共建共享和深化应用还很不够。

3. 虚拟仿真资源融入课程教学体系不完善，特色亮点不够突出

虚拟仿真实训资源建设是虚拟仿真实训基地建设的核心，资源建设应以行业企业岗位需求和解决实训教学过程中的"三高三难"问题为出发点和归宿，应统筹企业、院校、实训基

地等多方力量,完成资源的建设和应用。有的建设单位的资源建设与优化人才培养方案、推进"三教"改革、服务区域经济转型升级、服务行业企业技术创新等方面脱节,赋能专业数字化升级还不够。

部分基地项目在紧密对接行业企业与区域经济发展、结合学校自身专业特色的虚拟仿真资源建设与应用方面的特色凝练不够。在红色思政类虚拟仿真实训资源建设方面,通用性的资源较多,具有地方特色的资源较少,亮点不突出。

(二) 改进建议

1. 深化产教融合校企合作,加强顶层系统性设计,聚焦虚拟仿真资源建设

职业教育示范性虚拟仿真实训基地建设是职业教育数字化升级的重要举措,是学校深化教学改革的重要突破口。项目院校应依据本校建设方案,加强领导,优化建设团队,统筹全校力量,提供有效资金保障,强化顶层设计,深化推进实施。各项目单位要推动虚拟仿真相关产教融合基地和产业学院建设,有效发挥校企合作机制,加强与合作共建企业的沟通,建立常态化沟通机制;要与新技术、新装备、新工艺、新标准、新规范对接,提升虚实环境和资源呈现的先进性;要牢牢把握立德树人根本任务,有机融入课程思政,积极构建工匠精神引领、专业数字化升级、虚实紧密结合、岗课赛证融通的新实训体系;要聚焦解决"三高三难"问题的虚拟仿真资源建设,尤其是要通过合作开发或自主开发具有知识产权的特色专业实训资源,形成基地的示范效应。

同时,各项目单位应积极构建基地建设新机制,探索按区域建设虚拟仿真实训基地联盟,按专业大类建设基于同类专业群基地的虚拟教研室,实现集体备课、合作交流、资源有效利用的目的;要深入研究项目奖补政策,适时给予基地建设资金支持,提高基地建设动力。

2. 搭建平台构建"立交",促进各建设单位资源共建共享,强化资源的有效应用

虚拟仿真实训教学管理及资源共享平台用于对虚拟仿真实训教学场所、虚拟仿真实训设施设备和虚拟仿真实训资源进行跨专业、跨院校、跨地域的统筹管理,是新形态的互联互通、共建共享、管理分析、师生有效应用的开放性平台。各项目单位要高度重视并加快具有自身特点的平台建设,实现平台开放,并努力实现与教育部虚拟仿真实训中心平台、国家职业教育虚拟仿真示范实训基地云平台等的有效对接。

同时,各项目单位应鼓励有关方面积极搭建区域性平台,与建设经验丰富、建设成果突出的项目单位进行建设经验和成果的交流分享;要加强相同专业大类相关院校的交流,建立拥有自主知识产权虚拟仿真实训资源的互通渠道,探索资源共享和交易机制,避免重复建设导致资源浪费;有关方面要加快编制、发布职业教育虚拟仿真实训资源数据接口规范,推进各类平台互联互通。

在基地建设中要深入推进校企合作机制体制建设,引导行业头部企业参与基地建设。

学校要因地制宜制订有效政策,激励教师积极参与虚拟仿真实训资源开发和应用,积极推进资源共建共享,注重对其他院校、行业企业、社区社群开展社会服务,并积极扩大国际影响。

3. 深化"三教"改革,全面推进数字化升级,打造突出特色亮点

基地建设是推进职业教育数字化升级、深化教学改革的重要抓手。各项目单位要深刻理解"能实不虚、以实带虚、虚实结合、以虚助实"原则以及《建设指南》等的有关要求,强化学习、交流、培训,开展项目研究;统筹企业、院校、实训基地等多方力量,服务区域经济和产业转型升级,推进"三教"改革和学校高质量发展。

要加强多元团队建设和协同,大力加强基地建设项目负责人、专业带头人和专业教师的培训,提高对职业教育数字化升级、虚拟仿真技术应用等的认识,提高对专业中存在的"三高三难"难点痛点的梳理能力,优化专业实训方案;提高教师的虚拟仿真实训资源脚本设计和转化能力,加强虚拟仿真实训资源与课程建设、新形态教材建设和教学方法的融合,推动学习范式、教学模式变革和方法创新;在紧密对接行业企业与区域经济发展方面,在结合学校行业专业特色方面,形成建设与应用的突出特色与亮点,进一步发挥基地建设的引领示范作用。

第二篇

职业教育示范性虚拟仿真实训基地建设实践

关于公布职业教育示范性
虚拟仿真实训基地培育
项目名单的通知

关于印发《职业教育示范
性虚拟仿真实训基地建设
指南》的通知

1 城市智能设备技术应用与智慧建造虚拟仿真实训基地

北京工业职业技术学院

一、基地建设概况

北京工业职业技术学院联合行业知名企业及国内外知名高校,组成项目建设团队,按照《职业教育示范性虚拟仿真实训基地建设指南》要求,围绕建设目标和任务书逐项落实建设任务,对接"一带一路"倡议,立足北京"四个中心"城市功能定位,服务京津冀协同发展,以满足城市智能设备技术应用与智慧建造以及"一带一路"倡议推进的专业人才培养需求为目标,坚持"对接科技发展,立足社会需求,夯实实践能力,强化工程技能,培育工匠精神,提高创新能力"的实践教学理念,把虚拟仿真实训教学作为实践能力和创新能力培养的重要环节,融入"软技能、硬技能、高技术"的多层次、系统化实践教学体系之中,整合先进的智能制造、智能机器人、北斗卫星导航、无人机技术、BIM技术以及VR、MR、云计算等先进技术,逐步推进项目建设。该项目由北京市财政投入资金812万元。建设任务完成率100%,各项指标达标率100%。

二、建设具体情况

(一)团队建设

基地联合国内有影响力的高职院校和行业内优势企业,组成强强联合、优势互补的虚拟仿真实训基地建设和实训教学团队,共同开展项目建设和虚实结合的实训教学;建立教学团队教师素质提高机制和管理制度,打造适应行业技术发展、精于虚拟仿真实训教学的专兼结合教学团队。

1. 发挥校企合作优势,保障虚拟仿真团队配置

基地依托学校的职业院校国家级教师培训基地,对专、兼职教师进行培养,打造一支"强专业工程技术,精虚拟仿真教学"专兼结合的虚拟仿真教学团队,实现校企合作、共同建设、共同应用;组建"模块化"教学团队,分工教授模块化课程,合作备课实施共同教学,聚焦教师教学内容,进行团队高度合作的精细化实训教学,推进虚实结合的实训教学模式创新。

2. 建立实训教学教师发展机制，提升教师综合素质

基地围绕城市智能设备技术应用与智慧建造领域的设备设计、制造、装配、应用和能效保障技术链及城市数据采集、处理、工程施工、管理和城市智慧运维技术环节，制订有针对性的发展计划，通过校内技术技能服务平台和校外师资培训基地、企业实践基地，联合研发、实践，加强教师实训教学、企业实践和技术创新能力培养。

2021 年度基地专兼职教师参加师德建设、课程思政、信息时代下创建创新型融媒体课件支撑交互式课堂实操工作坊、1+X 装配式建筑构件制作与安装等各类培训 198 人次，其中，虚拟仿真实训教学专题培训 119 人次，占比 60.10%；安排专职教师参加企业实践锻炼 3 765 人天，人均 40 天；16 名教师参与开发虚拟仿真实训资源，占比 20%。基地还引进、培养虚拟现实技术应用专业带头人和骨干教师 6 名，开展中国职业技术教育学会课题"智能技术推进专业群数字化改造及资源建设应用示范基地建设研究"等省部级课题研究 2 项。学院教师率领学生参加首届全国测绘地理信息职业院校大学生虚拟仿真测图大赛，获得特等奖。

（二）整体设计

学院紧跟相关专业科技发展和产业变革趋势，准确把握虚拟仿真实训教学活动的实际需求，对开设相关专业的职业院校虚拟仿真实训项目应用程度开展了调研，如图 2-1 所示。通过调研，设计了虚拟仿真实训基地总体框架，建设 1 个平台、4 个基地，包括智能设备虚拟仿真设计中心、智慧城市精细化空间数据采集虚拟实训中心等 10 个虚拟仿真实训中心，满足学院师生、企业用户、社会学习者在城市智慧建造与智能运行保障领域的学习需求。

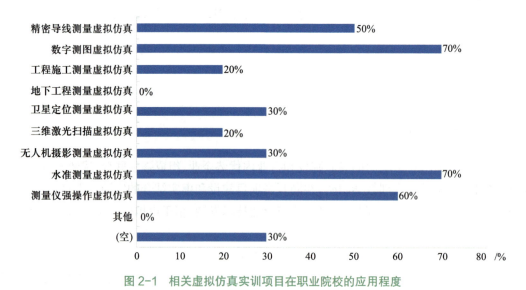

图 2-1　相关虚拟仿真实训项目在职业院校的应用程度

（三）资金执行

基地 2021 年度预算资金 680 万元，实际到账 812 万元，资金到位率 119.41%。实际支出 809 万元，到账资金支出率 99.63%。

（四）虚拟仿真实训环境建设

基地建设了 3 个面积为 200 m² 的虚拟仿真实训教学场地：施耐德中法能效管理实训基地、无人机测绘实训基地、BIM 技术工程中心；配置了交互式一体机、zSpace 虚拟现实操作一体机、MR 交互体验设备、VR 虚拟现实设备、智慧教室互动黑板、5G+VR 小组式创作系统、VR 一体机(头盔式)、VR 教室控制系统、触控一体机(含 i7 模块、平板脚架)、5G 千兆路由器、大型数据显示屏、桌面工作站等硬件设施；按照虚拟仿真实训教学要求，布置了教学环境和功能分区，如图 2-2 所示。

图 2-2　虚拟仿真实训环境展示

（五）资源建设

基地围绕智能装备高精尖产业链、智能设备在智慧城市运行保障中的应用领域，建设了智能控制技术实训、智能设备行业应用虚拟仿真实训、智能设备能效管理虚拟仿真实训等虚拟仿真资源。工程测量技术专业群建设了包括空间数据采集虚拟仿真实训、空间数据处理虚拟仿真实训、建筑设备 BIM 应用实训、建筑施工工艺虚拟仿真实训、智慧施工虚拟实训、数字建筑综合管理虚拟实训等校本资源。

基地虚拟仿真实训项目总数达到 47 个，2021 年度更新虚拟仿真实训项目数 24 个，资源更新率 51.06%，有效解决了设备安装工艺复杂，难观摩、难实施等问题；应用虚拟仿真资源促进课程与教材改革，建设含有虚拟仿真实训资源的课程 107 门，占课程总数的 40.07%，其中含有虚实结合实训资源的课程 22 门，占比 20.56%；建设含有虚拟仿真实训资源的教材 42 部，占出版教材和校本教材总数的 44.68%。

（六）建设成效

2021 年度，基地建设包含虚拟仿真实训教学环境建设、虚拟仿真实训教学资源建设、高水平虚拟仿真应用教学团队建设、虚实结合的实践教学体系重构 4 个方面 27 项任务，任务完成率 100%。

学院牵头组建了基地建设应用联盟,联合职业院校和施耐德、广联达、大疆等行业内有代表性优势企业组成"强强联合、优势互补"的建设应用联盟,共同成立理事会作为基地建设、应用和管理的决策层,建立基地建设指导委员会作为基地建设运行机构,对基地的建设规划和方案实施提出建议。

学院应用虚拟仿真实训解决"三高三难"痛点和难点,针对各专业实践教学中存在的"看不到、进不去、危险大、难再现、场地少、成本高"等难点痛点,发挥虚拟仿真技术优势进行有效化解。当前实训中痛点和难点数共7个,虚拟仿真实训解决的痛点和难点数7个,占比100%。对接科技发展和产业变革,虚拟仿真实训在7个技术领域体现行业企业新理念、新技术、新工艺、新规范、新标准。

基地建立资源共享、协作共赢、统一规划、深度融合的开发运行保障机制,为所有开设相关专业的高职院校提供虚实结合的实践教学整体解决方案和资源,在助教助学、教学管理、新技术培训与社会服务与应用方面发挥了重要作用,提高了虚拟仿真基地应用率。虚拟仿真实训基地2021年度平均利用率达到74.21%。

三、应用情况

(一)人才培养

机电一体化技术专业群(城市运行智能设备应用技术专业群)和工程测量技术专业群(城市智能建造专业群)2个"国家'双高计划'专业群"中包含了机电一体化技术、工业机器人技术、电气自动化技术、机械制造及自动化、虚拟现实技术应用、建筑工程技术、工程造价、无人机应用技术、工程测量技术9个专业,全部应用虚拟仿真基地开展实践教学。虚拟仿真实训服务的专业数占比100%。

学院上述9个专业中包括了2个现代学徒制试点专业,试点学生数200人,虚拟仿真实训服务订单班或现代学徒制班的学生数200人,占比100%。9个专业都进行了人才培养方案的修订,全部结合虚拟仿真实训优势进行了优化完善,占比100%。

在校生参加虚拟仿真实训总数149 796人时,占参加实训总人时数的100%。在校生云端虚拟仿真实训总数20 272人时。基地发挥虚拟仿真技术优势,为学生考取职业技能等级证书提供培训和考证帮助,虚拟仿真实训服务学生考取1+X不动产数据采集与建库、建筑信息模型BIM等10项职业技能等级证书或技能证书,获取证书学生数达到208个。学生获得首届全国测绘地理信息职业院校大学生虚拟仿真测图大赛等省级及以上虚拟仿真类大赛奖项7项。

教师和学生对虚拟仿真实训的满意度分别为94.16%和91.09%。

(二)社会服务

学院依托虚拟仿真实训基地为区域内高校、中职、技校等提供师资培训和学生专业技能实训,为中小学提供人工智能普及教育、职业素养启蒙教育等教学服务,为城市智能设备技术应用和城市智慧建造领域企业提供员工技能培训和技能证书考证服务,在区域经济发展和社会服务中发挥了显著效益。

基地结合虚拟仿真实训优势优化完善的职业培训方案数 5 个,占比总数的 100%。社会人员参加培训总数 3 340 人天,虚拟仿真类参训总数 3 340 人天,占比 100%。社会人员云端虚拟仿真实训总数 2 232 人天。职业技能等级鉴定项目总数 10 项,虚拟仿真实训服务职业技能等级鉴定项目 4 项,占比 40%。职业技能等级鉴定考试通过总数 61 人,虚拟仿真实训服务职业技能等级鉴定考试通过总数 61 人,占比 100%。

通过调查问卷分析,社会人员对虚拟仿真实训的满意度为 94.08%。

(三)课程共享

基地坚持以服务用户需求为本的建设理念,在应用过程中不断完善教学资源管理机制,健全各项管理制度,逐步提高运行效率,从细节入手提高服务水平,满足不同用户的个性需求。虚拟仿真实训课程总数 107 门,开放共享数 5 门,占比 4.67%。虚拟仿真实训课程为甘肃工业职业技术学院、昆明冶金高等专科学校等 4 所院校,北京山维科技股份有限公司等 3 家企业提供共享服务。虚拟仿真实训课程使用总人数为 5 273 人。

(四)国内推广

基地输出电气机械及器材制造等行业企业所需的虚拟仿真实训产品、资源和标准数 2 个;举办智能建造虚拟仿真系统——智慧施工模块开发交流会、装配式建筑构件制作与安装仿真平台培训等虚拟仿真实训教育研讨会、师资培训会等 6 场次。

(五)国际推广

基地向国外输出智能机器人组装与调试、液压与气压传动、控制测量与卫星定位测量虚拟仿真实训课程 9 门;开展“学位学徒制大师班”德国双元制教学能力线上师资培训,学院教师参与国际人才交流 97 人次。

四、特色与亮点

(一)创新虚实结合实训教学体系,支撑“软技能、硬技能、高技术”能力培养

学院坚持“立足社会需求,对接科技发展,夯实实践能力,培育工匠精神,提高创新能力”的实践教学理念,发挥 VR、MR、云计算等技术优势,创建“软技能、硬技能、高技术”的多层次、系统化实践教学体系,分梯次提升学生的职业能力和职业素养;兼顾社会培训、职业资格需求;发挥虚拟仿真技术优势,将抽象理论形象化;化解教学难点和重点,提高学习效率;采用智能机器人、无人机飞行等三维训练仿真平台解决贵重仪器损坏风险高的问题,实现学生自主操作训练;通过深化互动,及时了解学生学习状况,调整学习方案、更新教学资源,为学生提供有效的多样化学习方式;通过“基础实践涵养软技能、专业实践锻造硬技

能、综合应用实践掌握高技术"的逐层递进,形成由专业基础能力、专业核心能力、专业拓展能力渐进式专业能力提升体系,着力培养学生人文素养、数字化素养、职业素养、专业核心能力、高技术应用能力。

(二) 创新"四线贯穿、岗课赛证融通"人才培养模式,提高人才培养质量

学院发挥虚拟仿真实训基地优势,完善优化专业人才培养方案,创新"四线贯穿、岗课赛证融通"人才培养模式,将企业导师指导、思政教育、工程实践、创新创业贯穿人才培养全过程;借助训练平台,激发了学生学习和训练主动性,提升了专业技能训练水平,提高了专业人才培养质量,在技能大赛中取得了优异成绩。2021年学院获得全国职业院校技能大赛二等奖2项,获得其他省部级技能大赛、创新创业大赛奖项10项。

2 卫生职业教育示范性虚拟仿真实训基地

天津医学高等专科学校

一、基地建设概况

学校依据《建设指南》要求,结合基地建设任务,深化虚拟仿真实训场地、虚拟仿真教学资源及虚拟仿真师资团队建设工作。学校新建公共虚拟仿真中心、专业共享虚拟仿真中心占地约 690 m²,同时,升级护理、临床、药学及中药学虚拟仿真分中心的教学功能,用于虚拟仿真实训设备购置及教学资源开发资金共计投入 1 069.64 万元,购置生命起源裸眼 3D 互动全息系统、产科护理虚拟现实 VR 交互系统、虚拟现实操作一体机等虚拟仿真教学设备 201 台/套,新增组织胚胎发育实验、新冠疫情处置、质谱应用技术等虚拟仿真实训教学项目 44 项;构建专业群建设与基地建设有机融合、"三教"改革与基地建设有机融合、社会服务与基地建设有机融合的虚拟仿真实训教学体系,开发可视化、沉浸式、交互性的优质虚拟仿真实训资源 92 个,虚拟仿真数字化教材 4 套,形成"仿真操作、模拟演练、实战训练"的项目化实践教学模式,可面向护理、临床、药学、中药学等 19 个专业开展人体解剖学、内科学、质谱应用技术等多门课程的虚拟仿真实训教学工作,惠及在校生 5 000 余人;同时面向同类院校、社会公众开展技术培训和科普培训,在虚拟仿真实训教学、科技服务创新、行业发展和社会服务等方面发挥了示范和辐射作用。

二、建设具体情况

(一)虚拟仿真实训环境建设

依据现代教育信息化发展、行业内外培训和服务等多方的迫切需求,学校着力打造集"专业虚拟仿真实训中心、公共虚拟仿真实训中心、虚拟仿真体验中心和虚拟仿真研创中心"于一体的卫生职业教育示范性虚拟仿真实训基地。2021 年度学校新建公共虚拟仿真实训中心、专业共享虚拟仿真实训中心,同时完成护理、临床医学、药学及中药学虚拟仿真实训分中心的教学功能升级工作。

1. 公共虚拟仿真实训中心及虚拟仿真体验中心

依据校内医学基础课程、公共基础课程的教学需求,新建可视化、交互性和沉浸性的虚实结合智慧教学中心,在完成教学场地装修改造的基础上,配置了 VR 人体漫游九大系统、人体标本主要器官全息炫屏、运动系统智慧交互平台 3D 动作捕捉互动版等教学系统或设备,形成虚拟—仿真—现实相结合的实验实训环境,满足基础医学实训教学及社会公众体验的需求。

2. 专业共享虚拟仿真实训中心

围绕各专业实训及培训需求,基地将智慧教育理念和新技术有机结合,引入桌面式操作一体机、沉浸式互动教学系统等虚拟仿真实训教学设备,应用新技术建设可视化、交互性和沉浸性的共享型教学空间,切实保障一人一工位的教学需求,满足相关专业课程的虚拟仿真实训教学,同时满足行业培训及社会服务需求。

3. 护理专业虚拟仿真实训分中心

依托现代护理岗位需求,基地以科学规划、共享资源、持续发展的思想为指导,基于高素质的复合型护理技术技能人才培养目标,打造助产虚拟仿真实训室。引入 LED 弧形 3D 立体显示超宽屏、主动式 3D 射频眼镜、VR 系统、产科 3D 交互墙虚拟仿真系统,构建产科 XR(扩展现实)虚拟仿真教学系统功能区,满足护理、助产、临床医学等多专业的虚拟仿真实训教学需求。

4. 临床医学专业虚拟仿真实训分中心

对接新医改"强基层、惠民生"需求,坚持以社会和行业需求为导向,以岗位胜任力为核心,强化学生职业能力和职业素养培养,贯穿"医德培养为先、技能提升为本"的医学人才培养主线,构建"临床医学虚拟仿真实训平台",升级临床综合思维能力训练教学系统,打造临床思维训练虚拟仿真实训室,满足学生培养和社会服务培训中对专业思维能力培养的需求。

5. 药学专业虚拟仿真实训分中心

基于专业现有的虚拟实训软硬件基础,以模拟 GMP 车间和静脉药物配制室为主构建虚实结合虚拟仿真实训平台,通过虚拟 3D 技术模拟药厂生产厂区的实际生产操作,有力落实1+X 证书制度药物制剂生产、药品购销等职业技能育训结合的要求。同时,引入实验室突发事故应急处理系统,面向全校师生开展实训教学安全培训,提升实训教学安全素养。

6. 中药学专业虚拟仿真实训分中心

基地传承中医药经典,努力提高学生中药饮片辨识技能和素养,培养学生标准化操作能力、自主学习能力、综合思维能力和实践能力,打造中药学虚拟仿真实训室。借助虚拟仿真技术,解决校内大型教学仪器贵、设备维护技术难、设备内部未知等问题;强化《中国药典》(2020版)中电感耦合等离子体质谱仪(ICP-MS)检测重金属、生物技术方法 PCR 鉴定中药等新技术训练。

(二)虚拟仿真实训资源建设

基地根据不同专业(群)的培养目标,运用信息化技术、虚拟仿真技术、人工智能技术,将与医学基础技能、医护药各专业岗位核心技能相关的实训内容,建成虚拟仿真、虚实结合的教学资源,2021 年度完成开发虚拟仿真资源 92 个,撰写虚拟仿真资源脚本 20 个,开发虚拟仿真数字化教材 4 套,满足了全校多专业虚拟仿真实训教学需求。

1. 基础医学虚拟仿真实训教学资源

本着"虚实结合、以虚促实、能实不虚"的原则,针对学生需要掌握的技能难点和薄弱点,运用信息化技术,将医学基础实验技能建设成虚实结合的教学资源,开发数字化 3D 人体解剖学资源、数字化组织学切片库、生物化学虚拟仿真教学资源等 35 个,并融入课程思政育人理念,给学生提供安全、丰富的实验实训内容和更多动手操作的机会。

2. 护理虚拟仿真实训教学资源

紧密围绕护理专业教学及岗位需求,针对实训教学中"再现难、重复难"的问题,通过行业企业调研,开发吸痰法、肌内注射、洗胃—护理技能训练等 20 个虚拟仿真教学资源;同时,完成急救护理学及儿科护理学虚拟仿真实训教学中的地震现场检伤分类、火灾现场检伤分类、婴儿院内心肺复苏术等 5 类虚拟仿真资源脚本撰写,并持续推进虚拟仿真资源制作及成果转化。

3. 临床医学虚拟仿真实训教学资源

围绕临床医学专业以培养学生掌握临床"常见病、多发病"诊疗能力为目标,构建临床医学操作技能的课程实训内容,开发体格检查、新冠疫情临床诊疗思维训练、外科无菌技术操作等 17 个虚拟仿真教学资源;同时完成诊治慢性阻塞性肺疾病、诊治急性心肌梗死、诊治冠心病等 13 个病例的虚拟仿真实训资源脚本撰写,全面培养医学生综合能力,为行业服务提供支撑。

4. 药学虚拟仿真实训教学资源

根据药剂生产岗位核心工作任务,严格遵循生产实际任务进行虚拟仿真资源的开发,突破产业化学习中"易看难动手"的实训瓶颈,以迭代开发资源的设计思路,开发气相色谱仪实验、高效液相色谱仪操作源、奥司他韦片体内代谢动力学等 8 个虚拟仿真教学资源;同时,开发片剂生产、中药口服液生产、中药提取纯化、质谱分析数字化教材 4 套,满足药学专业服务岗位的新需求。

5. 中药学虚拟仿真实训教学资源

围绕药学专业群建设,传承中医药经典,对接产业链核心技能,开发 PCR 技术鉴别中药材、ICP–MS 检测中药重金属、中药浓缩工艺操作等 12 个虚拟仿真教学资源;同时,完成中药药品生产、中药生产质量管理虚拟仿真实训资源脚本撰写,实现学生在制药企业真实工作岗位的虚拟仿真沉浸式教学,提升了学生学习兴趣,强化了学生岗位责任意识。

三、应用情况

(一)明确虚拟仿真实训基地建设理念

学校基于高素质应用型卫生人才的培养任务,从基础与专业贯通、学校与企业协同、虚拟与现实结合、技能与应用融合、教学与培训一体、线上与线下联动 6 个维度,构建"医护融合、六位一体"的虚拟仿真实训基地建设理念,如图 2–3 所示,以培养学生岗位胜任力和技能为核心,以训练临床思维为导向,实现学生从基础到临床的全程实践学习,引导学生将医学知识与临床应用技术相融合。

图2-3 "医护融合、六位一体"的虚拟仿真实训基地建设理念

(二) 全面开展虚拟仿真实训教学及培训工作

学校从基础医学实验、专业岗位训练和创新实践3个层次强化资源建设,开设呼吸运动调节综合实验、PCR技术鉴别中药材、洗胃-护理技能训练等实训教学项目45项。面向校内护理、临床医学、药学等19个专业开展多门课程的虚拟仿真实训教学工作,如表2-1所示,同时面向同类院校开展骨干师资培训。针对新冠疫情防控需求,学校自主研发"咽拭子采样3D虚拟仿真训练系统",在天津市卫健委的指导下,圆满完成了18 417人次3 500多小时的培训任务。

表2-1 虚拟仿真实训教学情况

序号	开设课程	实验项目	服务专业	实训场所
1	人体解剖学与组织胚胎学	1. 运动系统解剖实验 2. 内脏系统解剖实验 3. 神经系统解剖实验 4. 断层解剖学实验 5. 组织胚胎发育实验 6. 呼吸运动调节综合实验 7. 3D打印原理与使用 8. 正常组织数字切片观察 9. 病理数字切片观察	护理、临床医学、药学、医学影像技术等19个专业	公共虚拟仿真实训中心
2	人体解剖生理学			
3	基础医学实验技术			
4	生理学			
5	病理学			
6	断层解剖学			
7	质谱应用技术	1. 质谱应用技术实训 2. 药物制剂设备操作 3. 药物制剂技术实训 4. 红外光谱仪的使用 5. PCR技术鉴别中药材 6. ICP-MS检测中药重金属 7. 护理临床思维训练 8. 医学遗传虚拟实验	护理、药学、中药学、药品经营与管理、医学检验技术等专业	专业共享虚拟仿真实训中心
8	中药化学			
9	现代中药技术			
10	护理临床思维			
11	医学遗传与优生			

续表

序号	开设课程	实验项目	服务专业	实训场所
12	护理基础技术	1. 吸痰法实训教学 2. 肌内注射实训教学 3. 静脉留置针输液技术 4. 皮内注射技术实训教学 5. 胰岛素注射实训教学 6. 洗胃–护理技能训练 7. 骨盆解剖 8. 分娩四要素	护理、助产、临床医学等专业	护理专业虚拟仿真实训分中心
13	内科护理			
14	外科护理			
15	助产技术			
16	妇产科学			
17	诊断学	1. 病史采集 2. 体格检查 3. 辅助检查 4. 鉴别诊断 5. 虚拟病人临床案例实训 6. 新冠疫情处置 7. 心肺复苏和电除颤	临床医学、药学、医学影像技术等专业	临床医学专业虚拟仿真实训分中心
18	内科学			
19	临床疾病概要			
20	临床医学概论			
21	药物制剂设备	1. 药品使用、流通实训 2. 药品生产、质量控制实训 3. 气相色谱仪实验规范操作 4. 高效液相色谱仪操作 5. 奥司他韦片体内代谢动力学实验 6. 抗流感病毒活性药物的设计与筛选 7. 实验室突发事故应急	药学、药品生产技术、药品经营与管理等专业	药学专业虚拟仿真实训分中心
22	药物制剂技术			
23	药品仓储物流			
24	药事管理与实务			
25	药品经营质量管理			
26	中药制剂技术	1. 中药药品生产 2. 中药质量控制 3. 药品营销 4. 中药材鉴别 5. 中药饮片识别 6. 中药浓缩工艺操作	中药学、药学等专业	中药学专业虚拟仿真实训分中心
27	天然药物化学提取分离技术			
28	中药鉴定			
29	中药炮制			

（三）打造虚拟仿真实训基地项目团队

学校根据不同专业师资特点和发展需求，开展专项技能培养，打造教师教学创新团队。团队由教师、教学管理人员以及行业企业人员共同组成。2021 年度，护理专业教师团队被授予"全国高校黄大年式教师团队"荣誉称号。

四、特色与亮点

（一）迭代资源，编写基于 AR 技术的数字化实训教材

基地融入职业领域新技术，强化课堂教学改革实践应用，以迭代开发资源的设计思路，及时有效地解决 AR 教材样本与目标存在的差距问题，率先完成药学专业 AR 数字化实训教材开发工作，包括固体制剂生产、中药口服液生产、中药提取精制、质谱分析四大课程相关教材。改变原有的教学模式和实训方式，有效促进学生对知识深度的理解，为"三教"改革提供了新的支撑与动力。

（二）贴近临床，创新医护一体化实训模式

基地利用虚拟仿真技术创设高仿真模拟患者和临床的情景来替代真实患者进行临床教学，以"虚拟模拟操作—VR 仿真模拟训练—仿真模型实训"为实训路径，完成对学生的相关技能训练。针对医疗场景中能够影响医护一体化工作的关键能力，形成能够体现关键能力的仿真内容，从而训练提升医护团队基本技能以及团队合作能力。

（三）入围部省级共建项目，率先开发医药虚仿资源

根据教育部《关于做好部省共建国家职业教育虚拟仿真实训基地专业课程与教学资源建设有关工作的通知》文件要求，我校护理、临床医学、药学、中药学 4 个专业作为第一批建设项目成功入围并立项。截至 2021 年底，护理和临床医学专业已完成虚拟仿真资源脚本撰写并积极推进资源制作；药学和中药学专业率先完成部分虚拟仿真资源制作，并在江西国家职业教育虚拟仿真示范实训基地开展培训教学。

3 高速铁路工程智能建造虚拟仿真实训基地

石家庄铁路职业技术学院

一、基地建设概况

石家庄铁路职业技术学院在行业企业调研基础上,针对服务高速铁路工程智能建造领域教学实训过程中存在的"三高三难"问题,将信息技术和专业群现有实训设施深度融合,以实带虚、以虚助实、虚实结合,投入 6 000 余万元建设占地 2 500 m² 的"一馆四中心"虚拟仿真实训基地,包括高铁数字体验馆、高速铁路工程测绘虚拟仿真实训中心、高速铁路工程施工虚拟仿真实训中心、高速铁路工程安全虚拟仿真实训中心、创新研发中心。基地建有盾构机仿真教学样机、高速铁路轨道系统、高速铁路勘察设计数据采集仿真沙盘、无人机操控仿真台、地理信息全息投影桌、测绘仿真机等虚拟仿真平台,开发了高速铁路桥梁工程虚拟仿真等 11 个虚拟仿真系统、65 个虚拟仿真实训项目。2021 年基地总计投入 980 余万元,圆满完成了各项年度任务,在管理平台、资源开发、教师发展、人才培养、社会服务、课程共享和国内推广等方面成效显著。

二、建设具体情况

(一)互联互通开放,建设教学管理与资源共享平台

按照高速铁路工程智能建造虚拟仿真实训基地规划,学院利用云计算、大数据、虚拟现实等新兴技术,建设了实训教学、实训学习和实训管理的一站式空间与数据全方位打通的智慧虚拟仿真实训管理云平台,顶层设计如图 2–4 所示。平台有 200 TB 可扩展的云存储空间,能提供资源存储服务、数据库缓存服务、应用服务、文件服务;出口带宽 5G bit/s,满足校内外学习者使用需求;网络安全防范体系完善,安全防护能力强,并通过了二级网络安全等级保护测评;打通了学校和高速铁路工程智能建造服务企业间的壁垒,通过开通教师空间、学生空间、管理者空间等为教师和学生提供量身定制式空间服务,实现多维度、强连接的互融互通,形成了管理者、教师、学生的终身学习机制和终身档案机制;预留了数据接口,能与国家专业教学资源库系统、1+X 证书系统、国家学分银行系统实现互联。

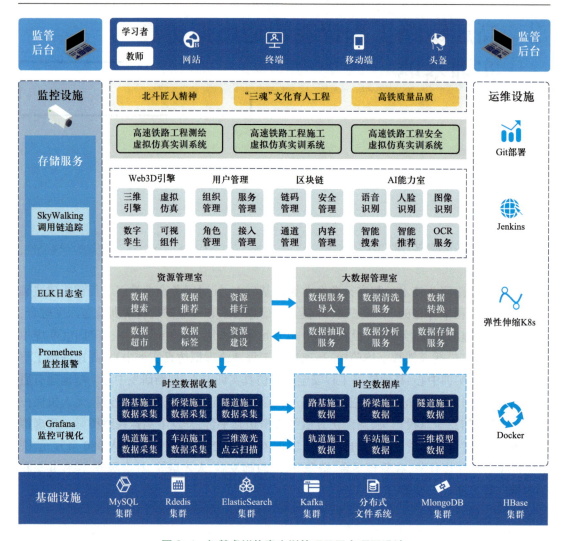

图 2-4　智慧虚拟仿真实训管理云平台顶层设计

（二）对接岗位技术，开发丰富的虚拟仿真实训资源

1. 对接岗位，重构虚拟仿真实训教学体系

基地精准服务高速铁路工程智能建造发展需求，以立德树人为根本，与中国铁建股份有限公司、中国中铁股份有限公司等行业企业合作，进行充分的调研分析，根据岗位职责和技能新要求，分析铁道工程技术、建筑工程技术、工程测量技术等专业技能实训中存在的"三高三难"问题，在原有虚拟仿真教学资源的基础上，对相关核心课程开展基于虚拟仿真教学的二次开发，面向学生、企业员工和社会学习者需求，聚焦高速铁路工程勘察设计、施工、维护等环节的工程测绘、工程施工、工程安全等三大关键技术领域，以高速铁路工程智能建造领域职业岗位群的职业能力培养为主线，形成系统的理虚实一体化实训教学体系。

2. 虚实结合，虚拟仿真资源更新率高

基地对接高速铁路工程智能建造产业转型升级，针对实训教学过程中的"三高三难"问题,开发了以虚助实、虚实结合的两大类资源。截至 2021 年底,基地共开发 46 个虚拟仿真实训资源,其中以虚助实的模块化资源 39 个,虚实结合的数字孪生资源 7 个。

3. 虚实交互,建设虚拟仿真实训课程

基地充分发挥不同类型及交互方式虚拟仿真实训资源的优势,将虚拟仿真资源融入课程教学过程中,实现课程实训教学的生动性、趣味性、互动性和自主性;落实"立德树人"和"三全育人"要求,将思政育人元素有机地融入其中。2021 年基地建设了 13 门虚拟仿真实训课程,其中专业基础课程 2 门、专业核心课程 9 门、选修或辅修专业课程 2 门,占专业课程总数的 26.53%;含有虚实结合实训资源的课程数 5 门,占虚拟仿真实训课程的 38.46%,其中"测量基本技能训练""铁路路基施工与维护"两门课程被评为国家级课程思政示范课程。

4. 对接技术,开发虚拟仿真实训教学新形态教材

基地根据岗位职业能力要求和专业人才培养目标,以学生为中心,以高速铁路真实典型工程项目为载体,以培养实际生产工作能力为导向,融入行业新技术、新设备、新工艺,融入行业标准和职业技能等级证书标准,2021 年校企联合开发新形态活页式教材、工作手册式教材 7 部,将开发的课程虚拟仿真实训资源以二维码形式嵌入教材。

(三) 高标准完成年度建设任务

1. 高速铁路工程测绘虚拟仿真实训中心建设

高速铁路工程测绘虚拟仿真实训中心建设了工程测量、北斗卫星导航定位、无人机测绘和三维激光扫描 4 个虚拟仿真实训室。使用面积 600 m²,能容纳 120 人现场实训。中心配备全息沙盘、AR/MR、CAVE 等虚拟现实软硬件设备,开发了测量工法模拟等虚拟仿真实训资源,完整展现真实生产作业场景,培养学生的工程实践和自主学习能力,提高学生的创新研究思维和能力。

2. 高速铁路工程施工虚拟仿真实训中心建设

高速铁路工程施工虚拟仿真实训中心联合行业知名企业,建设有高铁桥隧路轨施工、客运车站施工、BIM 工程管理 3 个虚拟仿真实训室,使用面积 700 m²,能容纳 180 人现场实训。实训中心以学习者为中心,进行与相关专业课程配套的虚拟仿真实训系统开发与应用,将真实项目生产过程通过信息化手段进行虚拟,并将生产过程中的专业技能点与专业课程相对接,形成一整套独立运行的实训系统。

3. 高速铁路工程安全虚拟仿真实训中心建设

高速铁路工程安全虚拟仿真实训中心由工程监测检测、事故体验与案例分析和工程安全培训 3 个虚拟仿真实训室组成,使用面积 300 m²,能容纳 80 人现场实训。中心利用虚拟仿真技术,高度仿真模拟工地施工真实场景和险情,可帮助学生身临其境学习工程监测检测任务,掌握相应的安全知识及应急措施,提高安全意识,直观深入地加深对工程安全的认知与学习。

4. 创新研发中心建设

创新研发中心使用面积 400 m²,包括创新课程研发室、VR 创新教学资源开发室、新产品开发路演室。中心搭建了高端图形工作站、开发平台以及头戴式 VR 装备、数据手套等设

备环境,校企合作开展虚拟实训课程开发等相关研究。

5. 高铁数字体验馆建设

高铁数字体验馆使用面积 500 m²,能容纳 100 人现场学习体验,划分为虚拟现实应用展示区、全息教学体验区、高铁测绘沉浸式 VR 教学体验区 3 个功能区,打造集教育教学、知识普及和"三魂"文化育人于一体的教育讲堂。体验馆深挖学校行业办学特色,开发了虚拟仿真实训基地简介、双高专业群建设、走进高铁、"三魂"文化育人工程等内容资源及具备高铁特色的影像资料包。

三、应用情况

(一)开展虚拟仿真实训教学,高质量培养高铁智能建造高素质技术技能人才

基地依托河北省土木建筑国家示范性职教集团,与中国铁建、中国中铁等世界 500 强企业密切合作,结合高速铁路工程信息化、工业化、智能化的智能建造技术,聚焦高速铁路工程测绘、工程施工、工程安全三大关键技术领域,以高速铁路工程智能建造领域职业岗位群的职业能力培养为主线,融入思政育人元素,构建了育训结合的虚拟仿真实训教学体系。

基地对接路基、轨道、桥梁、隧道和站场等工程项目,开发建设了高速铁道工程施工技术、施工测量、试验检测关键技术岗位的虚拟仿真实训系统,培养"双高计划"铁道工程技术专业群相关专业近 1 500 名学生。2021 年度,虚拟仿真实训基地年度平均利用率达 51%,实现对 3 个专业的服务支撑,占比 60%;服务订单班或现代学徒制班的学生 541 名,占比 74.62%;在校生参加实训 318 416 人时,云端参加虚拟仿真实训 61 736 人时。学生参加省级及以上虚拟仿真类大赛获奖 16 项。

(二)广泛开展社会服务,职业培训和技能鉴定覆盖面广

基地依托高素质的基地管理团队,健全的教学管理、技术服务和运营管理制度,积极推动教学改革成果的应用转化,结合虚拟仿真实训优势,为中国国家铁路集团等行业企业用户优化完善职业培训方案 15 套;依托基地优质资源,开展多层次社会人员培训,助力 1+X 职业技能等级证书考核。2021 年,基地开展中铁二十一局国际公司盾构技术培训、北京铁路局"2+1"线路工培训等 11 项社会人员培训工作,为社会人员提供虚拟仿真实训 23 392 人时,提供云端虚拟仿真实训 14 544 人时。社会人员对虚拟仿真实训的满意度达到 98.28%。基地服务学生考取 1+X 工程造价数字化应用等 4 项职业技能等级证书,考试通过人数 175 人。

(三)共建共享课程资源,实现"校-校""校-企"课程共享

依托河北省土木建筑职教集团等载体,基地加强与集团内院校和企业在虚拟仿真教学资源方面的研发合作与共享,2021 年与天津铁道职业技术学院、河北轨道运输职业技术学院等 10 所学校开发共享了 13 门虚拟仿真课程资源,课程资源的共享率达到 92%。河北航

遥科技有限公司、中铁十八局集团隧道工程有限公司等13家企业应用基地虚拟仿真实训资源进行了员工培训。年度虚拟仿真课程使用总人数达10 683人。

（四）国内交流推广，输出优质虚拟仿真实训产品

基地通过构建多元协同、共建共管共享的运行新机制，推进行业交流、教师访问、学生交换等活动，进一步加大教学资源的共享力度，打造相关专业技术技能人才终身教育服务平台，输出资源，服务行业企业需求，形成了基地可持续发展新范式。2021年开展行业交流活动3项，开展师资培训活动5项，输出10项行业企业所需的虚拟仿真实训产品或资源。

（五）国际推广应用，服务中外合作办学

基地依托学院中外合作办学机构，服务于"一带一路"倡议及中国铁路"走出去"的要求。面向"一带一路"合作国家和地区开放共享，向国外输出虚拟仿真实训课程资源，实现了"铁路桥梁工程施工与维护""铁路隧道工程施工与维护""铁路轨道构造与施工""铁路路基施工与维护"4门课程的国际推广，课程采用中外教师联合执教、双语授课，为中国职业教育走出去做出了积极的贡献。

四、特色与亮点

（一）校企合作开发，建成优质的虚拟仿真实训课程

基地聚焦高速铁路工程智能建造的数字化、信息化、智能化、国际化转型升级需求，吸收行业发展的新知识、新技术、新工艺、新方法、新规范，与合作企业共同开发的高速铁路精测精调、桥梁施工基本作业、隧道洞身开挖施工等虚拟仿真资源28个项目46套虚拟仿真资源，解决了施工过程中存在的"三高三难"的教学实训难题，建成国家级课程思政示范课程2门、国家职业教育专业教学资源库1个、省级职业教育专业教学资源库2个、省级虚拟仿真实训课程6门，获首届全国优秀教材奖1项。学生获全国职业院校技能大赛二等奖1项、三等奖2项，各类省级奖项16项。

（二）校企人员双向交流，打造一支高铁智能建造卓越"双师"队伍

基地坚持师德首位和"四有"标准，优化师资引培体系，组建由高速铁路行业大师工匠、学校专业带头人、学校骨干教师、铁路建设领域行业技术能手、虚拟仿真企业技术人员等组成的高水平、结构化教师教学创新团队，建设校企人员双向交流协作共同体，通过内培外引、兼职互聘等形式，打造了一支高铁智能建造卓越"双师"队伍，获评国家级职业教育教师教学创新团队1个、国家级课程思政教学团队2个、国家级课程思政教学名师16人。

（三）资源共建共享，实现"校-校""校-企"课程共享

基地依托河北省土木建筑职教集团等载体，与相关单位共建联合实训室，推进教师访问交流、学生交换，进一步扩大教学资源的共享，满足高速铁路工程建设行业企业人员培训需求，助力区域经济发展和行业技术进步。2021年基地与10所院校共享了12门虚拟仿真课程资源，课程资源的共享率达到92%；服务13家企业员工培训，虚拟仿真课程使用总人数超万人。

（四）服务企业需求，建成高速铁路工程智能建造应用技术服务平台

基地采用分层次、多样化的开放模式服务京津冀区域及行业企业需要，开展了铁路线路工、工程测量员、"建筑八大员"等证书的职业技能鉴定，为中国国家铁路集团等14家企业进行资格性培训或员工培训，建成了京津冀区域引领、国内一流的高速铁路工程智能建造虚拟仿真资源共享性平台，以高质量的职业教育服务高质量经济社会发展。

4 轨道交通虚拟仿真实训基地

山西铁道职业技术学院

一、基地建设概况

山西铁道职业技术学院为了满足轨道交通行业日益增长的人才发展需求,积极建设职业教育轨道交通虚拟仿真实训基地,有效促进了铁道交通运营管理、交通工程、机电工程等专业的教学和实践。学院锚定"服务交通强国建设,彰显中国职教特色,创建世界水平学校"的建设目标,坚持"依托交通、服务社会"的办学特色,进一步提升社会服务能力,服务周边院校及企事业单位,同时为社会人员提供培训和技能鉴定。2021年,学院围绕轨道交通发展,对标先进技术和行业标准,深度融合虚拟仿真技术和教学技能实训,重构了课程教学资源体系,创新了人才培养模式,打造了高水平双师型教师团队,不断满足轨道交通专业实践新模式的需求。

二、建设具体情况

(一)强基达标、技能提升,满足日常教学及实践需求

积极开展校企合作,基地建设结合当前最先进的轨道交通技术,解决实际教学需求,全面保证人才培养的科学性、先进性和针对性。基地建设按照国家职业标准岗位及培养方案进行,围绕"车站作业计划与调车工作""铁路信号集中监测系统""轨道交通列车牵引与控制""铁道概论""现代综合交通概论""接发列车与调车工作""轨道交通车站机电设备"等课程,着眼于学生综合能力的提高及未来工作的需要,采用计算机仿真技术、虚拟现实技术,满足铁道交通专业群各专业岗位人员的人才培养需求,为山西省培育高水平、高素质的轨道交通技能人才提供支撑。基地建设构架如图2-5所示。该实训基地的建成,有效地促进了轨道交通相关专业教学和实践工作的开展。

(二)以赛促学、以赛促教,促进学校教学实训改革

学院作为山西省"双高计划"专业群建设单位,积极响应国家有关政策及各种职业技能比赛要求,在基地建设过程中充分发挥"以赛促学、以赛促教、以赛促改"机制,在基地建设完成后,积极承办了各项交通行业或省级职业技能竞赛。

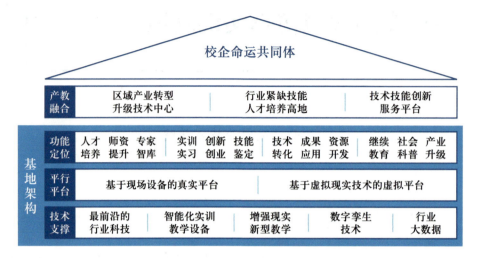

图 2-5　基地建设构架

（1）学院承办"第十三届全国交通运输行业城市轨道交通列车司机职业技能大赛"山西省选拔赛并获得一等奖；

（2）学院承办"山西省第十五届职业院校技能大赛高职组——城市轨道交通信号控制系统设计与应用赛项"并获得一等奖、三等奖；

（3）学院作为"山西省第三届全省职业技能大赛——轨道车辆技术赛项"技术协助院校，协助太原中铁轨道交通建设运营有限公司、中车集团太原公司等进行赛前集中培训；

（4）学院积极承办"一带一路"暨金砖国家技能发展与技术创新大赛城市轨道交通服务员技能赛项山西省选拔赛，并获评"全国城市轨道交通服务员集训基地"。

学院通过承办职业技能竞赛，积极探索"虚拟仿真技术+电竞化模式"的职业技能竞赛形式，创新"教、练、考、比"教学模式，学生通过虚拟仿真设备开展训练，取得了良好比赛成绩。

（三）职业考核、技术鉴定，满足 1+X 职业技能认证需求

学院以培养适应区域经济发展的高技能人才为主要任务，采取多学制、多规格的模式，培养技术技能人才。基地建设进一步完善了学院人才评价考核体系建设，推动教师积极参加虚拟仿真系统应用培训项目以及"城市轨道交通车辆维护和保养职业技能等级证书""轨道交通车辆机械维护"等职业技能培训并取得考评员证书。学院基于"赛教合一、赛证融通"理念，不断推进产教融合、校企合作育人机制的丰富完善，为山西省培育高水平、高素质的轨道交通技能人才提供支撑。

基地建设符合国家职业技能人才培养和鉴定标准，学生在完成学习之后，可直接进行职业技能等级认定考核，2021 年机电工程系 232 名毕业生进行等级认定，通过率为 86.2%。

（四）产教融合、校企合作，共建虚拟仿真实训基地

学院依托轨道交通虚拟仿真实训基地与北京交通大学共建轨道交通产业教育研究院山

西分院;与中铁太原局职工培训基地、太原市轨道交通发展有限公司合作,与企业专业教师互兼互聘,由企业专家、能工巧匠、高级工程师为学生授课,指导学生实习实训等。

学院精准对接产业需求,服务轨道交通领域岗位群,结合教育部《职业院校专业实训教学条件建设标准(职业学校专业仪器设备装备规范)》,建设集"教学、研究、培训、测评、竞赛、创新创业"等功能于一体、国内一流的校内实训基地。基地能够满足铁路客运员、铁路货运员、铁路机车制修工、铁路信号工、供电工程技术人员、变配电运行值班员、变电设备检修工、牵引电力线路安装维护工、接触网检修工等的培训学习,与铁道产业紧密对接,实现了专业群共享、利用率较高的任务目标。

(五)对接产业、辐射引领,服务地区社会经济发展

学院坚持"依托交通、服务社会"的办学特色建设实训基地,进一步提升社会服务能力。通过服务山西工程职业学院、太原旅游学院、山西同文职业技术学院等周边院校及企事业单位,为周边学校提供学习培训,为周边铁路新员工入职提供岗前理论、实操培训等,也为社会人员提供培训和技能鉴定。学院对接煤机智能制造、信息技术应用创新产业集群培训需求,2021年开设电工培训班,培训人数426人,参培人员为安泰控股集团有限公司等公司的一线在岗操作工,培训共计400课时。

(六)坚持改革、科研创新,推动人才培养模式创新

实训基地的建设不仅满足职业教育教学需求,也能够促进教科研创新。2021年学院基于实训基地建设完成多项教研、科研项目,主编、参编6部省级规划教材,其中5部为"十三五"职业教育国家规划教材,校企开发编写了《PLC原理与应用》等5部新形态活页式校本教材,开发了校级精品在线开放课程"铁路信号基础设备维护","西门子虚拟仿真技术(数字化玩具汽车生产线)在教学中的应用研究"成功立项为山西省教育科学"十四五"规划课题。

学院坚持把专业作为人才培养的基本单元,推动教学改革。已完善研究制订新专业铁道供电技术、城市轨道交通信号技术、铁道车辆、铁道行车的人才培养方案,以提高人才培养的社会适应度,对接经济社会发展的新需求。

三、应用情况

2021年学院开展新入职人员入路综合素质培训805人次,包括助理值班员、接触网作业车司机、信号工、车辆钳工等7个工种岗前理论培训。培训内容为职业道德、法律法规、铁路形势与任务、铁路安全知识以及铁路特有工种技能规范。基地对接煤机智能制造、信息技术应用创新产业集群培训需求,开设电工培训班。基地在帮助教师进行科学研究、课堂教学改革、企业岗位培训资源包开发、教师教学创新团队建设的同时,满足学生进行新技术、新发明探索等需求。

四、特色与亮点 ///

（一）创新轨道交通技能竞赛模式

学院承办采用电竞化模式和虚拟仿真技术相结合的轨道交通技能竞赛,其内容更注重提升技能,减少了对机器装备的依赖。具备创新性的技能竞赛试题设置,使选手的技术、技能以及综合素质都得到较大提升。

电竞化更容易实现轨道交通技能竞赛系统的平台化,参赛队伍登录同一个平台进行同场竞技。选手在参赛时通过肢体传感器、鼠标、手柄等工具进行竞赛,平台可以将选手的操作行为记录下来,形成数字化信息数据。通过数据分析,可以形成技能竞赛效果评判报告。平台还建立了轨道交通技能训练的数据库,基于大数据分析可以将关键信息可视化表达。

（二）创新轨道交通专业教学模式

学院创建了多个系统性的"教、练、考、赛"四位一体的"虚拟仿真技术+电竞化模式"教学的实践课程体系,例如轨道交通专业的列车司机课程、列车组织训练课程等。"虚拟仿真技术+电竞化模式"教学的实践课程体系的建设思路,不同于传统的学科本位课程体系,而是以电竞行业、轨道交通职业所需的知识、技术与技能为中心构建的能力本位课程体系,更能调动学生学习的主观能动性,有效实现校企双元育人。

5 冶金、稀土绿色智能制造虚拟仿真实训基地

包头钢铁职业技术学院

一、基地建设概况

2021 年,包头钢铁职业技术学院采用新建、升级改造的方式,从教师团队、硬件软件、办赛参赛、社会服务四个方面进行冶金、稀土绿色智能制造虚拟仿真实训基地建设,如图 2-6 所示。

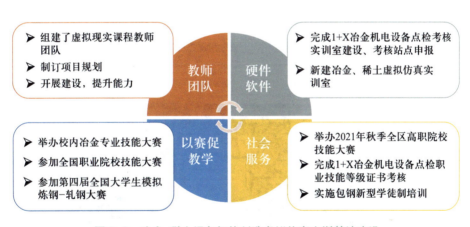

图 2-6 冶金、稀土绿色智能制造虚拟仿真实训基地建设

二、建设具体情况

(一)项目建设推进具体工作

1. 召开专题会议,形成工作计划

学院召开多次专题会议,对现有仿真实训基地的软件现状征集教师和学生意见,汇总、提出整改和补充完善建设计划,完成现有软件的升级咨询,提出现有基地的整改建设计划等。

2. 遴选合作企业,落实资金需求

学院与软件公司接洽、调研、交流,了解其软件升级资源;为新建设实训系统提出初步的

建设内容;形成升级计划,经过询价后提出资金计划、建设计划,报批后进行招标以及硬件设备的采购工作;建成 1+X 冶金机电设备点检考核实训室,完成冶金、稀土虚似仿真实训室改造及硬件的安装调试工作。

（二）1+X 冶金机电设备点检考核实训室建设情况

依据 1+X 冶金机电设备点检考核试点建设方案,学院 2021 年度进行了设备的采购、安装。根据标准化考核站点建设要求,2021 年 8 月,高标准、高规格的 1+X 冶金机电设备点检考核实训室建设落成,可作为冶金机械设备点检考核日常教学、参加大赛、职工培训等多功能平台,并可完成冶金机械设备点检考核初、中、高级全覆盖的等级证书的考核工作。

（三）冶金、稀土虚拟仿真实训室建设情况

学院对原有的冶金虚拟仿真实训基地进行改造,重新购置了硬件设备(计算机、展示大屏),对冶金、稀土虚拟仿真软件进行了升级配置。改造后的实训室设施先进、布局合理,更适合理实一体化教学、教师与学生的互动活动开展,如图 2-7 所示。整合升级改造建设后,实训室能满足冶金和稀土专业多门课程的模拟实训要求,极大地丰富了专业课程教学的内容,增强了课堂学习的实用性和操作性。

图 2-7　冶金、稀土虚拟仿真实训室

新建的稀土生产全流程虚拟仿真系统,其认知模块、仿真操作系统综合采用虚拟现实、三维动画、三维和二维交互自动控制界面互动等多种形式,实现了知识内容的三维可视化、交互化;实现了对稀土矿磨矿、稀土精矿萃取分离生产工艺的仿真操作。

对钢铁生产虚拟仿真系统进行了升级改造建设。在认知模块上增加了稀土应用的知识;在工艺内容上,新增了稀土耐候结构钢、优质稀土碳素结构钢冶炼过程相关物料、设备、系统和操作。仿真操作采用最新工业仿真技术架构开发,再现了工业生产现场设备级、基础自动化级和过程自动化级三级控制体系。每条生产线增加了 3D 虚拟场景监控内容,3D 设

备可根据控制指令进行动作。

（四）教师队伍建设情况

1. 组建虚拟现实课程教师团队

学院根据项目建设任务书进行了年度任务的分解，以冶金、稀土及化工专业教师为基础，吸纳包钢集团冶金、稀土企业现场技师为兼职教师，组建虚拟现实课程教师团队。

2. 提升业务水平，完成师资培训工作

学院就新建设的 1+X 冶金机电设备点检证书考核站点进行了师资培训，培养了自治区首批"1+X 冶金机电设备点检证书师资考评员"，并开展了考核工作。

3. 以赛促教，鼓励教师指导学生参加仿真实训大赛

学院教师指导学生参加了 2021 年自治区、全国职业院校技能大赛高职组"金属冶炼与设备检修"赛项，第四届全国大学生冶金科技竞赛（仿真实训类），2021 年全国模拟炼钢-轧钢大赛，荣获多个奖项，相关教师获优秀指导奖。

4. 教师团队获奖

依托冶金、稀土绿色智能制造虚拟仿真实训基地项目建设，教师教学水平得到很大提升。"金属材料及热处理"课题组在 2021 年被评为自治区"创新先锋号"，相关教师被自治区评为"创新先锋岗"。

三、应用情况 〰〰〰〰〰〰〰〰〰〰〰〰〰〰〰〰〰

（一）1+X 冶金机电设备点检考核实训室应用情况

1. 作为职业技能等级证书考核站点应用

（1）申报 1+X 冶金机电设备点检证书考核站点：学院完成"1+X 职业技能等级证书信息管理服务平台"试点院校机构申报工作。

（2）师资队伍建设及培训：学院组成了冶金、机械、电气专业教师培训队伍，进行 1+X 冶金机电设备点检证书师资考评员培训；利用 1+X 冶金机械设备点检考核平台，对专业教师和考评员进行集中实操培训。

（3）学生培训与考核：学院利用 1+X 冶金机械设备点检考核平台，由专业教师和考评员对学生进行理论和集中实操培训，培养学生的实际操作能力，2021 年度组织 60 名学生完成考核。

2. 基于实训基地进行课证融通建设工作

（1）对标建设要求，完善人才培养方案：学院修订钢铁智能冶金技术专业人才培养方案，将取证考核内容与培养方案进行融合。

（2）通过课程改革，加快课证融通步伐：为充分发挥职业证书对人才培养的作用，提高学生未来职业适应能力，学院对现有专业人才培养方案中的专业课程体系和课程内容进行改革，深化项目驱动、理实结合，使日常教学和职业证书考核要求有效融合。

（二）冶金、稀土虚拟仿真实训室应用情况

1. 推进教学模式改革

学院全面实施"双证书"制度，利用仿真实训室模拟现场实际操作，进行核心专业课程的考核；将推行职业等级证书认证制度与课程内容改革、课程体系建设工作结合起来，修订课程标准，制订本专业职业等级的培训、鉴定和考核实施计划，完善"双证书"制度；实施"教、学、做"一体的工学结合教学模式，激发学生的学习动机和兴趣，在专业课程教学中将传统的课堂教学与多媒体、仿真设备模型、现场实习仿真实训等融为一体，以项目为引领，以任务为驱动，"教、学、做"一体，在职业情境模式下实施工学交替教学，变"要我学"为"我要学"，提高了教学效果。

学院于 2020 年完成冶金专业课程的理实一体化工作页的开发。

2. 理实一体化课程应用

2021 年学院利用已建的冶金、稀土虚拟仿真实训基地开展了高炉炼铁、转炉炼钢、连续铸钢、冶金机械设备、冶金安全等专业核心课程在仿真实训室的理实一体化授课。

3. 对接竞赛提升技能

依托基地建设，学院在提高教师和学生技能水平方面取得了优异的成绩：组织完成了冶金化工系 2021 年高炉炼铁、转炉炼钢、连续铸钢仿真模拟操作技能竞赛，通过大赛提升了教师的专业素质和水平，提高了学生的学习兴趣；组织完成了 2021 年秋季学期自治区高职院校技能大赛"金属冶炼与设备检修"赛项，并获得团队一等奖、团队二等奖；作为自治区代表队参加了 2021 年全国职业院校技能大赛高职组"金属冶炼与设备检修"赛项，荣获团体赛二等奖；学生参加第四届全国大学生冶金科技竞赛（仿真实训类）模拟火法炼铜、模拟转炉炼钢项目，荣获两个三等奖；学生参加 2021 年全国模拟炼钢–轧钢大赛高职组炼钢单项和轧钢单项赛，荣获两个三等奖。

四、特色与亮点

（一）服务包头稀土之都特色冶金工业，首创稀土虚拟仿真实训系统

稀土虚拟仿真实训系统的建立紧贴地方区域经济发展，紧跟冶金、稀土工业的绿色智能化生产技术进步。稀土应用新技术领域的虚拟仿真实训系统和钢铁生产虚拟仿真系统升级改造建设，培养了一支既深谙钢铁冶金、稀土冶金等技术及相关专业课程知识，又熟练掌握仿真开发技术的教学团队。运用虚拟仿真工具和技术可以开发符合教学大纲要求的虚拟仿真教学资源，同时又能开展钢铁冶金、稀土冶金类技能培训，更好地服务于企业和社会。

（二）培养的教师技能水平迅速提升

依托基地建设，学院教师水平得到很大的提升。教师已经完成参与建设的国家专业教学资源库相关专业课程，并利用基地开展教材建设，已出版 6 部冶金类虚拟仿真系列配套教

材,其中主编教材 1 部。

（三）依托基地开展的教学科研项目成果丰硕

2021 年,学院主持的自治区高等学校科学研究项目"热连轧无缝钢管生产仿真软件资源库建设"和"金属材料热处理仿真实训教学资源库"结题;利用虚拟仿真实训资源,2021年立项两项学院级课题:"基于翻转课堂的高炉冶炼操作与控制课程线上线下混合式教学模式构建与实践""'连铸工艺'企业生产实践案例库教学模式研究"。

（四）以赛促教,指导学生参加模拟大赛、技能大赛,教师获得优秀指导教师奖项

以赛促教,学生实际操作的水平和能力得以大幅提高,职业竞争能力增强,学生、教师在各项模拟大赛、技能大赛中屡获佳绩。

（五）举办大赛,培训职工,服务社会

为紧贴地方区域经济发展,更好地服务于包头特色冶金工业企业,学院组织完成了2021 年秋季学期内蒙古自治区高职院校技能大赛"金属冶炼与设备检修"赛项,利用仿真实训系统对参赛选手进行了赛前培训指导;成功申报全国"1+X 冶金机电设备点检职业技能等级证书"标准化考核站点,完成了第一批面向学生的技能等级证书考核;利用实训基地资源完成了包钢新型学徒制冶金班和金属轧制工班共计 256 学时的培训工作。

6 现代牧业虚拟仿真实训基地

辽宁农业职业技术学院

一、基地建设概况

辽宁农业职业技术学院现代牧业虚拟仿真实训基地落实立德树人根本任务,立足服务乡村振兴战略和高素质技术技能人才培养,围绕现代畜牧业产业链需求,以促进学生全面发展为最终目标,以破解实训教学的痛点和难点为出发点,以虚拟现实、人工智能等信息技术和实训设备设施深度融合为突破点,实现原有虚拟仿真系统的整合、优化和升级,开发出具有显著现代牧业专业特征的虚拟仿真实训系统及虚拟仿真实训环境;坚持产教融合、校企合作,建立校企实训基地建设联合体,实现优质虚拟仿真实训资源的开放共享和持续应用;以科学管理、规范考核为保障,建设一支"专兼结合、育训皆能"的高信息化素养教学团队,提升基地的教学效果和使用功能,有力促进专业教学改革。

基地按照现代畜牧业产业链一体化的思路进行规划与建设,由1个现代牧业虚拟仿真实训平台和4个专业化虚拟仿真中心组成,并以"产业关键技术虚拟仿真实训资源中心"为核心,集"教、学、练、考、评、研、创、赛、展、服"等功能于一体,全力赋能北方地区现代畜牧业产业升级并形成示范效应。

二、建设具体情况

2021年,基地项目组深入研究《建设指南》,重新梳理和确定了现代牧业虚拟仿真实训基地建设任务书,并完成了公共基础虚拟仿真实训中心资源采购以及基地建设布局、教学管理及资源共享平台、产业关键技术虚拟仿真实训中心、远程交互实训培训中心、研创中心的建设方案的确定及教学资源脚本定制开发工作。

(一) 虚实结合,科学规划基地环境布局

基地以辽宁农业职业技术学院产教融合大楼作为基础而构建,共3层占地约 10 000 m^2,与专业实训室有机融合,实现了"虚实结合";同时建设专业思政教育及虚拟仿真体验区,向社会开放参观与培训,扩大基地影响;升级虚拟解剖生理实训室,建设虚拟畜牧机械实训室、虚拟动物医院实训室,采用多种形态的 VR/AR 设备、桌面一体机等先进的虚拟仿真设备实现4个中心的功能,同时保证虚拟仿真实训操作一人一机位,从硬件、环境上保障虚拟仿真

实训的质量不断提升。

除"一平台四中心"的现代牧业虚拟仿真实训室外,基地还配备相应的实践实训场所,虚实结合,形成与现代牧业产业链岗位群紧密对接的育人环境,营造"德技并修"的文化氛围,建设一流的虚拟仿真实训环境。

(二)系统集成,打造教学管理及资源共享平台

基地依托学院"智慧校园"的优质网络资源,进一步建设"共通共享"的现代牧业虚拟仿真实训教学管理及资源共享平台,从而解决跨专业交叉实训需求,实现开放共享。依托覆盖虚拟仿真实践教学全环节,贯穿课前、课中、课后全过程的教学管理及资源共享平台,利用其教学数据,可实现学生学习数据全过程追溯,能够提供全面、实时、精要、直观的分析视图和课堂动态督导,精准了解课堂教学的运行情况,与国家专业教学资源库系统、国家1+X证书系统、国家学分银行系统实现互联,最终实现优质虚拟仿真实训资源、学生技能考评结果、学生所获实训课程学分在全国范围的衔接、共享、互认。平台以服务教学为核心,应用互联网、人工智能、物联网、大数据等技术,设计建设完成教师课程管理系统、学生在线学习系统、仿真平台管理系统、多元化评价系统、考试系统和仿真训练系统,同时做好系统集成、数据共享和安全体系建设。相关系统采用单点登录机制和分布式部署,并引入包括跨平台浏览器、多硬件终端适配技术、云渲染技术、软件开发技术在内的基地建设关键技术作为以上各系统底层技术支撑。

(三)数字赋能,打造产业关键技术虚拟仿真实训中心

基地面向现代畜牧业关键技术,构筑和完善虚拟仿真实训岗位场景,对应专业人才培养方案的职业能力模块,并紧密与实训实操平台结合,建设高水平的产业关键技术虚拟仿真实训中心。

1. 虚拟牧场仿真实训室

基地在原有3套虚拟仿真实训软件的基础上,建设开发虚拟牧场实训室,采用VR/AR技术,增加了动物生产虚拟仿真操作模块(禽、猪牛羊),使学生在专业基础理论与技能扎实的情况下,根据岗位需求和个性化发展选择通过专门化模块的学习获得进一步提升,从而达到"专精",使其成长为具有鲜明特色的专门化高技能型人才,同时降低因学牛频繁参观学习对养殖一线造成的生物安全压力。该实训室主要面向畜牧兽医专业,师生均可通过计算机、手机等访问该操作平台,实现各类教学互动功能。

2. 虚拟动物医院仿真实训室

采用多人协同方式构筑开发具有代表性和引领性的虚实结合的虚拟动物医院,增加了动物手术操作模块,具有漫游和交互功能,并围绕流程需要实施"闯关"设计,与"实操工作单"相互配合,实现岗位环境认知与熟悉、岗位流程和任务的掌握等虚拟实训需求;针对关键模块核心技术,建立虚拟仿真实训场景和模拟训练,形成"虚拟操作到实训实习"的模块化能力训练模式,虚实结合,保障了学生的良好职业能力提升。该实训室主要面向畜牧兽医专业、宠物诊疗技术专业。

3. 畜牧机械仿真实训室

基地围绕现代畜牧养殖场大型机械设备的使用与维护岗位要求,为促进专业学生职业能力的提升,具体针对鸡场畜牧机械结构复杂、设备贵重、拆解不便等问题,通过桌面一体机构建三维立体沉浸式虚拟实训室,结合动作捕捉系统,针对关键环节,开发设计沉浸式、可互动体验的畜牧机械虚拟仿真实验教学系统。学生可以不受时间和空间约束,通过系统完成对典型畜牧机械的零件、机械构造组成、工作原理的学习与掌握,并开展工艺流程、故障设计与维修等模拟交互操作,提升解决复杂畜牧机械工程问题的能力。该实训室主要面向畜牧兽医专业,能同时容纳 30 名学生操作,达到一人一机位。师生可通过计算机、手机等访问操作平台,实现各类教学互动功能,从而提升高素质技术技能人才培养质量。

(四)着眼共享,建设公共基础虚拟仿真实训中心

1. 建设思政教育资源(含仿真体验中心)

该部分以"红色"教育软件为主线,建设思政教育资源,通过爱国主义教育基地全景式复现,系统展示"中国共产党百年奋斗史""思想道德与法治""毛泽东思想和中国特色社会主义理论体系概论"教学知识点,以及五千年的农耕文明、新中国 70 多年"三农"发展的制度创新、脱贫攻坚的伟大成就、中国粮食自给与国际援助经验等教学内容,使学生在虚拟仿真场景中开展学习,获得更真实的观赏体验,从而激发学生对党、对国家的热爱,树立"大国三农"情怀,理解牧医职业人的担当使命。同时此部分作为仿真体验中心的核心资源,可发挥科普、展示的功能,面向中小学生、外校参观及校际联合体相关专业共享共用。

2. 完善实验安全等公共基础教学资源

实验室安全标准课程资源的引入,使教师可要求学生在软件上完成指定模块的实验操作,达到指定分数后方可进入实验室。从实验前相关注意事项及准备工作,到事故发生时的处置办法等一系列的重复强化训练,使学生能够更好地理解实验原理,也能有效降低实验安全事故率,从而整体提升实验室运行的安全性,系统锻造学生的专业素养。该资源也具备向全校各专业推广使用的效能。

3. 建设远程交互实训培训中心资源

基地采购了"家庭农场畜禽养殖"1+X 证书实训教学资源,直接面向家庭农场畜禽养殖职业技能等级考核要求,包含猪养殖、鸡养殖、牛养殖等实训教学模块,学生通过学习、练习、考核,能高效率达到考试标准并通过相关认证。

三、应用情况

(一)教学管理及资源共享平台应用情况

基地按照开放共享的理念,实现虚拟仿真教学管理及资源共享,如图 2-8 所示。充分采集教、学、练、考、评的数据,实现教师个性化备课需求、教学资源互通共享,同时将原有开发

图 2-8　教学管理及资源共享平台

的教学资源由单机版升级为手机版和网页版,极大地拓展了资源的覆盖面和使用率,减少了资源的重复建设与浪费。

(二)产业关键技术虚拟仿真实训中心应用情况

2021 年,产业关键技术虚拟仿真实训中心的虚拟牧场猪养殖虚拟仿真教学资源服务畜牧兽医专业学生超 650 人次,其中现代学徒制猪养殖方向班学生 165 人。

（三）公共基础虚拟仿真实训中心应用情况

公共虚拟仿真实训中心充分利用 VR、AR 等教学设备功能特性,利用手机平台,将动物解剖虚拟仿真实训资源和实验室安全教学资源应用于畜牧兽医、宠物医疗技术等专业,打通动物解剖生理、动物营养与饲料、微生物应用技术等课程的专业实训教学环节,实现了专业间的互通共享以及专业技能的全方位、全要素提升,实现了畜牧兽医专业群虚拟仿真教学过程"认知—体验—实操—应用"的实训教学设计目标。该中心 2021 年共有超 2 000 名师生及企业人员参与学习和互动,同时部分模块向其他院校开放。

（四）远程交互实训培训中心应用情况

2021 年远程交互实训培训中心依托引入的畜禽养殖教学资源,服务于畜牧兽医专业群学生的 1+X 证书考评工作(如图 2-9 所示),共有 10 名教师获得 1+X 证书考评员资格,70 名学生参与学习和考核,考核通过率 100%,为远程交互实训培训中心的资源推广奠定了有力的实践基础。

图 2-9　1+X 证书考评现场

四、特色与亮点

（一）机制创新、多元协同,提升人才培养质量

学院建立校企实训基地建设联合体,吸纳行业龙头企业,形成产教融合共建共享虚拟仿真实训基地的促进机制,共同探索虚拟仿真教学模式与资源开发;依托专业联合体、校际合作联合体等共建共享虚拟仿真实训资源,共同提升区域专业人才培养质量。

基地多元协同建设高信息化水平的"双师型"教师团队,2021 年基地认定第一批骨干教师共 14 人,为教师团队建设奠定了良好基础。教师积极参与各项信息化教学比赛,2021 年荣获辽宁省教学能力大赛二等奖 1 项、辽宁省课程思政典型案例 1 项、中牧杯第五届全国"互联网 +"创新创业大赛创新创业课程二等奖 1 项,获批校级精品在线开放课 3 门;教师获批软件著作权 8 项,专业学生在省级创新创业大赛中获金奖等 8 项。

（二）产教深融，建设"岗课赛证"融通的虚拟仿真资源体系

基地依托校企合作平台，面向现代畜牧业发展，立足岗位需求深入分析在专业人才培养过程中存在的"三高三难"问题，开发了一批优质的教学与实训资源，将虚拟仿真技术引入专业教学和实训资源应用。在此基础上，基地进一步积极探索开发专业课程的教材及配套资源，实现虚拟仿真技术的全面应用。

基地对接职业技能等级制度（1+X 证书）、技能大赛标准、专业教学标准，对接行业新标准、新规范、新工艺，采用"虚拟+专业"开发形式，开发服务畜牧兽医专业群"岗课赛证"融通的虚拟仿真实训教学资源体系，建成岗位技能培训包。

（三）虚实结合、协同共享，助力乡村振兴

基地升级专业协作组织，建立数字化建设协作建设机制。整合省级动物健康养殖协同创新中心、辽宁省蛋鸡健康养殖重点实验室、辽宁省教师技艺技能创新平台等多个平台的资源优势，坚持服务"三农"不动摇，坚持服务乡村振兴战略，依托虚拟仿真实训资源扩大技术宣传与培训。基地 2021 年获批省级以上研究项目 3 项，获 20 余项国家专利，同时广泛开展社会服务，先后为省内外培训企业员工、农业技术人员、新型职业农民等行业实用人才 5 000 余人次。

基地以育训结合应用为先导，构建具有感知性、沉浸性、交互性等特点的虚拟仿真实训教学环境与资源，提升基地在教育教学、社会服务培训中的作用，发挥了科普性、示范性、服务性、引领性及创造性作用，将专业定位、专业建设、科学普及和社会服务相结合，打造了具有区域示范性、标志性、辐射性的虚拟仿真实训基地，充分发挥教学、研究、创新、科普与服务的功能，不断为区域乡村振兴提供人才保障，为区域经济和社会发展作出了更大贡献。

7 智能网联新能源汽车虚拟仿真实训基地

长春汽车工业高等专科学校

一、基地建设概况

长春汽车工业高等专科学校智能网联新能源汽车虚拟仿真实训基地服务汽车产业"新四化"发展,适应职业教育新阶段的需要,融入职业教育改革新理念,面向智能网联新能源汽车领域,培养高素质技术技能人才,建设高水平教师队伍,开展就业培训,促进吉林省汽车产业发展与"一带一路"合作国家的人才交流与培养,建设集基于新一代信息技术的虚拟仿真实训教学管理及资源共享平台、产学研用一体化"四大中心"实训教学场所及先进虚拟仿真实训设施设备于一体的综合性实训基地。

智能网联新能源汽车虚拟仿真实训基地完成了2021年的年度指标,在基地建设方面完成了资金到账及支出,初步建设了虚拟仿真实训教学管理及资源共享平台,校本资源逐步更新,教师培训逐渐加强,取得了较好的建设成效。学校在基地应用方面积极拓展服务专业,开发虚拟仿真课程,优化人才培养方案,初步探索融合虚拟仿真资源进行社会培训服务,取得较好效果。未来学校将进一步加强虚拟仿真项目的研究,对外输出相关成果,提高影响力。

二、建设具体情况

2021年度,学校深入研究《建设指南》,重新梳理了智能网联新能源汽车虚拟仿真实训基地建设任务书,计划分3年推进智能网联新能源汽车虚拟仿真实训基地建设进程。

(一)虚拟仿真实训项目资金执行情况

2021年度,学校进行智能网联新能源汽车虚拟仿真实训环境建设,打造虚拟仿真实训基地硬件基础,包含专业虚拟仿真实训中心、公共虚拟仿真实训中心、虚拟仿真体验中心、虚拟仿真研创中心及虚拟仿真实训教学管理、资源共享平台等建设项目。重点建设智慧汽车协同创新中心,包括一张ITS专网、一套高精地图、两个基地(车路协同路试基地和智慧汽车工程研发中心)、一个云平台,实现多种应用,建成国内产学研用一体化标杆性项目。目前,已完成1 876.7万元投入资金的智慧汽车协同创新中心建设工作。

（二）虚拟仿真实训教学管理及资源共享平台建设

学校通过调研,制订了虚拟仿真实训教学管理及资源共享平台建设方案,于2021年初步完成开放式虚拟仿真实训教学管理及共享平台的建设。共享平台主要包括基地门户、智慧实训教学中心、智慧培训、活动大赛、研创中心、资源中心、企业中心,以及作为底层的公共基础支撑平台8个部分,目前已建设公共基础支撑平台、基地门户、智慧实训教学中心及资源中心4部分内容。

公共基础支撑平台提供统一身份认证、统一权限管理、统一日志管理、统一消息管理、统一数据存储、统一资源服务、统一接口标准的公共基础服务。

基地门户实现网络教学、资源共享、教育教学、实习实训、综合素质评价等方面的应用,集教、学、测、评、训的不同角色不同功能到网络空间中。

智慧实训教学中心搭建专业的实验、实训云平台,实现对注册到平台中的实训设备、实训项目、实训案例、教学资源、实训过程、实训结果、教学评价等的综合管理和优化整合,目前逐步实现实训文件管理、实训场地管理、实训资源管理、混合实训课程教学、智慧互动课堂教学、实训教学监控等管理功能。

资源中心是为实训基地用户提供统一的教育资源管理、共享、使用服务的平台,通过安全、高效、便捷的教育资源维护,以及对自有资源的自愿共享与自我管理,强化资源的共建和应用。

（三）虚拟仿真实训校本资源建设

2021年度,学校增加了2个虚拟仿真实训项目,共完成5个实训项目的资源建设及更新。在不断整合已有信息资源、开发新资源的同时,学校将虚拟仿真实训资源融入教学过程中,5个项目分别属于5门课程,实现含有虚实结合实训资源的课程的全覆盖,占比达100%。

为更好地完善和丰富教学资源,顺应时代的进步和发展,在2020—2021年度,学校教师共开发出版8部校本教材,其中2部教材含有虚拟仿真实训资源,虚拟仿真实训教材占比达到25%。

（四）虚拟仿真实训教师团队建设

学校领导积极参与虚拟仿真实训基地建设工作推进会议,了解当前虚拟仿真实训基地建设情况及工作动态,为建设虚拟仿真实训基地提供有效支撑。同时,学校积极开展专业教师培训,2021年教师参与虚拟仿真实训教学专题培训共计29人次。

加强师资队伍建设是提升高职院校竞争力和综合实力的重要保障。2021年,学校共引进博士人才5人,其中1人为虚拟现实技术应用专业带头人和骨干教师。

（五）虚拟仿真实训基地建设成效

2021年度学校已按照任务要求完成相应建设项目:建立激励制度和开放共享制度,支持基地持续建设,提高智能网联新能源汽车虚拟仿真基地的使用效率;针对资源管理、在线学习、移动客户端、校企合作服务平台等方面,搭建虚拟仿真实训教学管理平台,建立虚拟仿真实训基地运行机制,既能够实现实训教学资源日常规范化管理,也能够提供高效社会服务管理,还能够及时创建、更新、共享虚拟仿真实践教学资源信息。

通过虚拟仿真实训融合新理念、新技术,有效解决了汽车道路试验不能亲自体验教学过程,智能网联汽车环境感知传感器检测与控制策略学习不直观,新能源汽车高压电系统教学存在高压电危险,智能网联汽车传感器台架价格较贵、数量较少,以及汽车实际故障设置影响车辆寿命、设置相应故障较难、展现效果欠佳等问题。

经过一年时间的建设和完善,虚拟仿真实训基地得到了充分利用。2021 年,基地实现了 3 315 实训学时的使用,其中汽车性能检测实训室完成了 1 032 实训学时,智能网联汽车环境感知实训室完成了 943 实训学时,新能源汽车电控系统模拟仿真实训室完成了 1 340 实训学时。

三、应用情况

(一)虚拟仿真实训教学管理及资源共享平台应用情况

学校创新"育训一体"和"教培一体"的教学运行与管理模式,按照"以实带虚、以虚助实、虚实结合"的理念,遵循"共建共享,优势互补"的建设原则,将校内已有的一些教学应用效果较好的虚拟实训教学资源,进行了统一管理和统一开放。

1. 课程及虚拟仿真资源应用

共享平台上已有 9 门课程在运行,其中 3 门具有虚拟仿真实训资源,服务在校生 1 241 人;已建设完成 4 个线上虚拟仿真实训资源,引入数字化沉浸式互动 XR 和 VR 教学环境,解决教学中学生难以理解汽车整车及部件机械结构运行原理和不能直接体验实训过程中安全用电和安全防火知识的问题,实现跨专业实训教学资源的开放共享。

2. 开放共享管理体系,实现跨专业的统筹管理

平台统一数据接口,消除信息孤岛,融入已有智慧校园系统、教务管理系统和实习实训管理系统,提高了学校的整体管理水平。通过与教务管理系统信息互通,可以将实训教学的新形式纳入管控,监测虚拟仿真实训的课程数据,汇总教师、学生对平台的使用情况,灵活安排学生学习,对比分析完善虚拟仿真实训资源;通过与实习实训管理系统信息互联,可掌握毕业生的动态情况,做到定向人才培养;通过与智慧校园系统信息互联,可将不同专业的精品课程和教学设备的基本情况在平台上进行展示利用。

(二)虚拟仿真实训中心应用情况

2021 年虚拟仿真实训基地与汽车生产制造、研发辅助、营运服务、售后维修等企业岗位技能对接,利用虚拟仿真设备及资源,服务新能源汽车技术、汽车智能技术、汽车制造与试验技术、汽车造型与改装技术、氢能技术应用 5 个专业实训教学,服务在校生 435 人,进行社会培训 4 次,开放共享企业 1 家。

1. 虚拟仿真实训课程

2020 年虚拟仿真实训课程中有 3 个专业的实训课程实现虚拟化教学,分别是新能源汽车技术、汽车智能技术、汽车制造与试验技术,占专业总数的 25%。2021 年新增了 2 个专业的虚拟化教学,分别为汽车造型与改装技术、氢能技术应用,共有 5 个专业实现了虚拟化教学,占专业总数的 41.67%。

学校通过建设新能源汽车故障诊断与维修虚拟仿真资源,有效解决了设置故障难、展现效果差等问题;通过毫米波雷达的虚拟仿真资源,解决了毫米波雷达传感器的标定与调试;通过虚拟仿真教学软件,使学生掌握高压电的安全操作和检修;通过环境感知试验台和仿真小车台架与虚拟仿真教学系统,实现了虚实互补开展教学;通过道路试验驾驶模拟系统,使学生可以充分体验汽车道路试验。

通过以上虚拟仿真设备及资源,学生可以通过沉浸式、更具临场感和形象化的体验,提高学习注意力,让学习效率得到大大提升。2021 年学生体验虚拟仿真实训达 3 315 人时,占参加实训总人时的 9.79%,部分虚拟仿真资源同时应用在现代学徒制班级,培养学生 90 人。虚拟仿真实训室如图 2-10 所示。

图 2-10　虚拟仿真实训室

2. 虚拟仿真实训服务课证融通

学校通过虚拟仿真实训基地有效地推进了职业技能等级证书与课程体系的融合,推进了 1+X 证书在学校的应用,更积极推进了汽车智能技术专业课程的发展。2021 年学校 20 名学生通过虚拟仿真实训场景完成智能网联汽车测试装调职业技能等级证书的考核,并取得相应证书。

3. 虚拟仿真实训基地社会服务

学校通过虚拟仿真实训基地实现"教培一体""育训一体",科学优化调配虚拟仿真实训基地资源,虚实互补开展企业员工、职教师资、社会人员培训。基地面向社会多类型、多层次开展培训,在 2021 年度完成了 4 项社会人员培训,主要包括长沈路小学生参观体验工程学院、集团夏令营工程学院、新能源汽车制造与检测吉林省 2021 年职业院校教师国培项目以及 GG901 吉林省职业院校教师国培项目,占职业培训项目总数的 17.39%。基地承担企业培训总人时数 18 612,虚拟仿真培训人时数 1 952,占总培训人时数的 10.49%。2021 年基地完成汽车维修工的职业等级鉴定工作,共有 76 人通过汽车维修工的考核。

2021 年基地与一汽红旗繁荣工厂进行深度合作,共享了 4 门课程,分别为智能网联汽车技术、智能汽车传感器检测技术、新能源汽车电气系统原理检修以及新能源汽车技术,取得了良好培训效果。

四、特色与亮点

(一)虚实结合建项目

2021 年学校完成智慧汽车协同创新中心招标工作。智慧汽车协同创新中心车路协同路试基地建设项目以政府批复的 100 000 m² 用地为建设基础,要求与学校现有 400 000 m² 校区及校外红旗小镇智慧城市建设有机融合,实现一体化设计。通过智慧汽车协同创新中心等校内中试基地平台,将车企真实智能网联新能源汽车研发测试项目和院校科研项目转化开发出实训教学情境案例,通过虚拟仿真实训基地教学管理平台数字孪生技术同步进入实训教学课堂,让学生在情境案例中了解岗位工作任务和工作流程,加强学生与虚拟仿真教学资源的互动式学习和训练,使学生快速掌握岗位所需知识和技能。

(二)利用虚拟仿真解决智能网联新能源汽车教学痛点

2021 年基地开发了 2 个智能网联新能源汽车相关的实训项目,并用于教学:利用虚拟仿真对智能网联新能源汽车用到的毫米波雷达进行标定与调试,解决了传感器台架价格贵、数量少、不可重复利用的问题;通过建设虚拟仿真新能源汽车电气系统原理与检修虚拟仿真资源,有效解决了电动汽车高压空调动力系统原理认知抽象、不易理解等问题。通过虚拟仿真,可营造学生自主学习的环境,让学生自身与信息环境相互作用来学习汽车知识与技能,充分发挥想象力,调动积极性,使学生更加自信、有成就感,同时避免现场操作带来的危险,降低教学成本,进而创新汽车人才培养模式,助推实训课程改革。

(三)与企业共同开发虚拟仿真实训资源

2021 年基地与吉林省祥云翔科技有限公司合作开发了汽车数字可视化设计——智能网联新能源汽车基础虚拟仿真实训教学系统,系统能够虚拟仿真新能源汽车各个零部件,以解决实训中新能源汽车设备资源紧缺及成本浪费等问题。学生可以通过虚拟仿真系统的人机交互模块学习汽车中的各种零部件,加深感官认识,提高学习效率。

（四）利用虚拟仿真资源开展职业技能考核及企业培训

基地的建设与运行在智能网联新能源汽车领域内提升了服务企业和社会的能力,如服务中国—汽和长春国际汽车城建设与发展,并利用虚拟仿真技术助力提升培训课程标准和水平。2021年基地利用虚拟仿真资源开展了职业技能等级鉴定,将虚拟仿真资源与传统的技能考试相结合,取得了较好效果;利用建设的虚拟仿真课程进行企业培训,培训效果和满意度都得到较高提升。

8 现代农业装备应用技术虚拟仿真实训基地

黑龙江农业工程职业学院

一、基地建设概况

黑龙江农业工程职业学院现代农业装备应用技术虚拟仿真实训基地在农业装备行业发展大背景下,紧紧围绕国家粮食安全、乡村振兴战略等,利用5G、VR/AR/MR以及人工智能等新一代信息技术的集成应用,以玉米、大豆、水稻生产耕、种、管、收全程机械化"虚拟农场"为主线,以农机装备动力机械检修与维护的"虚拟维修工厂"为支撑,建成"一主线、一支撑"农业装备应用技术专业虚拟仿真实训基地,建设了虚拟仿真管理和共享平台,购置了虚拟仿真实训设备,校企合作开发了4个传统农业装备虚拟仿真实训项目、3个智慧农业装备虚拟仿真实训项目、"一园一场"特色虚拟仿真实训项目等。

二、建设具体情况

(一)虚拟仿真管理及共享平台建设

为对内实现虚拟仿真实训教学的"教、学、管、考、评"全流程管控,对外发挥优质虚拟仿真实训资源开放共享功能,展示学校示范性建设效能,虚拟仿真实训教学管理平台建设,坚持"科学规划、共享资源、突出重点、提高效益、持续发展"的指导思想,以全面提高学生创新精神和实践能力为宗旨,以共享优质实践教学资源为核心,以建设信息化实践教学资源为重点,持续推进实践教学信息化建设,推动学院教学改革与创新。

管理平台建设主要分为软件系统建设和配套支撑硬件建设,其中软件系统部分主要包括开放式虚拟仿真实训教学管理及资源共享平台软件和云渲染系统软件,配套支撑硬件建设主要包括管理平台支撑硬件和云渲染服务器。

(二)现代农业装备应用技术专业虚拟仿真实训中心建设

现代农业装备应用技术专业虚拟仿真实训教学中心是为解决实训教学过程中遇到的"实地教学难""实训受制于天气""实训设备昂贵"等棘手问题而建设。中心采用当前先进的桌面VR一体机设备及相关配套设备,为学生提供了沉浸式现代农业装备应用技术实训教学场所。

（三）现代农业装备应用技术专业虚拟仿真实训资源建设

虚拟仿真实训教学资源的建设，是根据行业企业在岗位职责和技能等方面对学校人才培养提出的新要求，结合教育部印发的职业教育专业目录、高等职业学校专业教学标准、中等职业学校专业教学标准和人力资源和社会保障部颁布的国家职业技能标准，针对现代农业装备实训教学过程中的"三高三难"问题，校企合作开发，并随着产业转型升级持续更新升级，切实遵循"以实带虚、以虚助实、虚实结合"原则，避免了"为虚而虚"。

按照不同的类型、交互方式，以及"三教"改革要求，学院对传统实训教学模式进行了创新再造，开发了传统农业装备虚拟仿真系列、智慧农业装备虚拟仿真系列、"一园一场"特色虚拟仿真系列等虚拟仿真资源模块，构成具有学院特色的现代化、信息化虚拟仿真实训教学体系，建成现代农业装备虚拟仿真实训教学资源库。

1. 传统农业装备虚拟仿真模块

本模块包括4个虚拟仿真实训项目，以传统农业装备拆装、组成为研究对象，通过三维仿真技术进行仿真模拟，针对插秧机、收割机、拖拉机等常用的农业装备，建成4套仿真教学软件，通过动画演示其各部分工作原理，选择正确的工具对各部分进行模拟拆装。操作者在三维仿真模拟的实训场景中，可通过键盘、鼠标对实训仪器设备进行操作，模拟真实实训，采用虚拟设备仪器系统开展针对性的交互使用训练。

2. 智慧农业装备虚拟仿真模块

本模块包括3个虚拟仿真实训项目，主要通过三维仿真技术对农业采摘机器人、植保无人机飞行作业、农业测绘无人机飞行作业等进行仿真模拟，可以实现多种状态的动态展示，包括三维动态模拟运行透明展示、三维动态模拟运行外壳隐藏展示、三维动态模拟解剖运行展示等。操作者在三维仿真模拟的实训场景中，按照软件提示栏拆装步骤，规范选择正确拆装工具，对履带式采摘机器人（见图2-11）、农业测绘无人机（见图2-12）进行模拟拆装，采用虚拟设备仪器系统开展针对性的交互使用训练。

图 2-11　履带式采摘机器人虚拟仿真实训项目

图 2-12　农业测绘无人机虚拟仿真实训项目

3."一园一场"特色虚拟仿真模块

（1）数字化农机博览园。模块以全国最大的农机实景博览园——北大荒农机博览园为参考蓝本和素材采集基地，收集整理了国内外各种农机具信息 250 余台（套），全景化展示农机发展现代化进程，并同步搭建了近 40 台（套）数字化农机新产品，成为集 VR 漫游、农机发展全景系统和农机新技术展示平台为一体的现代农机虚拟展馆。对农机新产品新设备进行推介和互动漫游，实现了农机新产品科技可视化展示，使学习者能及时跟踪了解农业装备产业新动态、新技术，可以切实解决农作物生长周期长，农业机械配套和使用成本高，机械设备工作流程、原理较难描述，拆装设备危险系数高等一系列专业教学问题。

（2）智慧农场。结合学校现代农业高新技术示范园现有设施，基地运用虚拟现实技术建设智慧农场（见图 2-13），以无线传感技术、自动控制技术、网络技术和数据库技术设置实现了玉米、大豆、水稻等作物种植进程的现代化、智能化的虚拟管理，包括虚拟农机管理平台和玉米、大豆、现代化水稻 3 个虚拟实训基地。智慧农场通过物联化、互联化、智能化的演示，实现了农机实时作业的违规预警和农机历史作业的大数据分析，可全方位把控农机作业质量，提高农产品的产出能力，使利润最大化；可实现农机作业区块限制、农机作业能力预估、农机作业量统计、农机作业质量追溯、测土配方、产值预估；可通过农机组织结构图、状态统计栏直观显示农机的隶属分布和在线情况，为管理员进行农机调配提供数据支持，使农机调配工作更为合理。

图 2-13　智慧农场使用界面

三、应用情况

（一）虚拟仿真管理及共享平台应用情况

1. 搭建统一的综合实训教学管理平台，建立运行机制

针对资源管理、在线学习、移动客户端、校企合作服务等方面，基地整合现代农业装备应用技术专业教学资源库，构建以玉米生产全程机械化为主线的优质虚拟仿真教学资源共享的开放式学习平台，建立虚拟仿真实训基地运行机制，体现平台便捷交互性、开放服务性、共享性等特点，使平台能够实现实训教学资源日常规范化管理，为专业教师进行专业建设与教学、学生自主学习训练与考核、企业技术培训、社会学习者学习等，提供丰富的虚拟仿真教学资源，提升农业装备应用技术专业人才培养水平。

2. 平台功能贯穿实训教学全流程，实现信息互联互通

平台功能贯穿实训教学全流程，从数据源接收，到数据采集、数据处理，再到数据分析和挖掘，全流程打通实训教学各系统生命周期各时段。具体可实现用户登录、考勤上报、学习过程、作业布置、学习日志、考核评价、反馈等内容的信息化教学管理；实现用户集成与数据集成；实现区域内数据共享；实现管理部门对平台用户的管理、数据上报、信息互联互通。

3. 场地、硬件、资源一站式管理，推动实训信息化建设

平台提供了统一门户，并提供应用集成、数据集成、业务集成的能力，将硬件、常用应用和数据资源集成并以统一的用户界面提供给用户，为用户提供一站式个性化服务；平台建设了教育管理应用，充分整合各系统数据，借鉴、引用国家标准、行业标准和地方标准，增强标准的有效性、可用性以及合规性，实现数据自动提取，打破了学校界限，实现不同维度的数据融合、数据汇集、数据分析、结果展现，支撑了相关管理决策。

（二）虚拟仿真实训基地应用情况

基地充分利用桌面式 VR 一体机、沉浸式 VR 教学设备功能特性，对农机新产品、新设备进行推介和互动漫游，实现了农机新产品科技可视化展示，使学习者及时跟踪了解农业装备产业新动态、新技术，可以切实解决农作物生长周期长，农业机械配套和使用成本高，机械设备工作流程、原理难描述，拆装设备危险系数高等一系列专业教学问题，真正实现专业课程"模块设计，虚实结合"，将枯燥难懂、难以讲清的知识内容形象地展现在学生眼前，通过互动教学方式，提升参与感，增强趣味性，从而使学习简单、快乐、高效。

四、特色与亮点

（一）多维度建设虚拟仿真资源破解"三高三难"，有效推动教学改革

针对现代农业装备应用技术专业群实训教学的农机作业装备"高投入、高风险、高损耗、难实施、难观摩和难再现"的问题，基地紧密结合行业特点，以"理论知识与实践技能系

统整合,实训设备与虚拟资源虚实结合相互补充"为原则,多维度构建模拟机械工作原理、拆装、作业环境、作业过程等虚拟资源,为教师提供了崭新的、内容丰富、形式多样的教学资源及信息化教学手段、教学方式,丰富了教学内容,促进了教师教学模式和教学方法改革,节约了教育成本,提高了实训教学针对性,有利于学生拓宽视野、了解农业装备行业发展以及职业要求,激发学生学习积极性,提高学习效果,进而提升人才培养质量。

(二)虚拟资源建设初具规模,有效推动专业课程体系建设

学校虚拟资源建设是以王岗现代农业高新技术示范园、实习农场为基础,建设"一园一场"虚拟作业场景和专业"一主线、一支撑"课程体系的核心资源。"一园一场"现已经建设完成虚拟农机管理平台、玉米生产虚拟仿真实训基地、大豆生产虚拟实训基地、现代化水稻生产虚拟实训基地、田园管理仿真实训教学 5 个虚拟实训模块,实现了虚实结合、学演一体、直观可视,解决了"耕种管收"受农时农艺季节限制的实训教学问题,同时初步建成了与虚拟仿真相适应的实训教学课程体系,有效支撑和推动了专业课程体系建设。

(三)虚拟资源建设育人特色初现,有效助力"三农"育人

建成的数字化农机博览园和智慧农场,搭建 40 台(套)数字化农机新产品,成为集 VR漫游、农机发展全景系统和农机新技术展示平台为一体的现代农机虚拟展馆,全景化展示了农机发展现代化进程,可有效提高教学实效性。同时,数字化农机博览园为学校农业装备发展史馆的建设奠定了良好的基础。

(四)虚拟资源以资源库为平台,实现全流程数据采集应用

依托学校资源库平台,基地实现虚拟仿真实训资源在"教、学、管、考、评"五大环节中的有效管理,最终实现智能数据分析和教学成果归档。通过虚拟资源在资源库平台上的应用,学生获得一个开放学习平台,进行虚拟仿真实训学习;教师获得一个教学组织管理平台,实现教学中自由组合、应用虚拟仿真资源,将课程考核、虚拟实践考核以及学生能力评价、反馈等内容有效结合;虚拟仿真资源获得一个共享平台,对外仅需要通过资源库平台即可实现共享,满足专业教师专业建设与教学、学生自主学习训练与考核、企业技术培训、新型职业农民线下和线上技能培训,还能满足农民、农场职工、专业合作社成员等社会学习者学习农业装备应用技术相关知识的需要。

9 危化安全虚拟仿真实训基地

上海石化工业学校

一、基地建设概况

（一）建设任务执行到位

2021年度基地建设严格按照任务书方案执行，建设经费实际投入736.11万元，年度经费预算到位率100.70%。建设内容涉及5个子项目多个建设任务，包括虚拟仿真实训教学场所建设、虚拟仿真实训设备设施建设、虚拟仿真资源开发、虚拟仿真实训教学管理及资源共享平台建设、项目团队组建、校内人员和企业人员培训、虚拟现实技术应用专业带头人或骨干教师引进或培养，完成3年总建设任务的45.83%。

（二）建设质量严格把关

基地组建了一支懂教学、懂行业（专业）、懂技术的建设团队，按照基地建设模块分别由学校骨干教师、企业专家、建设公司组成工作小组，责任明确，协同推进；邀请第三方专家对建设质量不定时审查，及时发现问题，及时调整纠正，不断完善；始终将建设内容与岗位技能对接，与人才培养方案和职业培训方案对接；将虚拟仿真基地建设落到实处，从细节着手，高标准、高要求，不断挖掘其实用价值，保证建设高质量。

（三）建设成效初步显现

基地建设带动了专业建设和课程改革，教师专业能力有了明显提升。学校化工专业受到社会的高度认可，学生在专业技能得到充分锤炼的同时，职业安全意识、职业规范行为等素养得以明显提升，学习积极性显著提高，专业认同度明显增强。与此同时，基地建设经验引起国内化工职业院校的高度关注，茂名职业技术学院等10多所中高职院校纷纷来学校观摩学习。此外，基地的建设与化工企业实际生产情境契合度高，采用理实一体化、线上线下相融合的培训方式和智能化的评价分析机制，培训效果得到企业的高度认可。基地2021年度利用率提高至37.2%，危化品从业人员培训多达4063人次。

二、建设具体情况

（一）资金执行情况

2021 年启动建设除"化工与人类科普馆建设"以外的 4 个子项目,重点建设典型化工生产工艺虚拟仿真实训中心和特种作业工艺虚拟仿真实训中心。

年度资金预算 731 万元,实际到账 736.11 万元,其中中央财政(简称央财)拨付资金 200 万元,上海市金山区教育局拨付建设资金 268.7 万元,学校自筹经费 267.41 万元。资金预算到位率 100.70%,预算支出执行率 100.70%。

（二）任务完成情况

基地建设项目分解任务总数 24 个,2021 年度按照计划方案完成典型化工生产工艺虚拟仿真实训中心、化工单元技能虚拟仿真实训中心、特种作业工艺虚拟仿真实训中心和共享平台等子项目中 11 个建设任务,任务完成度达到 3 年总建设任务的 45.83%,并根据验收要点完成验收。具体建设情况如表 2-2 所示。

表 2-2　2021 年危化安全虚拟仿真实训基地建设项目情况一览表

建设任务		
子项目. 典型化工生产工艺虚拟仿真实训中心		
1. 虚拟仿真实训教学场所建设	具体任务	1. 原料区、备料区和生产区环境建设; 2. 中控室监控人屏、广播系统建设; 3. 防护用品区建设; 4. 工具区建设; 5. 教学讨论区建设; 6. 标语标识、规章制度等制作与布置
	验收要点	1. 原料区、备料区和生产区; 2. 防护用品放置区和工具区; 3. 教学讨论区; 4. 中控室监控大屏、广播系统; 5. 标语标识、规章制度、宣传画
2. 虚拟仿真实训设备设施建设	具体任务	1. 管道、阀门、保温等设备维修升级,更换自控阀和现场仪表,安装带传感器的手阀; 2. 对现有工艺流程进行改造,实现管路吹扫、管路拆装、气密检测等实训功能; 3. 建设泄漏、火灾、中毒等事故情境的特效装置
	验收要点	1. 管道、保温设备维修更换; 2. 走水管路改造完成; 3. 现场安装带传感器的手阀; 4. 自控阀和现场仪表更换; 5. 事故特效硬件设备

建设任务		
3. 虚拟仿真资源开发	具体任务	1. DCS 系统开发； 2. 生产事故特效 AR 仿真软件开发； 3. 工艺流程认知 VR 仿真资源开发； 4. 装置配套的微课、视频、动画等教学资源开发
	验收要点	1. 碳二制备乙烯 DCS 系统； 2. 生产事故 AR 仿真软件； 3. 工艺流程认知 VR 仿真资源； 4. 典型化工生产工艺教学资源
子项目. 化工单元技能虚拟仿真实训中心		
4. 虚拟仿真资源开发	具体任务	开发与化工单元技能虚拟仿真实训相配套的微课、视频、动画等教学资源
	验收要点	与化工单元技能虚拟仿真实训相配套的微课、视频、动画等教学资源
5. 虚拟仿真实训教学场所建设	具体任务	1. 建设工厂情境化实训环境； 2. 建设安全用具实训室、受限空间实训室、特种作业工艺仿真实训室； 3. 建设符合国家标准要求的特种作业实训场所和考试点
	验收要点	1. 安全用具实训室 1 间； 2. 受限空间实训室 1 间； 3. 特种作业工艺仿真实训室 3 间； 4. 候考中心； 5. 考务和监控区
6. 虚拟仿真实训设备设施建设	具体任务	1. 建设正压式空气呼吸器等防护与急救半实物仿真设备； 2. 建设受限空间装置； 3. 改造离心泵等 4 套半实物仿真实训装置； 4. 建设固定床等 4 套半实物仿真实训装置； 5. 建设化工自动化控制仪表装置
	验收要点	1. 正压式空气呼吸器、灭火器、创伤包扎、心肺复苏训练半实物仿真设备各 2 套； 2. 受限空间实训装置 1 套； 3. 半实物仿真实训装置 8 套； 4. 化工自动化控制仪表装置 2 套
7. 虚拟仿真软件开发	具体任务	1. 正压式空气呼吸器半实物仿真软件开发； 2. 灭火器半实物仿真软件开发； 3. 创伤包扎半实物仿真软件开发； 4. 心肺复苏半实物仿真软件开发； 5. 15 个特种作业工艺 3D 仿真软件开发； 6. 离心泵等半实物仿真软件开发

续表

建设任务		
子项目. 虚拟仿真实训教学管理及资源共享平台建设		
8. 虚拟仿真实训教学管理及资源共享平台建设	具体任务	1. 建设虚拟仿真实训教学管理及资源共享平台； 2. 预留与国家相关系统的数据接口
	验收要点	1. 虚拟仿真实训教学管理及资源共享平台上线运行； 2. 与国家相关系统预留数据接口
子项目. 虚拟仿真教学团队建设		
9. 项目团队组建	具体任务	组建结构合理，人员齐备的项目团队
	验收要点	团队人员包括政府、行业企业、院校及科研院所专家，学校骨干教师，资源开发企业人员；校内参与基地建设的教师数占教师总数的 10% 以上
10. 资源开发和人员培训	具体任务	1. 教材与工作页开发培训； 2. 先进制造技术加工与仿真培训； 3. 物流 1+X 职业技能培训； 4. 企业人员教育教学能力提升培训
	验收要点	参与虚拟仿真实训教学专题培训的人次占各类培训教师总人次的 30% 以上
11. 专业带头人或骨干教师引进或培养	具体任务	1. 组织教师参与省级及以上虚拟仿真实训教学模式课题研究； 2. 聘请企业兼职教师开展项目指导、研讨、论证
	验收要点	1. 教师主持省级及以上虚拟仿真实训教学模式课题研究至少 1 个； 2. 聘请企业兼职教师至少 5 人，参与指导、研讨、论证等至少 5 人次

（三）校本资源情况

虚拟仿真实训项目总数 37 个，本年度更新 19 个实训项目，资源更新率达 51.35%。基地服务化工专业群的课程总数 146 门，含有虚拟仿真实训资源课程为 77 门，占比 52.74%，其中含有虚实结合实训资源课程为 18 门，主要包括化工装置操作实训、化工单元操作等，含有虚实结合资源的课程占比 23.38%，达到建设指标要求。学校正式出版教材和校本教材共 26 本，含有虚拟仿真实训资源教材有《乙烯加氢脱炔中试实训装置讲义》《化工单元操作》《化工过程控制实训讲义》《化工安全与清洁生产》等 9 本，占比 34.62%。

（四）教师发展情况

学校教师参加各类培训总人数为 567 人，参加虚拟仿真实训教学专题培训 221 人次，通过教材与工作页开发培训、先进制造技术加工与仿真培训、物流 1+X 职业技能等级证书培训、企业人员教学能力提升培训等，不断提高虚拟仿真教学团队综合能力，参加虚拟仿真实训教学专项培训的教师占比达 38.98%。项目组建了校企结合的化工虚拟仿真技术应用培训师队伍 75 人，年度参加虚拟仿真实训教学资源开发的教师有 13 人，占比 17.33%。培养虚拟仿真现实技术应用专业带头人和骨干教师 3 人，教师主持省级及以上虚拟仿真实训教学模式类的研究课题 6 项。

三、应用情况

（一）人才培养

危化安全虚拟仿真实训基地建设紧密与人才培养对接，虚拟仿真实训服务于学校化学工艺、应用化工技术、化学工程、环境监测技术和现代物流管理专业，服务专业占比 100%；学校订单班学生共计 285 人，虚拟仿真实训服务订单班学生占比 100%；年度结合虚拟仿真实训优势，优化完善人才培养方案占比 100%；在校生参加实训总人时数 251 442，参加虚拟仿真实训总人时数 106 416，在校生参加虚拟仿真实训的人时占比 42.32%；在校生云端仿真实训总人时数 10 330；年度虚拟仿真实训服务学生考取技能证书共计 4 类 203 名学生。此外，开展了教师和学生对虚拟仿真实训的满意度调查，教师满意度 85.54%，学生满意 84.74%。

（二）社会服务

截至 2021 年底，学校开发职业培训方案总数 24 个，结合虚拟仿真实训的职业培训方案有 20 个，占比 83.33%。2021 年度社会人员参加培训总人时数 274 980，参加虚拟仿真类总人时数 250 364，社会人员参加虚拟仿真实训的人时占比为 91.05%。

基地开展的职业技能等级鉴定项目共 16 个，虚拟仿真实训服务职业技能等级鉴定项目为 13 个，占比 81.25%。2021 年度职业技能等级鉴定考试通过总人数是 2 190 人，虚拟仿真实训服务职业技能等级鉴定考试通过人数是 2 144 人，占比达 97.90%。此外，基地开展了社会人员对虚拟仿真实训的满意度调查，社会人员满意度高达 96%。

（三）资源共享

基地虚拟仿真实训课程总数 77 门，开放共享课程 14 门，虚拟仿真实训课程开放共享率 18.18%。截至 2021 年底，学校与上海化学工业区、上海金山第二工业区以及外省市的山东鲁西集团、山东默锐科技有限公司等 200 家企业有校企合作关系，开展虚拟仿真实训课程共享的企业有 89 家。2021 年度虚拟仿真实训课程使用总人数有 4 063 人。

（四）国内国际推广

目前，危化安全虚拟仿真实训基地处于建设阶段，已有化工生产基层管理员培训标准等 6 个标准输出到相关行业企业，因虚拟仿真实训智慧云平台尚未完全建成，虚拟仿真实训资源还未实现真正意义上的输出。基地在建设过程中，积极举办虚拟仿真教育研讨会、师资培训会，共计 15 场。

四、特色与亮点

（一）多方协同，共筑项目建设共同体

基地形成了依托政府引导、产学多方协同、共建共享构筑共同体的建设模式。在政府的有效引导下，集聚中外知名化工企业和国内化工职业院校的专业人员，并会同德国专家共同研讨"育训一体"的标准体系及建设基于标准体系的虚拟仿真实训基地。通过校企共构标准、共建基地、共研项目、共育人才、共享成果等一系列措施，实现政府、行业、企业、学校的有效联动，产与教的深度融合。

（二）基于职业生涯发展的职业教育与培训系列标准开发

通过对化工企业的调研，分析企业一线从业人员职业生涯发展，梳理形成了技术发展路径。校企共构该路径下的职业教育与培训标准框架体系，根据不同阶段从业人员的素质与能力要求，开发从职前教育到职后培训所需的系列标准。这些标准覆盖化工技能人才成长全过程，助力行业从业人员安全生产技能的提升，实现"育训结合"。此外，为支撑教育与培训，基地配套开发了考证标准、培训装备标准和师资培训标准，构建形成了立体化标准体系。

（三）基于职场环境与工作过程的虚拟仿真实训基地建设

基地建设模拟真实的化工生产现场，实训环境的布置既要符合职场生产习惯，也要满足职业培训需求。现场进行了情景化环境布置、文化建设、设备设施能级提升、信息化管理系统建设等。学员长期在工厂化的情境中接受培训和安全文化熏陶，在掌握必备技能的同时，还提高了安全防范意识，养成了规范操作习惯，提升了综合职业素养。

（四）智能化的实训管理和共享平台建设

师生通过线上虚拟、线下实操、虚实结合，有效实施"一心两环三阶段"教学过程重构（一心：学生为中心；两环：内环学生学习为主体，外环教师指导为保障；三阶段：课前认知、课中探究、课后巩固）。平台通过自动收集过程数据，实现智能评价分析，生成学员画像和可视化风险预判书，为学生的个性化学习、教师教学指导提供依据，并为企业的员工管理、行业的标准设定等提供更精细化数据分析服务。平台还提供了分布式集群远程操作，可满足多场地、多专业、多学校、多区域协同的虚拟仿真教学需求，实现资源共享。

10 基于"云"的生物医药虚拟仿真实训基地

苏州健雄职业技术学院

一、基地建设概况

苏州健雄职业技术学院生物医药虚拟仿真实训基地精准对接苏州"一号产业",服务苏沪生物医药研发新技术与新业态。学院整合药品生物、药品生产、医学生物、药学等专业资源,建成了苏沪地区唯一以药品生物技术专业为龙头的省级高水平专业群。以专业群发展为契机,以省级智慧校园硬件设施为基础,基地积极开展虚拟仿真实训平台建设,建成动物实验、制药设备、药物制剂、化学制药、仪器分析、安全生产 6 个虚拟仿真实训子平台,全面对接生物医药产业链;针对生物医药类实训中"三高三难"问题,按照"虚实结合、以虚助实"的思路开发引进实训项目和资源,面向职业院校学生和行业企业员工开展教学与培训。

2021 年,基地解决专业教育中的"三高三难"痛点和难点 18 个,体现行业企业新标准 3 个,虚拟仿真实训基地平均利用率 53%;建成 4 个虚拟仿真实训室,占地面积 550 m²,能够容纳 230 人同时开展教学培训;通过购建结合方式,更新生物医药虚拟仿真实训资源包 6 个,总资源包 11 个,内含药理药效实验等 50 个虚实结合实训项目;为加强建设力量,新增 3 名生物医药企业技术专家、9 名新入职博士和 3 名校内软件专业教师,调整了部分人员,团队成员达 49 人,专业教师达 30 人;基地服务专业 6 个(新增药学专业和生物信息技术专业),服务课程 7 门,含有虚拟仿真实训资源的课程 7 门,含有虚实结合实训资源的课程 4 门,出版含有虚拟仿真实训资源的教材 2 部;新增 10 个以虚拟仿真为基础的职业培训方案,社会人员参加培训 15.8 万人时,虚拟仿真引入比例 100%;引入职业技能等级鉴定项目 7 个,其中 6 个应会部分采用虚拟仿真系统,共有 1 125 人应用虚拟仿真系统训练通过考核,社会人员对虚拟仿真资源的满意率 100%。

二、建设具体情况

(一) 资金执行情况

学院高度重视虚拟仿真实训基地建设工作,设立专项资金用于项目软硬件建设。2021 年预算投入 695 万元,到账经费 660 万元,实际支出 628 万元,资金执行到位率 94.96%,预算支出执行率90.36%,总预算完成度35.99%。

(二) 管理平台建设

按照《建设指南》要求,基地优化虚拟仿真实训系统的宏观架构,统一数据接口,建立数据交换中心,实现智慧实训室管理平台、实践教学管理平台、远程虚拟仿真实训平台,虚拟仿真实训资源平台等平台的互联互通,强化系统安全管理、数据收集分析、实训成绩统计查询、数字化资源管理等功能,有效支撑人才培养与社会服务。学院网站已完成网络安全定级备案,通过二级信息安全等级保护测评,在虚拟仿真基地建设过程中,加强制度建设,为促进虚拟仿真实训过程管理科学规范,形成《虚拟仿真实训基地建设与管理办法》等一系列制度规范,并在运行过程中严格执行。

(三) 校本资源建设

1. 平台及项目建设

以省级智慧校园硬件设施为基础,基地积极开展虚拟仿真实训平台建设,建成动物实验、制药设备、药物制剂、化学制药、仪器分析、安全生产6个虚拟仿真实训子平台,全面对接生物医药产业链,其中包含虚拟仿真实训项目类型11个,2021年更新6个,更新率54.55%。

学院依托省级虚拟仿真实训基地建设项目,结合教育部高等职业学校专业教学标准和人力资源和社会保障部国家职业技能标准,围绕药品生物技术专业群人才培养方案与企业员工技术迭代培训内容,以生物创新药产业链核心技术为主线,协同昭衍(苏州)新药、中美冠科等知名生物医药企业,收集整理药物临床前评价领域典型的科研、生产技术标准及项目开发所需的科研、生产项目数据,依据"人才需求最大、技术要求最高,实操训练最难"等原则选定项目。

目前,基地在硬件方面,建成4个虚拟仿真实训室,占地面积550 m^2,能够容纳230人同时开展教学培训;软件方面,通过购建结合的方式,形成生物医药虚拟仿真实训资源包,内含50个实训项目。

针对跨专业人才培养、跨企业员工培训的不同需求,学院制订"虚拟仿真实训教学资源建设计划"。例如,学院与我国药物评价领域龙头企业昭衍(苏州)新药公司合作,获取实验项目一手数据,确定仿真软件文案;联合南京药育、欧贝尔等信息技术公司,按照《建设指南》要求,建立模型,完成调试,共同开发"药物临床前评价"虚拟仿真实训模块(见图2-14),内含大小鼠给药方法、大小鼠基本手术方法、强心类药物的药效作用等多个虚拟仿真实训软件,开发12个虚拟仿真实训项目,覆盖临床前评价领域的基础技术和核心技术。基于能学辅教、共建共享原则,校企合作配套编(修)订了仿真项目指导书、仿真操作指导视频、仿真实训考核题库,通过系统化设计、颗粒化建设,形成网络化富媒体虚拟仿真教学资源库。

2. 含有虚拟仿真实训资源的课程及教材建设

学院鼓励教师在专业课程中引入虚拟仿真实训资源,目前有"制药公用工程""发酵工程技术""药品分析与检验""制药设备使用与维护""制药单元操作""制药工艺""化

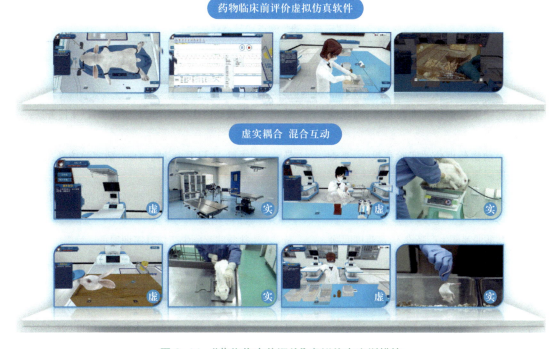

图 2-14 "药物临床前评价"虚拟仿真实训模块

学制药技术"7 门课程中含有虚拟仿真实训资源,其中,"发酵工程技术""药品分析与检验""制药设备使用与维护""制药单元操作"4 门课程拥有虚实结合实训资源;出版《药品分析与检验》《制药设备使用与维护》2 部含有虚实结合实训资源的教材。

（四）教师发展情况

2021 年度,基地团队成员中共有 8 名教师参加各类培训,其中有 7 人次参加虚拟仿真实训教学专题培训。团队共有专业教师 30 名,其中 3 名教师参与虚拟仿真基地机房硬件建设,8 名教师参与虚拟仿真软件采选工作,8 名博士参与虚拟仿真软件的研发工作。

2021 年度,1 名教师获评省骨干教师,药品生物技术教学团队获评省优秀教学团队;2 名教师指导学生参加化工生产技术赛项获省三等奖,该赛项是典型的虚实结合案例,大赛实操为生产性精馏装置,大赛仿真为丙烯酸甲酯工艺仿真操作。

（五）建设成效

1. 任务终期完成度

基地 2021 年度需完成的建设任务有 11 个,已经完成的有 5 个,其余 6 个任务在持续推进中。

2. 虚拟仿真实训解决"三高三难"痛点和难点情况

在药品生物技术专业群教学及对社会人员培训过程中,以往困惑教师与学生的"三高三难"痛点和难点有 18 个。通过虚拟仿真实训基地的建设和虚拟仿真实训软件的引进与开发,目前 18 个痛点和难点均得到解决(见表 2-3),应用效果很好。

表 2-3　"三高三难"痛点和难点解决情况

序号	实训中痛点难点描述	是否通过虚拟仿真实训解决	解决措施说明
1	动物实验操作实训高投入、高风险问题	是	实验动物基本操作仿真实训项目(4任务)
2	小动物药理药效实验高投入、高难度问题	是	小鼠、大鼠等小动物药理药效实验仿真实训项目(3任务)
3	大动物药理药效实验高投入、高难度问题	是	兔、犬等大动物药理药效实验仿真实训项目(4任务)
4	盐酸曲唑酮生产高投入、高难度问题	是	盐酸曲唑酮生产仿真实训项目
5	盐酸曲唑酮生产事故排除高风险、难再现问题	是	盐酸曲唑酮生产事故仿真实训项目(6事故)
6	青霉素发酵生产高投入、高风险问题	是	青霉素发酵生产仿真实训项目(14任务)
7	青霉素发酵生产事故排除高风险、难再现问题	是	青霉素发酵生产事故仿真实训项目(26事故)
8	大型分析仪器实训投入高、难观摩问题	是	大型分析仪器仿真实训项目(9设备,16任务)
9	原料药生产设备实训高投入、高风险问题	是	原料药生产设备仿真实训项目(11设备,33任务)
10	原料药生产事故排除高难度、高风险问题	是	原料药生产事故仿真实训项目(11设备,85事故)
11	化学制药工艺难实施、难观摩问题	是	化学制药工艺仿真实训项目(3工艺,8任务)
12	化学制药事故排除高难度、高风险问题	是	化学制药事故仿真实训项目(3工艺,18事故)
13	合成氨高投入、难实施问题	是	合成氨仿真实训项目(4任务)
14	合成氨事故高风险、难再现问题	是	合成氨事故仿真实训项目(5事故)
15	均苯四甲酸酐生产高投入、高风险问题	是	均苯四甲酸酐仿真实训项目(6工艺,21任务)
16	均苯四甲酸酐生产事故高风险、难再现问题	是	均苯四甲酸酐生产事故仿真实训项目(6工艺,24事故)
17	聚丙烯聚合高投入、高风险问题	是	聚丙烯聚合仿真实训项目(3任务)
18	聚丙烯聚合事故高风险、难再现问题	是	聚丙烯聚合事故仿真实训项目(17事故)

3. 虚拟仿真实训体现行业企业新理念、新技术、新工艺、新规范、新标准的情况

生物医药是一个新兴产业,涉及很多新技术、新工艺、新规范、新标准。在虚拟仿真实训项目建设中,引进了 GB/T 39646—2020、GB/T 39650—2020、GB/T 39759—2021 三个新标准。

4. 虚拟仿真实训基地年度平均利用率

药学仿真实训室和生化制药仿真实训室的利用率分别为 38% 和 68%,虚拟仿真实训基地年度平均利用率为 53%。

三、应用情况

虚拟仿真实训基地在人才培养和社会培训中得到充分应用,丰富和拓展了教学资源开发与使用路径,提高了人才培养效率和质量,也改变了社会培训的方式方法。尤其是在新冠疫情防控常态化的形势下开展社会培训工作,虚拟仿真的作用越发凸显。

(一)虚拟仿真实训基地在人才培养中的应用

1. 虚拟仿真实训服务专业的情况

虚拟仿真实训服务药品生物技术专业群的所有专业,包括药品生物技术、生物信息技术、药品生产技术、医学生物技术、药学、药品质量与安全 6 个专业。

2. 虚拟仿真实训服务订单班或现代学徒制班的学生数情况

药品生物技术专业群共有 5 个订单班,涉及学生 126 名,其中 113 名学生参与虚拟仿真实训项目,虚拟仿真实训服务订单班的学生数占比达 89.68%。

3. 结合虚拟仿真实训优势优化完善的人才培养方案情况

基地结合虚拟仿真实训优势优化完善了药品生物技术、药品生产技术、医学生物技术、药品质量与安全 4 个专业的人才培养方案,占总培养方案的 66.67%。

4. 在校生参加虚拟仿真实训的人时情况

在校生参加实训总人时数为 477 864,其中参加虚拟仿真实训总人时数为 386 280,占比达 80.83%。

5. 虚拟仿真实训服务学生考取技能证书情况

学院 2021 年共有 584 名学生参加了 6 个含有虚拟仿真训练与考核项目的技能培训,包括有机合成工(高级 26 人/中级 66 人)、化学检验员(高级 41 人/中级 166 人)、化工总控工(高级 62 人/中级 223 人)。

(二)虚拟仿真实训基地在社会服务中的应用

1. 结合虚拟仿真实训优势优化完善的职业培训方案情况

结合江苏省化工(危化品)培训示范院校与太仓市化工安全技能实训基地建设,新增特种作业人员氧化工艺、氯化工艺、加氢工艺、过氧化工艺、磺化工艺、烷基化工艺等 16 个以虚拟仿真为基础的职业培训方案,并在培训中全部采用虚拟仿真技术。

2. 社会人员参加虚拟仿真实训的人时情况

2021 年度学院共有 547 名社会人员参加虚拟仿真实训项目培训,总人时数为 17 504。

3. 虚拟仿真实训服务职业技能等级鉴定项目情况

虚拟仿真实训服务职业技能等级鉴定项目 6 个,涉及人员 1 125 人。

4. 社会人员对虚拟仿真实训的满意度

为更好地了解学院各类技术培训与技能鉴定的客观现状和参加培训学员的真实想法，从第三方角度帮助学院诊断组织培训管理工作中的不足之处，吸收合理化建议，进一步完善培训工作，提高学员培训满意度，学院选派专人对培训学员下发培训效果调查表，发放调查表 80 份，回收 76 份，回收率 95%。学员对培训课程的整体满意度为 100%。

四、特色与亮点

基地在建设过程中已经形成校企协同、虚实耦合、混合互动——助力生物医药人才成长的建设模式。

（一）校企相生组团队，产教一体建资源

依托省级产教融合试点企业、产业学院等平台，学院实施了"一名教师对接一个企业、结对一个工程师"的举措，结合企业挂职、主题培训等活动，实现产教深度融合、校企相生相伴，鼓励教师参与虚拟仿真实训项目开发，建成了由正高、副高、中级，博士、硕士结构分布科学、传帮带特色明显的虚拟仿真教学管理团队，先后荣获了省学术带头人、省双创人才、省产业教授、省教育规划课题、省赛一等奖等高水平成果与荣誉。

（二）虚实结合强实训，赛训相长育标兵

基地始终秉持"虚实结合，能实不虚，以虚助实"开展实训教学的原则，依托共同开发的"药物临床前评价"虚拟仿真教学资源，基于真实项目和场景，利用学校和企业的实训场室，校企双方共同施教，先虚后实协同实训，并按照企业技术规范和验收标准，进行标准化考核，完成学生学习质量的企业化评价。

与此同时，学院将省级以上技能大赛项目与题库融入虚拟仿真基地实训内容，校企双导师指导，按照大赛的评分标准，对学生进行强化训练。近三年成果显著，培育了 10 名技能大赛一等奖技术能手和标兵，营造了全省领先的产教融合赛训氛围。

11 现代纺织与时尚服装职业教育虚拟仿真实训基地

浙江纺织服装职业技术学院

一、基地建设概况

浙江纺织服装职业技术学院主动对接纺织服装产业转型升级,紧紧围绕产业对高素质技术技能人才的迫切需求,坚持以"科学规划、资源共享、虚实结合、校企联动、服务地方、持续发展"为指导,倡导"绿色、科技、环保"创新理念,集 VR、大数据、云计算、5G 技术应用于一体,构建数智赋能的现代纺织与时尚服装虚拟仿真实训基地,使之成为区域领先、国内一流的 VR/AR/MR 技术应用、技术研发及行业创新创业的引领地,并通过实施"一平台、二中心、二服务",建成一个校级公共实训平台,实现与国家职教云平台相互融通资源共享,重点建设现代纺织虚拟仿真实训中心、时尚服装虚拟仿真实训中心,面向校内学生和行业企业提供优质的数字化资源服务。近年来,学院在实施基地建设过程中,总结出虚拟仿真实训基地建设项目四大基础建设的基本思路,即"数智引领、科技支撑、树立标杆""育训结合、深耕内容、产教融合""开放共享、广泛服务、线上实训""完善机制、规范管理、内生循环",力图产出一批优秀标志性成果,将基地打造成为时尚纺织服装产业教学应用、人才培养、产教融合、社会服务的示范高地,力争成为国家级虚拟仿真实训基地。

二、建设具体情况

2021 年,现代纺织与时尚服装职业教育虚拟仿真实训基地建设始终围绕申报建设总体方案,按照"一平台二中心二服务"总目标,涉及现代纺织虚拟仿真实训中心、时尚服装虚拟仿真实训中心、虚拟仿真资源开发与应用中心等子项目建设,其建设内容包括三大功能模块中的基础设施建设、软硬件及课程、资源建设等内容。

一年来,对照任务书中的分年度计划,2021 年度项目总完成率 100%,累计投入 1 300 万元用于虚拟仿真实训基地的场馆及软硬件资源建设,形成公共实训平台方案建设,取得了国家级制造业与工业互联网融合发展项目 1 项、省级纺织品设计教师教学团队 1 个、省级产教融合实践基地 2 个等标志性成果项目、横向经费 500 万元等一批重大成果。

三、应用情况

（一）聚合仿真资源，建设一批高质量课程，服务人才培养

学院通过校企合作等多形式、多渠道积极开展虚拟仿真资源建设，先后与雅戈尔、凌迪、浙江利宁、华羽金顶、康赛妮集团等紧密型企业开展产教融合工作，共建数字化服装设计与制作中心、数字化服装未来工厂等应用场景，开展虚拟仿真资源研发工作，共同建设了服装3D资源库、纺织仿真资源，并应用到"服装立体裁剪与3D技术""3D虚拟仿真服装店铺陈列实训""3D服装陈列设计""纺纱工艺设计与实施""印染生产管理与信息化"等课程教学中；针对服装设计、陈列展示、纺织工艺、染整技术等实训中的"三高三难"环节，构建虚拟仿真场景和学习辅助工具，开发实训项目，纳入课程标准，教学实施中实现学生训练自主性、个性化、高效化，在实训中积累技术技能，增强学生就业创业能力。

目前，服装与服饰设计、服装设计与工艺、服装陈列与展示设计等专业有2 000余名学生可以开展面料、款式、设计、陈列展示等任务的CAD、3D虚拟仿真设计等实训，现代纺织技术、数字化染整技术、纺织品设计、纺织品检验与贸易、环境艺术设计（软装）等专业的约900名学生可以开展纺纱、织造、染整、检测等工序的仿真实训，取得了良好的虚拟仿真实训效果。

（二）聚力技能提升，建设一支高水平的"双师型"教师队伍

学院通过"内培外引"方式，不断优化师资队伍，组建校企合作、专兼结合、结构优化的"双师型"纺织服装虚拟仿真教学团队52人，通过"金纺领军人才培育计划"共同实施纺织服装虚拟仿真教学领域的师资培训项目，合力培育2名虚拟仿真教学理念先进、教学水平高超的"双师型"名师，推进教学名师梯队培养；在校内开展基于纺织服装虚拟仿真系统研发、应用、资源建设、纺织服装虚拟仿真的课程建设及教学等活动。

同时，学院依托宁波市纺织服装产学研技术创新联盟，牵手雅戈尔集团、博洋集团等36家纺织服装龙头企业，建立覆盖纺织服装产业链的虚拟仿真师资校企共育中心，与博洋集团、中鑫毛纺集团等宁波纺织服装名企共建4个深度融合的虚拟仿真培养培训基地和30个教师企业实践基地。学院还在企业中设置一批教师工作站，共同研制纺织服装类虚拟仿真教师培养培训基地建设标准，合力培育能通过数字赋能改进企业产品工艺、解决生产技术难题的骨干教师；以名家牵头组建专兼结合的培训专家团队，开发服装3D虚拟设计、纺纱工艺、虚拟陈列等领域的培训项目。

2021年，基地纺织品设计团队入选浙江省教师教学创新团队，服装设计团队入选浙江省数字化教学创新团队，为学院培育了一支能开展纺织品设计、服装虚拟仿真设计教学、服装虚拟陈列的双师双能的教师队伍。

（三）聚焦员工培训，建设高信誉的企业技能提升基地

以产教融合为内核，以实体化运行为抓手，基地按照"开放、共建、共享、共赢"，建设一

批、使用一批的原则,充分发挥虚拟仿真资源在线培训的作用,先后与雅戈尔集团、申洲集团、维科集团、太平鸟集团等行业龙头骨干企业,开展面向社会人员进行技术技能的培训和考级,探索校企联合招生机制,试点学分银行校本制度,开展纺织服装类的终身教育工作,满足社会终身学习和继续教育的需求。

2021—2022 年,基地先后为企业和社会人员开展虚拟仿真技术培训 429 人次。其中时尚服装虚拟仿真实训中心面向企业开展数字化虚拟仿真培训 232 人次,开设"华羽金顶班"准员工培养人数达 60 人。现代纺织虚拟仿真中心先后为维科集团、浙东针织等公司开展纺织染色工、纺纱工等职业技能培训,企业培训达 206 人次。

同时,基地积极发挥国家级职业教育纺织品设计专业教学资源库的作用,将建好的虚拟仿真资源放到该平台,发挥国家级平台的辐射作用,开展跨区域培训,目前已有 100 多家企业在此平台上使用;积极推动数字化教学资源赋能转化工作,将纺织服装虚拟仿真实训基地打造成校企合作的桥梁,形成集教学、科研、实践和生产为一体的校企产教融合命运共同体。

四、特色与亮点

(一)以双碳战略为牵引推进行业绿色化发展

基地以服务纺织产业数字化转型为目标,围绕着纺织产业"科技、时尚、绿色"新发展理念,汇聚政府、企业、行业、科研院所、学校优质资源,打造集"产学研创"四位一体的产业链协同创新服务平台,支持建设现代纺织领域数字化染整产教融合实训基地建设;通过内聚外引等方式,柔性引进国家"千人计划"团队,提升高水平的科研和社会服务能力;整合校内资源,汇聚宁波市新型面料协同创新中心、宁波市纺织服装 CAD 重点实验室、纺织服装研究院等机构合力建设,协同校内外资源,共同推进利宁数码无水印染项目建设,打造特色鲜明的国家级数字化染整产教融合实训基地(产业创新服务综合体),组织实施一批重大科技攻关及产业链协同创新和生产制造方式转型等重点产业化项目。

目前,基地协同创新服务平台已覆盖纺织产品设计、纺织生产制造、纺织检测服务 3 个领域的高水平数字化纺织技术产教融合中心框架,开展数字化面料设计和智能制造、生物可降解材料和绿色纤维应用、纺织绿色制造等方面的技术研发、科学研究和生产服务。

(二)以数字化改革为牵引推进产业数字化转型升级

(1)推进未来工厂引领新"智"造。基地通过与企业浙江壹布互联深度合作,利用数字技术创新,以"5G+工业互联网"为支撑,对纺织服装全流程、全过程进行优化,开发纺织服装行业供应链平台,通过工业互联网改造行业生态,集中采购优选产品,帮助中小企业摊薄成本,降低原材料损耗,为纺织服装智能制造企业提供服装个性化定制与柔性"智"造解决方案,打造"浙纺服"的"未来工厂";充分应用 VR/AR/MR、AI 人机交互、动态环境建模、实时三维图形生成、立体显示和传感器技术的集成应用,推动以数字化车间、智能工厂为主体的新智造,大力支持纺织服装领域"未来工厂"建设,实现教学改革创新,应用高新技术,持续扩展特色教学。

（2）强化数字赋能。基地深入贯彻落实浙江省数字经济建设总要求,落实消费品工业"三品"战略,以数字化手段为抓手,以纺织服装场景应用为切入点,以提升"三品"长效为目标,强化数字思维引领和数字技术应用,推动两大国家级的纺织品设计资源库、纺织服装云平台的数字化赋能增效,提品质、创品牌。

（三）以创新设计能力为牵引提升产业链稳定性和竞争力

基地加强与浙江凌迪科技 Style3D 公司的深度合作,成立省级服装数字化技术应用中心(平台)建设,集聚高端设计资源,创新教学场景,将工作场景转化为数字化模拟应用场景,共同推动服装数字化技术应用推广中心、面料仿真实验室、服装虚拟仿真实训室等建设任务,提升服装创意设计能力。

学院在推动现代纺织与时尚服装职业教育虚拟仿真实训基地建设过程中,助力数字化改革东风,推动制造方式创新、组织形态重构、产业模式变革,加速制造业数字化转型步伐,开启产业发展的新赛道,努力使基地成为数字经济和制造业融合的实践探索者,大连接、大数据、大融合时代的智造新标杆。为此,学院通过校企协同创新,加强与雅戈尔集团、太平鸟集团、博洋集团、申洲集团、百隆东方等行业龙头企业、产业园、科研机构合作,依托利宁数码无水印染项目打造数字化染整产教融合实训基地,深化与浙江壹布互联深度合作打造数字化未来工厂(见图 2-15),拓宽与凌迪科技 Style3D 公司合作打造高端服装数字化设计与制造中心(技术应用中心)。同时,学院通过优化数字资源配置,充分发挥现代纺织与时尚服装虚拟仿真公共实训平台、纺织品设计国家资源库、宁波纺织服装云平台、宁波纺织服装特色文献中心等平台作用,助力共建共享虚拟仿真实训基地。

图 2-15　数字化未来工厂实景图

学院通过集聚人才、信息、技术等要素,创新校企共建共管模式,逐步将虚拟仿真实训基地建设成为时尚纺织服装产业教学应用、人才培养、产教融合、技术应用、社会服务的示范高地。

12 智能制造虚拟仿真实训基地

安徽工商职业学院

一、基地建设概况

安徽工商职业学院智能制造虚拟仿真实训基地立项一年来,项目建设团队积极推进预算资金执行、项目团队建设、虚拟仿真实训环境建设、资源需求调查分析、分项目建设方案论证等工作,基地建设取得了一系列新的成果,示范引领作用初步显现。基地根据《建设指南》的要求,紧紧围绕立德树人、培养复合型技术技能人才的目标,积极对标安徽省十大新兴产业,加快推进智能制造专业群建设,着力提升实训教学环境,充分发挥产教融合优势,融合虚拟仿真技术特色,打造集教学、实训、培训、科研、竞赛、科普等功能于一体的综合性高水平职业教育示范性虚拟仿真实训基地。基地培育项目建设导图如图 2-16 所示。

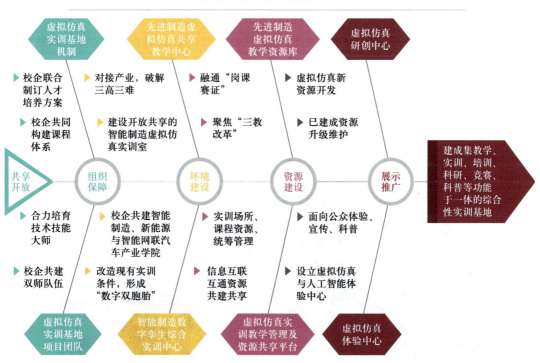

图 2-16 职业教育示范性虚拟仿真实训基地培育项目建设导图

二、建设具体情况

（一）资金执行情况

学院对照《建设指南》,成立了项目领导机构和建设团队,规划制订了 2021—2023 年的三年项目计划。2021 年度,虚拟仿真实训基地预算投入资金 429 万元,实际到账 434 万元,实际支出 419 万元,资金预算到位率 101.17%,预算支出执行率 97.67%,占项目总预算完成度的 17.75%。2021 年度内完成了先进制造虚拟仿真共享教学中心子项目新能源汽车技术实训室、智能制造系统集成实训室、电气控制技术实训室建设;同时建成了虚拟仿真研创中心的 3D 造型实训室,为开发虚拟仿真资源提供了孵化中心。该年度学院获得浙江亚龙教育装备股份有限公司横向课题资金 13 万元用于开发运动控制虚拟仿真系统。

（二）管理平台建设

为加强虚拟仿真资源和课程资源建设,学院与智慧职教等合作建立管理及资源共享平台,初步实现了平台互联、数据互通,所采用的平台均通过了信息三级安全等级保护测评。

（三）样本资源建设

1. 虚实结合实训资源

2021 年度,学院按照《建设指南》要求建设虚拟仿真实训项目 9 个,更新虚拟仿真实训项目 8 个,资源更新率 88.89%;智能制造专业群课程总数为 73 门,拟建设含有虚拟仿真实训资源的课程数 33 门,占比 45.21%;已建在线课程 23 门,部署在超星、智慧职教等平台,国家级教学资源库项目部署在智慧职教云;含有虚实结合实训资源的课程数 8 门,占比 24.24%。虚实结合示教实景如图 2-17 所示。

图 2-17　工业机器人应用编程技术课堂虚实结合示教实景

2. 教材出版情况

2021 年度团队教师出版教材 3 部:《传感器与检测技术》《Maya 三维动画制作案例教程》《基于案例的虚拟现实开发教程》,其中含有虚拟仿真实训资源的教材 2 部,占比 66.67%。

(四) 教师发展

1. 教师培训

为加强虚拟仿真资源建设,提高教师虚拟资源开发和应用水平,2021 年度项目团队派出参加各类培训的教师 12 人次,其中参加虚拟仿真实训教学专题培训 6 人次,占比 50.00%。通过培训,教师对虚拟仿真技术有了更深层次认识,为后期虚拟仿真资源开发提供了智力支持。

2. 教师参加虚拟仿真项目开发

学院鼓励教师积极参与虚拟仿真实训资源开发建设,参与虚拟仿真实训资源开发的教师占比 13.79%。2021 年度 11 位教师与合肥市现代职业教育集团、安徽微乐智能科技有限公司合作开展横向课题研究,进行 VR 虚拟仿真实训资源的开发。

3. 教师承担省部级项目

除企业横向课题外,团队教师还主持省级及以上虚拟仿真实训教学模式研究课题 3 项:"双线混合式教学模式的实现路径研究""利用倾斜摄影和虚拟现实技术快速构建大范围虚拟仿真环境的研究""虚拟现实在室内设计课程教学中的探索与创新"。学院同时引进、培养了应用虚拟现实技术水平较高的专业带头人和骨干教师 26 人。

4. 教师获奖情况

2021 年度,团队教师参加安徽省高等职业院校教学能力大赛获得一等奖 2 项、三等奖 1 项。比赛中教师团队运用虚拟仿真技术搭建高度逼真的实训教学环境,将复杂的知识原理以逼真的 VR 效果呈现,取得较好成绩。

(五) 建设成效

1. 基地任务完成情况

2021 年度,学院与各共建单位通力合作,完成如下工作:一是在广泛开展调研的基础上,形成建设方案 4 项(包括各个子项目的规划设计和相关改造方案);二是完成电气控制技术实训室、新能源汽车技术实训室、3D 打印工作室、虚拟仿真研创中心 4 个子项目的建设;三是集合省级创新教学团队优质师资力量组建研创团队,成立了 5 个教师团队工作室,分别承担需求分析、脚本开发、软件测试、虚拟仿真体验中心建设等任务。基地年度任务目标完成度 100%。

2. 具有基地持续建设和运行的组织保障与激励制度

学院成立了智能制造虚拟仿真实训基地保障机构,保障实训基地建设的有序进行。领导小组由学院领导任组长,亲自指导基地的建设工作;建设小组由相关二级学院负责人、专业教师、企业负责人和技术专家构成。

3. "三高三难" 痛点的解决情况

学院把解决 "三高三难" 痛点作为基地建设的目标,梳理并解决实训中痛点和难点总数 19 个。如在"新能源汽车电池及管理系统拆装与检测"课程中采用虚拟仿真展示单体电池结构、动力电池系统模组结构,模拟动力电池继电器盒工作原理、动力电池管理系统控制逻辑,有效解决实训设备投入成本高、数量不足、电池拆装风险大的问题;在"工业机器人技术"课程中采用虚拟仿真对码垛、搬运、焊接过程进行编程、操作,有效解决了设备投入问题,避免了人身安全事故,实训效果好,并可在线上自主学习。

4. 新理念、新技术、新工艺、新规范、新标准融合情况

学院在虚拟仿真实训基地建设中体现行业企业新理念、新技术、新工艺、新规范、新标准的课程达 11 门。其中 9 门课融合了行业企业新技术,2 门课融合了行业企业新工艺。如"工业机器人技术"课程融合数字孪生双胞胎技术,构建虚实一体化系统,实现虚实同步,将企业新工艺融入教学中,打破现实与虚拟之间的壁垒,实现全流程的高度数字化、模块化;"自动化生产线应用技术"课程使用虚拟仿真资源与工业软件进行有机结合,将区域智能制造企业新工艺融合课程教学,提升学生岗位适应能力。

5. 虚拟仿真实训基地年度平均利用率

基地建设融"学习、实训、实验、测评"于一体,实现了优质实训教学资源共享,已建成的各项资源已经开始为学院、其他兄弟院校、社会人员提供服务。

三、应用情况

(一) 人才培养

1. 虚拟仿真实训服务专业的覆盖面

智能制造虚拟仿真实训基地主要服务智能制造专业群,涵盖机电一体化技术专业、电气自动化技术专业、工业机器人技术专业和新能源汽车技术专业,覆盖学院现有装备制造大类专业;另有动漫设计与制作、虚拟现实技术应用两个技术支撑专业。

2. 虚拟仿真实训服务订单班或现代学徒制班的学生数占比

基地 2021 年度主要服务的现代学徒制班包括:2020、2021 级虚拟现实技术应用技术班,共计 45 名学生,占比 100%。

3. 结合虚拟仿真实训优势优化完善的人才培养方案占比

基地服务的 4 个专业,已结合虚拟仿真实训优势优化完善 2021 级人才培养方案,占比 100%。

4. 在校生参加虚拟仿真实训的人时占比

2021 年度在校生参加虚拟仿真实训人时占比依次为机电一体化技术专业 55.68%、新能源汽车技术专业 13.76%、工业机器人技术专业 4.50%、电气自动化技术专业 1.98%。

5. 在校生云端虚拟仿真实训总人时占比

2021 年度在校生云端虚拟仿真实训总人时数为 28 728,占比 21.5%。

6. 虚拟仿真实训服务学生考取职业技能等级证书

2021 年度虚拟仿真实训服务学生考取职业技能等级证书主要包括:1+X 数字创意建模、

智能新能源汽车和工业机器人应用编程 3 种职业技能等级证书,通过 193 人。学院被培训评价组织评为"优秀试点院校"。

7. 学生参加省级及以上虚拟仿真类大赛获奖

学生参加省级及以上虚拟仿真类大赛共获奖 39 项,其中 2021 年度获奖 23 项。

8. 教师和学生对虚拟仿真实训系统的满意度

学院开展对虚拟仿真实训系统满意度问卷调查。调查共发放学生问卷 160 份,有效回收 158 份,回收率 98.75%;共发放教职工问卷 32 份,有效回收 32 份,回收率 100%。统计显示,教职工对虚拟仿真实训系统满意度为 91.88%,学生对虚拟仿真实训系统满意度为93.67%。

(二)社会服务

1. 结合虚拟仿真实训优势优化完善的职业培训方案占比

2021 年度学院对机电一体化技术专业"工业机器人集成应用 1+X 证书""工业机器人应用编程 1+X 证书",新能源汽车技术专业"智能新能源汽车 1+X 证书"培训方案做了优化,占比 100%。

2. 虚拟仿真实训服务职业技能等级鉴定项目占比

针对新工种、新工艺、新标准和新规范,基地 2021 年度引入了"工业机器人应用编程 1+X证书""数字创意建模 1+X 证书"和"智能新能源汽车 1+X 证书"鉴定项目,占比 100%。

3. 虚拟仿真实训服务职业技能等级鉴定考试通过人数占比

2021 年度,职业技能等级鉴定考试通过总人数为 193 人,通过率 100%。

(三)课程共享

1. 虚拟仿真实训课程开放共享率

虚拟仿真实训课程总数 33 门,虚拟仿真实训课程开放共享数 18 门,虚拟仿真实训课程开放共享率 54.55%。

2. 虚拟仿真实训课程共享学院数

2021 年度基地虚拟仿真实训课程共享学院包括:安徽新闻出版职业技术学院、黄山职业技术学院、杭州科技职业技术学院等 9 所院校。

3. 虚拟仿真实训课程共享企业数

2021 年度基地虚拟仿真实训课程共享企业主要包括:北京世纪超星信息技术发展有限责任公司、合肥安慕教育科技有限公司、芜湖储金霞铁画艺术有限公司 4 家。"电工技术""模拟电子技术""PLC 应用技术"等课程被超星公司收录为"教学示范包"课程。

4. 虚拟仿真实训课程使用总人数

2021 年度基地虚拟仿真实训课程使用人数超 800 人。

(四)国内推广

2021 年 12 月 10 日,由安徽省中华职业教育社主办,安徽工商职业学院承办的"示范性虚拟仿真实训基地建设规划研讨交流会"顺利召开,与会人员150余人。

四、特色与亮点

（一）响应国家"十四五"规划,服务安徽新兴产业聚集地建设

虚拟仿真实训基地建设积极响应国家"十四五"规划,为区域内中高职院校、社会群体、行业企业提供服务,为在校生、退役军人、下岗职工、农民工等提供实习实训和就业培训服务,为企业员工、工程技术人员等提供技能培训、技能鉴定和技术研发服务,在"健全终身职业技能培训""加快提升劳动者技能素质"中发挥作用。

在虚拟仿真实训基地建设中,学院紧盯产业转型升级,重点打造新能源汽车技术专业虚拟仿真课程资源,瞄准新能源汽车领域的智能制造技术,服务安徽三地一区建设中"新兴产业聚集地"建设和安徽省"加快在新能源汽车和智能网联汽车等领域战略布局"重要规划。

2021年度学院投入205万建成虚拟仿真实训基地子项目——新能源汽车技术实训室,利用虚拟仿真技术,有效解决了困扰新能源汽车技术相关课程教学与技能培训中的"三高三难"问题,如过压、过流、超温可能导致电池爆炸,电池组充放电测试需要一周甚至更长时间等实训难题迎刃而解,在培养新能源汽车行业技术技能型人才中发挥了重要作用。

（二）将智能制造虚拟仿真实训基地建设与产业学院建设相融合

基地建设服务于安徽十大新兴产业之一的"新能源汽车和智能网联汽车",依托学院现有实训场所和设备,以及开发的虚拟仿真实训场所和资源,对接比亚迪、蔚来等品牌的龙头企业,积极开展新能源汽车产业学院建设;开展机制创新,强化企业融入,推广工学结合、校企合作的人才培养模式,利用虚拟仿真实训基地资源培养德技双优技能型人才,为安徽新能源汽车产业提供人力支持。

（三）以工匠精神为核心,打造智能制造专业群通用课程思政模块

学院立足智能制造专业群学生德智体美劳综合培养,依托校企合作双基地（校内虚拟仿真实训基地+校外企业实训基地）平台打造虚拟仿真"工匠精神"创新课程,最大化还原工作岗位环境,按照"虚实结合、相互补充、能实不虚"的原则,以专业为横向维度,以年级为纵向维度,通过使用VR头显、智能手柄等虚拟现实工具,让学生以身临其境的方式感受"工匠精神"内涵,通过融入式教学,持续将"工匠精神"内化至技能型人才培养过程。

13 交通安全虚拟仿真实训基地

福建船政交通职业学院

一、基地建设概况

福建船政交通职业学院交通安全虚拟仿真实训基地紧盯国家安全与应急体系下相关产业的转型升级，针对实训教学过程中"三高三难"痛点和难点，整合升级现有资源、校企协同共享一批资源、引入一批行业优质资源、建设一批可扩展资源，实现教学活动与生产活动、教学内容与生产过程的有机对接，切实推进虚拟现实技术与职业教育教学的深度融合。

交通安全虚拟仿真实训基地建设方案包括"一平台、四中心"，如图 2-18 所示。学院因地制宜、充分利用现有实训教学场所，通过功能升级、环境改造、资源更新、部分新建等实现基地功能的综合利用，实现展示、体验、教学、实训、开发、共享的一体化，能够满足校内双高专业群（安全技术与管理专业群、航海技术专业群），以及其他辐射专业群的教学实训、学科教研。虚拟仿真实训基地占地面积约 4 000 m²，硬件设备及软件系统、教学资源等预算投入共计 4 200 万元。

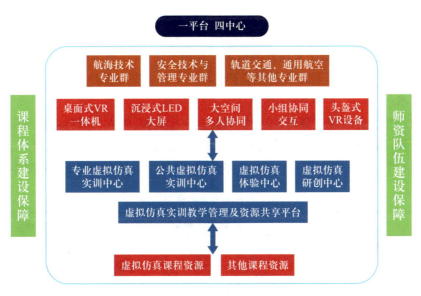

图 2-18 交通安全虚拟仿真实训基地架构

二、建设具体情况

2021 年度,学院建成虚拟仿真实训中心情况如表 2-4 所示。

表 2-4　2021 年度建成虚拟仿真实训中心情况

序号	二级学院	2021 年建成情况
1	安全与环境学院	（1）公共虚拟仿真实训中心一期 （2）虚拟仿真课程资源
2	航海学院	（1）先进舰船模拟器综合训练馆 （2）中式邮轮五高训练中心
3	土木学院	测绘地理信息技术虚拟仿真实训中心
4	经济与管理学院	现代智慧物流应用技术中心
5	通用航空产业学院	航空公司运控综合实训室

（一）安全技术与管理群虚拟仿真项目建设

截至 2021 年,基地已建设 6 个虚拟仿真项目,此外,还有 2 个跨年度项目正在建设中。已建成的虚拟仿真项目,开发了支撑仿真互动体验、学习、实训、考核的课程 10 门,形成涵盖应急救援类、事故模拟类、安全技术类和安全管理类等 "虚拟工厂" 式虚拟仿真资源。

建成的基地服务于安全技术与管理专业群(安全技术与管理、应急救援技术、环境工程技术、建设工程管理等专业),集教学、科研、社会服务等功能为一体,贯穿学习、训练、创新设计、考核、竞赛等环节,推动课程革命,实现虚拟仿真资源建设与课程建设有机结合,有效促进了个性化、泛在自主学习。

学院通过安全技术与管理职业教育示范性虚拟仿真实训基地的建设,推动了教育教学改革的全面发展,建设升级国家级精品资源共享课 1 门,省级教学资源库 2 个,福建省精品在线开放课程 9 门;基地支撑职业技能竞赛 2 项:"矿井灾害应急救援技术" 和 "大气环境监测与治理技术"。

基地通过整合升级现有资源、校企协同共享一批资源、引入一批行业优质资源、建设一批可扩展资源,构建具有感知性、沉浸性、交互性、构想性、智能性的 "虚拟工厂"。截至 2021 年已建成的 6 个虚拟仿真实训项目如表 2-5 所示,具体建设情况如图 2-19、图 2-20 所示。

表 2-5　2021 年已建成虚拟仿真实训项目情况

序号	项目名称	实训资源类型	共享情况
1	安全情境仿真实训基地	头盔式 VR 资源	可以用于专业群共享及公益安全基础技能训练
2	交通安全环保虚拟仿真+职业启蒙与公益教育实训基地	网络端、机房端、智能端 3D 虚拟仿真	可以用于专业群共享、公益安全基础技能训练、企业培训及职教联盟内院校共享

序号	项目名称	实训资源类型	共享情况
3	公共安全产教融合实训室	虚实结合虚拟仿真	可以用于专业群共享、公益安全基础技能训练及培训
4	绿色智慧交通产教融合实训基地（一期）	虚实结合虚拟仿真	可以用于专业群共享及培训
5	专业群虚拟仿真实训室建设（一期）	硬件平台	基本为虚拟仿真硬件
6	电气安全实训室建设项目——电气防爆虚拟仿真实训系统	网络端 3D 虚拟仿真	可以用于专业群共享、培训及职教联盟内院校共享

图 2-19 架桥机安全监测及隐患排查虚实结合仿真实训室

图 2-20 电气防火防爆仿真实训场景

（二）航海技术专业群虚拟仿真项目建设

1. 先进舰船模拟器综合训练馆

基地通过设备升级和购置,建设一套符合IMO、国家海事局最新规定及国际、国内模拟器最新标准的,具有示范意义的"先进舰船模拟器综合训练馆"项目,解决航海真实环境模拟实训需求,实现"虚实训教""将船舶搬到学校,课堂搬到船上"的理实一体化教学,适应IMO示范课程及国家海事局船员适任评估考试改革需要,以及航海培训扩班和船长、大副培训需求;满足社会船员(包括船长、大副、二/三副,以及值班水手)船上专业实训、考证和培训,以及为其他学生及社会相关人员(如港口和航道安全调度与值班)提供职业培训和职业技能等级考核需要,还有海洋文化科普活动等。图2-21所示场景为引航站高级引航员开展模拟实船操纵教学。

图 2-21　引航站高级引航员开展模拟实船操纵教学

2. 船舶智能制造科技舱

船舶智能制造科技舱以船舶智能制造流程为基础,对场地进行区域划分设计,综合考虑人员行走、物流模拟、信息展示、实训教学布置等要求,将场地分为预处理切割加工车间、组立智能车间、分段智能车间、管子智能车间、涂装车间、分段总组建造、船坞、下水等几大模块;从船厂智能制造整体运行情况出发,构建船厂全流程智能制造中间产品缩比模型,利用实物模型、虚拟现实、智能数据驱动等手段全面展示船厂智能制造在工艺流、物流和信息流3方面的场地规划、工艺要求和技术要求等内容;充分考虑教学要点及要求,将教学实训点与平台相结合,实现综合展示及教学。船舶智能制造科技舱包括2套虚拟仿真实训系统。

（三）辐射专业群虚拟仿真项目建设

1. 土木学院虚拟仿真项目

虚实结合的现代智能测绘地理信息技术虚拟仿真实训中心将现代测绘信息技术融入实

践教学,扩展实践教学时间和空间,提升实践教学的质量和水平。中心涵盖测绘地信主要业务与功能的两个实验实训中心,占地超过 300 m²,工位数 55 个,增设无人机驾驶实训、无人机倾斜摄影航拍实训、无人机三维建模仿真实训、DLG 出图、三维激光扫描仪测量实训、三维扫描桥隧监测、路面平整度检测、应急管理、公路施工安全管理、建筑项目安全管理等实训项目,打造一个高水平的以教学、科研、生产培训为一体的技术技能人才培养平台。

2. 经济与管理学院虚拟仿真项目

现代智慧物流应用技术中心面积为 800 m²,包括教学与仿真实训区、料箱到人密集库拣选区、AGV 货到人系统区、落地式拣选机器人区、快递技能竞赛与快递 1+X 实训区以及快递标准网点的生产性实训区。现代智慧物流应用技术中心是集"先进性、示范性、适用性、生产性、展示性"于一体的综合性技术中心,是满足实训教学、技能竞赛、社会培训与服务、1+X 技能鉴定、科技研发与技术服务、"双师型"教师培训等"六位一体"的综合型、共享型、开放型的应用技术技能平台。

3. 通用航空产业学院虚拟仿真项目

航空公司运控综合实训室用于通用航空航务技术专业签派程序与方法、航空气象学、航行情报服务与航图、飞行计划与装载配平、航务综合实训等课程实践教学,满足民航 CCAR121/CCAR65 飞行签派员执照培训及考证 800 h 学习经历的结业证书要求,建成后作为航空专业群航务保障基本技能实训基地。

三、应用情况

(一) 有效运用虚拟仿真基地,激发人才培养的活力

基地服务于新时代复合型技术技能人才培养,建设顺应了国家职业教育改革的潮流,经过建设与运行,与企业合作开发了系列与交通行业转型升级需求相对应的虚拟仿真资源,建设多门融合体验、学习、实训、考核于一体的课程,开发多个虚拟仿真场景。

(二) 基地开展社会服务、培训,推动校企、政校深度融合

1. 与企业、院校共建共享,优势互补

基地在服务人才培养的同时,跨院校及校企共建实训基地联合体,建立共建共享机制,实现地域和资源的优势互补,保证优质虚拟仿真实训资源的开放共享和持续应用,提高其利用率和应用效益,其中服务联合建设单位 20 家,服务福建水利电力职业技术学院、湄洲湾职业技术学院、漳州职业技术学院等相关院校 5 家。同时,基地为国家能源集团福建公司开展培训技术服务 1 项。

2. 服务于公益培训及企业员工、从业人员培训

基地对接行业、企业,开发对外培训课程、开展各类培训工作,并将优质虚拟仿真实训资源辐射共享,持续用于安全培训。截至 2021 年虚拟仿真实训基地开展公益培训共计 2 783 人次,职业启蒙教育共计 445 人次,交通运输从业人员安全素质教育培训共计 4 013 人次。

（三）虚拟仿真支撑技能竞赛项目的开发

虚拟仿真实训基地的资源及软件，支撑了福建省职业院校技能大赛"虚拟现实（VR）设计与制作"赛项和全国职业院校技能大赛"虚拟现实（VR）设计与制作"赛项的承办工作。

四、特色与亮点

（一）虚实结合，有效解决"三高三难"痛点

充分利用虚拟现实新技术和企业真实场景，遵循实践教学的规律，开发的虚拟仿真资源涵盖突发事件系列、安全技术系列、安全管理系列、应急救援系列等各种类型，同时，配置头盔、VR眼镜、展示大屏等相应的虚拟仿真硬件实训设备，构建具有感知性、沉浸性、交互性、构想性、智能性的虚拟仿真实训教学场所，形成专业虚拟仿真、公共安全虚拟仿真和体验式虚拟仿真于一体的虚拟仿真实训基地。基地资源应用在实训教学中，有效解决了建筑施工场景、化工生产场景、应急救援场景等教学过程中的"三高三难"问题。

（二）多维服务供给，提升服务受众面

建成的虚拟仿真基地，通过公益培训、企业从业人员培训、职业启蒙等多维服务供给，提升虚拟仿真平台的服务受众面和覆盖面，形成师生、行业企业互动交流学习的平台，推动安全技术与管理专业群复合型人才的培养，服务行业企业新技术、新标准、新设备、新业态等安全培训及安全技能的提升，推动中小学职业启蒙教育及公民公共安全技能提升。

（三）育训结合，推动教学改革创新

学院根据实训教学、职业培训的特点，开发并有效运用虚拟仿真实训教学资源，进行人才培养方案的优化、课程标准和评价标准的优化，及课程实训环节的模块化设计，产出一批教学改革创新成果。学院教学团队获国家级第二批教师教学创新团队立项，建设升级国家级精品在线开放课程1门，立项建设省级精品在线开放课程8门；近三年教师团队参加福建省教师教学能力比赛获省级一等奖1项、二等奖2项，教师参加全国计算机程序员（建筑3D可视化）获一等奖1项；学生参加全国职业院校技能大赛虚拟现实（VR）设计与制作赛项获一等奖1项、二等奖1项，参加福建省职业院校技能大赛虚拟现实（VR）设计与制作赛项获一等奖4项。

（四）促科研，强化技术服务能力

基地依托大型航海（仿真）模拟器实训室，充分发挥航海技术专业群技术技能平台优势，为港口、航道、桥梁和码头通航安全评估提供重要试验数据。航海技术专业群2021年度为福建省港口集团、中国三峡新能源公司等企事业单位提供福建沿海航路海上风电场规划、湄洲湾东吴港区罗屿港9号泊位（40万吨级超大型泊位）通航安全评估等横向技术服务17项，

技术服务合同金额 520 万元,通航评估及模拟试验规模居福建省同类项目高校、科研院所首位,拉动经济产值近亿元。

2021 年基地与福建海事局联合成立福建海域交通流分析研究中心、海上事故调查技术中心,使用船舶操纵模拟器、通导设备为海事局福建辖区海域使用规划、交通流管控、海上事故还原分析等领域提供技术支持,同时为平安海洋工程提供智力支持,获得业界高度赞誉。

14 工厂数字化虚拟仿真实训基地

江西制造职业技术学院

一、基地建设概况

江西制造职业技术学院工厂数字化虚拟仿真实训基地秉承"一平台三中心"的建设理念,配合智能制造技术协同创新中心(智能制造示范生产线),建设专业虚拟仿真中心与VR中心,目前已完成1080万元的建设投入,建成了智能制造技术实训中心、智能制造协同创新中心和公共实训中心,其中智能制造协同创新中心是教育部产教融合促进计划项目,也是教育部认定的国家级智能制造技术协同创新中心。基地实现了以生产定制相框为产品的全自动化生产线,包含生产线的全虚拟仿真联动,利用虚拟仿真技术对制造环节从工厂规划、建设到运行等不同环节进行模拟、分析、评估、验证和优化,指导工厂的规划和现场改善。结合工厂数字化虚拟仿真实训基地,学院实施了专业实践课程教学模式改革,以虚助实,虚实结合,提高了课程教学质量。

二、建设具体情况

(一)智能制造协同创新中心建设

智能制造协同创新中心以工厂数字化示范生产线为主线,建设智能化加工生产线,包括产品加工单元、装配单元、入库出库单元等,实现产品生产全流程的智能化。学院根据智能制造生产线梳理涉及的相关课程进行相应的教学实训,开展认识实习、跟岗实习、顶岗实习等,解决了实习中"三高三难"的痛点和难点问题,开发虚拟仿真实训资源,并将虚拟仿真模型设备彼此映射,实现"虚拟的也是真实的,所见即所得,仿真与实际相统一"的资源建设。学院正在对所有的资源进行整理,部分资源已对学生开放使用。

(二)智能制造技术实训中心建设

1. 工业机器人一体化教学创新平台

工业机器人一体化教学创新平台已建设完成,包含快换工具模块、旋转供料模块、伺服变位模块、井式供料模块、码垛模块、涂胶模块、雕刻模块、焊接轨迹模块、原料仓储模块、打磨抛光模块、快换底座、样件套装、RFID智能模块等,通过平台可以对工业机器人单元进行参数设定;能够对工业机器人及常用外围设备进行联结和控制;能够按照实际需求编写工业机器人单元应用程序;能按照实际工作站搭建对应的仿真环境,对典型工业机器人单元进行离线编程,在相关工作岗位从事工业机器人系统操作编程、自动化系统设计、工业机器人单元离线编程及仿真、工业机器人单元运维、工业机器人测试等工作。

2. 多自由度运动控制应用平台

多自由度运动控制应用平台采用了固高科技"1+X 职业技能等级标准——运动控制系统开发与应用"的推荐使用设备,适用于高职院校的职业技能培训。平台以固高运动控制卡为核心,设计了涵盖运动控制开发过程的多种综合实验,能够满足数控装备、机电一体化装备等制造类企业的设计、运行维护、编程二次开发、技术支持以及售前等岗位的职业技能训练要求,培养的学生面向自动化设备和生产线的制造、机器人本体制造、数控装备制造、各类机电一体化装备制造等企业的设计、操作编程、安装调试、运行维护、技术支持以及营销与服务等岗位。

3. 机电一体化基础实训平台

机电一体化基础实训平台主要由 6 轴机器人、工业视觉相机、AGV 移动机器人、7 轴协作机器人、PLC 控制单元、触摸屏、机器人快换夹具等组成,主要功能为完成各种任务模块产品的传输、识别、装配、检测与入库任务。整体设备使用智能连接器连接移动输送系统与 PLC 主控,可以通过无线方式实现数据交换。所有控制系统采用模块化集成,模块外部具有拓展接口以及触摸屏、视觉系统、伺服系统等控制系统,采用了网络化智能系统进行通信、网络连接等。

4. 工业机器人激光焊接工作站

工业机器人激光焊接工作站由高功率光纤激光器模块、激光加工头模块、冷却功能模块、6 轴工业机器人和辅助装调配套组成,包括整机加工实训部分、模拟仿真部分两个模块,涵盖从基础理论知识的学习到实训加工操作,最后到专业技能考核各阶段内容。工作站开发了"1+X 激光加工技术应用职业技能等级证书考务平台"系统,满足了对应证书等级的实操考核项目和仿真考核项目的训练及考核功能;开发了逼真的三维环境、动态旋转、缩放、移动等实时交互操作方式,满足了课堂教学、实物训练和考核等环节的设置。仿真教学模拟软件还可以设置自动讲解模式和自主学习模拟两种方式,以及可设置教师和学员分开的管理系统。

5. 工业机器人拆装工作站

工业机器人拆装工作站,以工业机器人本体及其控制系统最常见的维护维修操作为核心,通过对典型故障的诊断和排除,按照规范步骤完成对工业机器人本体的拆装过程,根据图纸要求搭建控制系统并接线,使学生深入了解工业机器人的构成形式和运动方式,掌握基础维护维修技能。工作站还配套了相应拆装工具及软件,让学生可以在教学环境中充分体验高精度机电设备的生产工艺要求,掌握维护维修技能。

(三)公共实训中心建设(虚拟仿真体验中心)

公共实训中心采用桌面式 VR 一体机,以"创新专业实训、技能人才培养"为主要目的,用于实现理论与实物结合的认知探索阶段学习。中心依托学校各院系专业，进行教学与实践资源的开发与应用，丰富了学校教师的 VR 教学资源；通过交互性操作、虚拟场景与现实环境的结合，改变了传统课堂教学模式，解决了教学无实感、教学效果差等问题。其软件资源能满足多专业的 VR 教学和实训需求。教学和实训所有的 VR 教学模型均是模拟真实物体进行建模的，在保证教学效果的前提下，既极大地节省了成本，又可规避某些真实实训或操作带来的各种危险。

（四）人才培养方案的修订

学院认真梳理了机电一体化技术、工业机器人技术等 8 个专业的人才培养方案，把工厂数字化虚拟仿真实训基地的应用融入人才培养方案中，主要体现在实践性教学环节——构建虚实一体的实训教学体系。虚拟仿真实训教学有助于学生理解实训内容，并在一定程度上提高学生的动手能力，加强情感交流。该体系主要从以下 3 个方面进行构建。

1. 确立机电一体化技术专业课程体系

围绕机电一体化技术专业就业的主岗位，学院调研企业，征集主岗位的具体工作任务，在调研、分析的基础上，归纳典型工作任务，根据典型工作任务要求，建设"理实一体化、虚拟实训与非虚拟实训两者有机结合"的课程体系，不断提高教学质量。

2. 构建本专业基础实训课程模块

充分利用虚拟实训的优势，将虚拟实训与非虚拟实训两者有机结合，可以实现教学过程的优化。学院依据机电一体化技术专业典型工作任务和专业课程与能力发展阶段对应关系，将相应的实践教学模块进一步细化，建立基础实训课程模块。

3. 构建本专业综合实训课程模块

学院还根据专业建设需要构建基于虚拟实训的综合实训课程模块。

三、应用情况

基地主要围绕机电一体化技术、工业机器人技术等 8 个专业构建了虚实一体的实训教学体系，服务学生共 3 000 余人，开展了相关课程的实验实训项目、毕业实习、生产实习等。

工厂数字化虚拟仿真实训基地还面向南昌部分高校，以及高职院校、中职部分具有工业机器人专业的院校共享了虚拟仿真实训资源，主要有智能制造技术与系统集成虚拟仿真实训、工业机器人应用系统建模、工业机器人离线编程与仿真；同时还对宁波金田铜业集团有限公司、江西绿萌科技控股有限公司共享了智能制造技术与系统集成、自动化生产线技术虚拟仿真资源；将电气控制与 PLC 综合实训、电气安装与调试实训、自动化生产线技术虚拟仿真实训课程进行开放。

基地举办了一场智能制造生产线虚拟仿真应用培训，开设了绿萌现代学徒制班（45 人）、金田订单班（39 人），共培训 480 学时，培训人数 120 人。

四、特色与亮点

智能制造加工装配生产线是可以实现原料的加工,产品的组装、运输、包装等功能高度自动化实现的非标定制产线。该产线用来自动化生产定制相框,产线数据交换由 MES 和下位逻辑控制组成,集成西门子 PS 和 TC 仿真建模软件,能够支持产线整体进行虚拟仿真。产线具备高集成度、设备种类多等特征,能够支持多类实训教学。

(一) 实践环境仿真度高

虚拟仿真技术主要由计算机根据实际现场生成实时动态三维立体模型,具有实际物理属性功能,利用仿真软件、三维模型和编程控制器模拟企业生产线实际的加工生产过程,把企业生产中危险系数比较大的业务和不适合大规模现场教学的实训,引入到实验室,师生通过仿真教学和模拟训练完成理论与实践训练。在虚拟仿真实验实训中,学生可以根据系统模块,在情景模拟中重设模拟环境,对实验或实训内容进行探究,同时不必考虑现场实际环境中意外情况,提升了教学质量与效率,调动了学生参与实训的积极性和学习动力,激发了学生的创新意识培养,使其创新能力和实践能力得到有效提升。

(二) 节省实践教学成本

虚拟仿真环境能够避免一些基础性实训中学生频繁操作而损坏贵重仪器或者装备等问题。虚拟仿真技术的应用,可以加深学生对自动化产线设备的理解和应用,可以根据需要对设备模型重新建模,维护成本低。

15 建设工程全生命周期虚拟仿真实训基地

山东城市建设职业学院

一、基地建设概况

山东城市建设职业学院以立德树人为根本,以促进学生全面发展为目标,对接工程建设行业的人才需求,联合区域内的企业、院校,通过校企合作、院校协同,按照产业链逻辑、人才培养逻辑、工序工艺逻辑、生产流程逻辑,共同开发从工程建设规划、设计、施工与管理到竣工交付和后期运维的虚拟仿真实训资源,建设集教学、实训、培训、科研、竞赛、科普等功能于一体的建设工程全生命周期虚拟仿真实训基地。基地集成虚拟现实、5G、物联网、BIM 等新一代信息技术,改造原有实训室和新建实训室,建成虚拟仿真体验中心、专业虚拟仿真实训中心和虚拟仿真研创中心。

二、建设具体情况

(一)虚拟仿真实训环境建设

学院完成了装配式建筑示范性大型智能(仿真)实训基地和康养宜居环境设计实训基地建设,调整了实验实训室,为新建实验实训室提供场地保障;新建虚拟仿真实训中心、智能建造技术专业综合实训室等;新建中韩智慧教室 1 个,满足中外合作班级教学需要;新建智慧建造科技研究中心,满足建筑装饰工程技术等专业虚拟仿真教学;与企业合作共建智能装备(盾构机)实训室,助力城轨类专业实训教学,面向社会开展技能培训;校企共建"山东城建学院易居房产营销共享中心""房地产慧科虚拟现实实训室"两个产教融合型实习实训基地,满足房地产专业虚拟仿真教学;完成智慧造价全过程咨询中心、地下与隧道专业综合实训室、给水污水处理工艺设备实训室、大气污染处理模拟实训室等专业实训室的建设;开辟资金渠道,整合场地资源,建设众创空间,划分南北两区共 17 个板块,分别用于开办双创讲座、创客沙龙、学术研讨、初创项目路演,以及校园初创项目孵化、校园初创企业办公、项目诊断、项目研讨等双创相关活动。

（二）虚拟仿真实训资源建设

1. 工程识图虚拟仿真资源

OVS 工程识图网络虚拟仿真实训中心基于"互联网+虚拟仿真教学"技术,结合工程施工图识读工作过程思路进行教学系统的开发,即把现代网络技术和虚拟仿真技术有机结合应用于施工图识读类课程的教学,打造一个教师和学生可以实时在线的、随时随地不受地域和时间限制的教学平台。该系统包含"建筑施工图识读""房屋构造""结构施工图钢筋平法识图"三大仿真实训模块、一批结合工程实际案例的教学资源以及可实时在线进行教学考评和信息管理的平台。

2. 智慧城市和数字孪生校园虚拟仿真资源

城乡规划专业借助虚拟仿真软件,将设计课程和毕业设计作品,通过建模、VR 漫游,虚拟仿真再现设计方案,学生可以体验设计效果,进而改进方案,提高了学习兴趣,提升了规划设计水平。智慧城市管理技术专业与企业合作,研究数字孪生城市之数字孪生校园数字模型制作,通过虚拟仿真技术,实现校园空间 1∶1 实景复原。

3. 房地产营销虚拟仿真资源

通过 VR/AR 技术,教师在房地产专业营销课程中与学生进行互动教学,使学生掌握先进销售模式和样板房宣传资料的制作方法。

4. 智慧造价全过程咨询虚实结合仿真资源

基地将企业工作模式搬进校园,建设智慧造价全过程咨询实训室,基于 BIM 和大数据技术,开发建设项目投资决策、勘察设计、招投标、施工和竣工验收 5 个阶段的虚实结合的智慧造价管控平台系统,如图 2-22 所示。教师利用平台,按照建设项目各阶段的要求布置任务,以任务为驱动,促使学生高质量完成课程学习和实训。

图 2-22　虚实结合的智慧造价管控平台系统

5. 智能建造虚拟仿真实训资源

基地依托智慧建造研究中心,将信息技术和实训设施深度融合,建设以实带虚、以虚助实、虚实结合的实训资源,开发机器人实操平台,集成 BIM、智慧工地、VR/AR/MR、装配式、人工智能等先进技术,整合先进设备,建成集实训教学、备赛备考、培训考证、教研科研、社会服务、校企合作等功能于一体的虚拟仿真实训资源。

6. 园林虚拟仿真实训资源

园林虚拟仿真实训资源主要包括园林景观虚拟仿真空间设计和设计方案落地全流程展示。园林虚拟仿真空间设计通过园林虚拟方案智慧交互系统(见图 2-23),借助配套实训资源库,进行基于工作情景的项目化教学实训。设计方案全流程展示,主要通过 AR 智慧桌面、展示屏幕,进行设计成果的查看、比对和优化(见图 2-24)。

图 2-23　园林虚拟方案智慧交互系统　　　　图 2-24　设计方案展示

7. 供热系统虚拟仿真资源

供热系统的实践教学具有"高投入、高损耗、高风险,难实施、难观摩、难再现"的特点,利用虚拟仿真技术开发的室内采暖系统、集中供热管网与换热站、锅炉房设备等课程资源,使学生能在线完成室内采暖系统、外网系统、换热站、锅炉、仪器仪表的安装调试、设备运行维护检测等操作,了解供热系统的工作状态,提高学生对供热系统设备的分析判断能力,满足实训教学、实际工程训练和职业技能竞赛的需求。

8. 智能装备(盾构机)虚拟仿真资源

基地建设虚实结合的智能装备(盾构机)实训室,基于 U3D 引擎平台,融合 VR/AR 等虚拟现实技术,开发盾构虚拟仿真项目。项目由四部分组成:盾构机构造基础教学、盾构机虚拟实操练习与实操考核、盾构机保养维护教学、盾构机在施工过程中遇到的相关问题教学,利用虚拟现实设备让学生进行沉浸式体验和实训。

9. 鲁班文化虚拟仿真资源

学院鲁班广场、溯源广场、映秀湖、图书馆、党校、广厦艺术中心等是传播红色文化、鲁班文化和传统文化的场所,基地利用移动互联网技术、虚拟现实技术等,将校园实景和学院主持的国家资源库"儒家文化和鲁班工匠精神传承与创新"项目完美结合,通过扫描二维码在线观看、学习,使学生体验传统文化和鲁班文化的博大精深。

10. 1+X(BIM)智能考评系统

基地依托"政府债券"重点项目,完成"1+X(BIM)智能考评系统"的项目建设,通过验收并投入使用。

(三) 虚拟仿真实训基地项目团队建设

基地组建了智能建造技术国家级教育教学创新团队,成立了虚拟仿真实训基地建设工作领导小组和推进办公室,依托鲁班讲堂成功组织举办线上线下讲座 3 次、中青年骨干教师"三教"改革论坛 2 期;完成了"BIM 及污水处理 1+X 证书"等师资培训;按照"124N"智慧校园信息化框架要求,组织了 11 期师生智慧校园培训活动。

三、应用情况

学院各专业均不同程度建设了与专业实训室相匹配的专业虚拟仿真系统,实现了专业教学、学生自学、行业培训、科学研究、资源开发等功能。专业虚拟仿真系统很好地满足了专业理实一体化教学、学生自学自练等环节;承担了企业员工培训、技能考核等工作;作为平台承担了课题研究、实习试验等任务;专业教师通过仿真系统开发微课、编写教材等教学资源,实现了虚拟仿真系统功能释放。

(一) 推进专业建设

学院"智能建造技术专业群"获省高水平专业群立项;申报智能建造技术专业、装配式建筑技术专业、数字媒体艺术与设计等专业并招生。

(二) 满足理论、实践教学及考试需求

1. 开展教学

基地利用展示区、体验区及仿真软件等辅助理论教学,利用仿真实训室及仿真设备,开展测量、化学实验,砌筑、抹灰、钢筋、BIM、工程检测等实训课程教学,为课程提供设备、场地和技术指导等保障性工作,共完成了 8 719 课时的实验实训教学保障任务。

以水厂工艺运行实训室使用为例:环境监测技术、环境工程技术专业核心课程"水污染控制技术"利用水处理工艺实训仿真软件模拟真实的给水处理厂、污水处理厂的功能,训练学生对污水处理 AAO 工艺、SBR 工艺、过滤装置、混凝设备的使用操作。

2. 开展实习实训

给排水工程技术专业利用给排水工程虚拟仿真实训室开展 2020 级给排水专业认识实习,认识给水厂工艺流程操作和污水厂工艺流程操作;完成 2019 级给排水专业毕业实训及给水厂、污水厂工艺流程虚拟仿真操作实训等实训项目。

古建筑工程技术专业利用古建筑数字保护实训基地,校企联合指导毕业设计实施"曲阜三孔建筑数字化保护项目";探索了 Revit 平台下古建筑各个构件的建模思路,利用 BIM 技术,结合古建筑建模逻辑,建构清官式基础构件库,实现古建筑修缮施工的全生命周期管理。

3. 开展 1+X 培训

学院利用智慧造价全过程咨询实训室、水厂工艺运行实训室、虚拟仿真实训中心、智能

建造技术专业综合实训室分别开展数字化造价、污水处理、数字创意建模、BIM 等 1+X 职业技能等级证书的培训、模拟测试及考证工作。

4. 开展社会服务

学院承担中国石油、港华集团等多家企业员工培训、技能考核等工作；完成淄博桓台万泉水厂员工培训，培训内容为针对给水厂工艺流程进行虚拟仿真操作实训。

（三）助力大赛承办及参赛

1. 成功承办国赛、省赛、行业赛

学院承办了全国职业院校技能大赛和山东省职业院校技能大赛"建筑装饰技术应用"赛项和"花艺"赛项；承办了"技能兴鲁"山东省行业 BIM 技能大赛、中国建设教育协会主办的"品茗杯"全国高校 BIM 毕业设计大赛、山东省工业与信息化厅主办的"壹策杯"建筑信息模型（BIM）应用赛项（院校组）等行业比赛；承办了全省市政工程测量职业技能竞赛；承办了山东省—中东欧国际大学生建筑方案设计大赛。

2. 组织师生参加各级各类大赛并取得优异成绩

学院借助虚拟仿真实训基地建设，切实落实课赛融通，通过参加技能竞赛，进一步提高技术技能水平。2021 年度，学院共获得国赛一等奖 2 项，省赛一等奖 2 项，三等奖 3 项，国家级行业协会技能竞赛奖项 128 项，获奖的级别和数量较上年都有大幅提高。

3. 应用推广

基地装配式实验实训室、创艺工坊、智慧建造科技研究中心等虚拟仿真实训室除满足教学需要外，先后接待青海省人大、山东省政协、黑龙江省教育厅、云南省教育厅、深圳市教育局、西藏职业院校、新疆职业院校和山东省住建厅等单位的参观考察，2021 年度基地共接待参观考察 126 次。

四、特色与亮点

（1）基地将虚拟仿真的实训环境与真实工作场景相结合，实训水平发生了重大变化，为转变人才培养模式、提高教育质量和提升学生职业技能奠定了基础。

（2）基地立足行业、面向全省，既充分满足教学和实训的需求，又在设计和开发阶段考虑社会服务的功能，为下一步面向全省建设行业开展社会培训打下良好的构架和资源基础。

（3）基地强化网络安全管控，获得省教育厅网络安全攻防演练活动最佳防守团队。

16　测绘地理信息虚拟仿真实训基地

黄河水利职业技术学院

一、基地建设概况

黄河水利职业技术学院测绘地理信息虚拟仿真实训基地依托虚拟现实和人工智能等新一代信息技术,将信息技术和实训设施深度融合,构建黄河精品在线学习云平台、教师发展中心、学生发展中心、课程发展中心基础架构体系,依托"一中心三中台——超算中心、统一身份认证中台、虚拟仿真中台、数据中台"虚拟仿真实训基地信息化支撑体系,打造测绘地理信息行业特色鲜明的信息化、智能化、共享化"一平台四中心——虚拟仿真实训教学管理及资源共享平台、专业虚拟仿真实训中心、公共虚拟仿真实训中心、虚拟仿真体验中心和虚拟仿真研创中心"虚拟仿真实训基地,推进中国特色高水平高职学校和专业群建设,践行"引领改革、支撑发展、中国特色、世界水平"的发展目标。

二、建设具体情况

(一)总体架构

学院依据项目总体建设思路和建设目标,运用 WebGL、VR/AR、大数据、云计算等新技术,设计测绘地理信息虚拟仿真实训基地平台建设总体框架,具体表现为:用户层、应用层、数据层、基础设施层 4 个层次的建设内容。基地平台建设总体框架如图 2-25 所示。

(二)环境与资源建设

测绘地理信息虚拟仿真实训中心建立了"一中心三中台——超算中心、统一身份认证中台、虚拟仿真中台、数据中台"虚拟仿真实训基地,搭建起具有统一认证、用户管理、权限管理、消息管理、服务总线、搜索引擎、工作流、智能分析、安全构件的信息化、智能化、共享化的支撑体系,保障平台的健壮性、安全性、维护性、可扩展性,为项目提供数字平台。

平台建设期,学院联合广州南方测绘科技股份有限公司、福建金创利信息科技发展股份有限公司等,校企联合,共同开发三维虚拟仿真教学资源,已建设 95 门课程,其中含有虚拟仿真实训资源的课程数 49 门,占比 51.58%,为用户提供"能实不虚、虚实结合、沉浸式学习"的教学场景,提升学生学习兴趣,满足"理、实、研、创"的教学需求,助力教师变革教学模式。

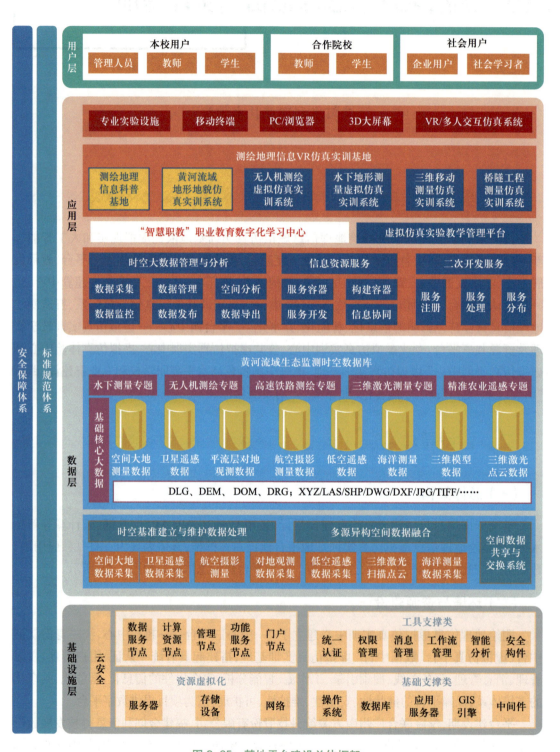

图 2-25 基地平台建设总体框架

1. 专业虚拟仿真实训中心

（1）无人机测绘虚拟仿真资源。中心建设无人机设备认知实验、无人机航线规划仿真、无人机高分辨率对地观测、无人机摄影测量仿真等实训资源。

（2）三维移动测量虚拟仿真资源。中心建设激光扫描仪认知仿真、架站式激光扫描仪操作仿真、车载移动激光雷达数据获取仿真、激光扫描数据的融合处理与建模等实训资源。

（3）数字测图虚拟仿真资源。中心建设全站仪、RTK等测量仪器设备仿真资源，由仪器架设、碎部点采集、图根点采集、坐标数据输出的测量全过程的数字测图虚拟仿真资源，如图2-26所示。

图 2-26　数字测图虚拟仿真资源

（4）水下测量虚拟仿真资源。中心建设水下测量仪器仿真、多波束测深仿真、侧扫声呐仿真、测深数据处理仿真等实训资源。

（5）不动产测绘虚拟仿真资源。中心建设不动产基础测量、不动产控制测量、不动产数字化测图、不动产测绘等实训资源。

（6）高精地图制作虚拟仿真资源。中心建设模拟车载三维激光扫描采集高精度地图原始数据实训资源、高精度虚拟场景实训资源。

（7）桥隧工程测量虚拟仿真资源。中心建设桥隧工程测量、桥隧工程施工监测、桥隧工程变形监测、模拟桥隧工程测量等虚拟仿真场景资源。

（8）智能监测虚拟仿真资源。中心建设建筑物监测虚拟仿真实验资源、高速铁路监测虚拟仿真实验资源。

2. 公共虚拟仿真实训中心

（1）数字博物馆。2021年学院启动数字博物馆建设，打造特色数字沙盘，力图通过数字科技手段，集文化展示、资源检索、生活美学、国学教育、电子资源阅读、互动体验等于一体，将科技、文化、教育、专业及社会服务有机结合，拓展人才培养模式和途径，满足研发、建模、验证、数字孪生等项目需求，实现多元化人才培养提升的需求。

（2）创新创业实践线上模拟系统。创新创业实训室课程应用先进的虚拟仿真技术，在"创新创业虚拟平台"上开展"体验式"的仿真训练，为学生提供一个可以根据自己的创业需要有针对性学习和训练的环境，成为继传统教学和案例教学之后的一种全新的教学模式。

通过调研,学院初步梳理明确了平台建设思路,围绕将理论学习与案例实践相结合,将实验考核与教学考核系统相结合,为高校创新创业事业提供公共、创业和创新三大类型服务。学院目前和相关企业进行洽谈,后续将进一步交流平台建设思路,尽快落实建设模块和参数,更好地推进理实一体化创新创业教育模式改革。

3. 虚拟仿真体验中心

(1)地图文化体验区。体验区规划包括地图的前世今生、生活中的地图、地图上的党史、现代地图,展示从远古时代的木版星象图、古代地理工作者绘制的黄河地图、秦墓中出土的地图复本等到现在的交通图、旅游图、行政区划图以及各类专用地图。

(2)北斗卫星导航体验区。体验区包括北斗卫星导航系统发展史,卫星轨道分布、定位原理,北斗创新应用等。

(3)珠峰测量体验区。体验区以珠峰地区高分影像数据、DEM数据为基础,建立珠峰三维模型场景,构建可交互的虚拟仿真实验,让学生参与虚拟环境中,进行珠峰测量 VR体验。

(4)典型水利枢纽体验区。以刘家峡、李家峡、万家寨、小浪底等为代表的典型的黄河流域水利枢纽体验区,展现了我国的"治黄"事业和成就。

(5)安全体验中心。安全体验中心包括全景三维灭火模拟体验、安全逃生绳体验、机械伤害体验、挤压伤害体验等主要建设内容20余项。

4. 虚拟仿真研创中心

(1)黄河流域地形地貌特征。中心基于三维场景,展示黄河流域地形特征,以及各种典型地貌信息,如:高原、山地、丘陵、平原,黄土地貌,河流阶地、河漫滩,地上河,三角洲湿地等,如图2-27所示。

图2-27　黄河流域地形地貌特征资源

(2)黄河流域的水利工程。中心基于三维场景,展示位于黄河上的主要水利工程,根据现实地质形态,对实景进行最大程度的还原拟真,建立高精度的水利工程虚拟现实模型,展示坝、堤、溢洪道、水闸、进水口、渠道等不同水利工程建筑物,实现三维水利工程建筑物与地质构造的统一可视化仿真。

(3)水利工程测量虚拟仿真。中心基于水利工程三维场景,采用虚拟仿真交互技术手段,实现对水利工程施工测量过程的仿真模拟。通过该系统,用户可以使用全站仪、水准仪等虚拟测量仪器,通过与三维场景的交互,完成水利工程区域控制测量、水工建筑物的放样观测等实验内容。

（4）典型河段的仿真、监测及孪生系统构建。以刘家峡、李家峡、万家寨、小浪底等为代表进行典型河段的仿真、监测及孪生系统构建。

三、应用情况

（一）仿真环境解难题,促教学,助赛创

测绘地理信息虚拟仿真实训基地已建和在建资源或项目,为实验实训教学升级提供了良好条件和优质的发展模式,有效地解决了教学过程中的高投入、高损耗、高风险及难实施、难观摩、难再现的“三高三难”问题,为进一步推动职业院校高质量发展提供了新的动力和契机。

学院积极推动仿真资源进大赛,全面贯彻“以赛促学、以赛促教、以赛促创”的人才培养理念。2021年,学院师生相继获全国职业院校技能大赛教学能力比赛三等奖2项、河南省高等职业教育教学能力大赛二等奖4项、河南省高等职业青年教师课堂教学创新大赛二等奖1项;获首届全国测绘地理信息职业院校大学生虚拟仿真测图大赛特等奖3项,河南省“互联网+”大学生创新创业大赛一等奖1项、二等奖3项、三等奖1项;获第九届中国TRIZ杯大学生创新方法大赛三等奖1项。

（二）资源建设质量高,辐射广,收效好

截至2021年年底,平台注册用户8 210人,资源总数3 671个,资源存储量365 GB,用户学习时长9 612 h;建设虚拟仿真实训项目总数316个,更新虚拟仿真实训项目数311个,资源更新率98.42%;课程总数95门,含有虚拟仿真实训资源的课程数49门,占比51.58%,其中含有虚实结合实训资源的课程数15门,占比30.61%;在校生参加实训总人时数607 837,在校生参加虚拟仿真实训总人时数480 465,占比79.05%;教师总数47人,参与开发虚拟仿真实训资源的教师数39人,占比82.98%;在校生云端虚拟仿真实训总人时数138 716,社会人员云端虚拟仿真实训总人时数73 788;学生参加省级及以上虚拟仿真类大赛获奖15项;出版校本教材总数6部,含有虚拟仿真实训资源的教材数4部,虚拟仿真实训教材占比66.67%;虚拟仿真实训课程使用总人数5 792人;参加各类培训的教师总人次503人次,参加虚拟仿真实训教学专题培训的教师人次204人次,占比40.56%;教师主持省级及以上虚拟仿真实训教学模式研究课题数5项,教师参加省级及以上虚拟仿真类大赛获奖19项;举办12场虚拟仿真实训教育研讨会、师资培训会,为河南测绘职业学院培训51人;社会人员参加培训总人时数88 008,虚拟仿真类总人时数88 008,占比100%;职业技能等级鉴定考试通过总人数240人,虚拟仿真实训服务职业技能等级鉴定考试通过人数199人,占比82.92%。数据显示,资源建设质量高,辐射面广,推广应用成效好。

项目自启动以来,在教学、实训、培训等方面发挥了巨大作用,特别是在疫情期间,解决了线上教学实验与实训环节无法开展的困境。通过向学生、教师和社会用户发送问卷调查统计得出,教师对虚拟仿真实训的满意度98.11%,学生对虚拟仿真实训的满意度92.62%,社会人员对虚拟仿真实训基地满意度98.39%,用户满意度高。

四、特色与亮点

(一)强化思政引领,推动仿真基地高水平建设

基地以党的十九大精神为指引,落实立德树人根本任务,推进新时期思想政治工作和测绘专业群建设;根据学校水利特色,融合水利文化和黄河文化,从平台建设、课程体系、教学内容、教学方法和教学模式等方面全面推进课程思政建设;彰显"寓道于教,寓德于教,寓教于乐"的核心目标,在传授学生课程知识的同时,帮助学生树立正确的世界观、人生观、价值观。

(二)整合先进技术,实现资源平台跨区域共享

基地建设坚持"科学规划、突出重点、提高效益、持续发展"理念,以共享优质教学资源为核心工作,建立互补互利的校内、校际、校企开放共享机制;通过整合现有技术,构建虚拟仿真实训教学管理平台,实现虚拟仿真资源的开放共享,用户可通过平台进行资源的交叉访问、检索、在线联系、在线操作、在线测试、自主创新、组合创新,实现了教学资源的最大化。

(三)创新教学手段,优化实训课程深层次改革

基地启动建设后,结合新技术应用,从整体优化角度开展课程体系优化及教学手段改革,实现了"课程体系→课程群→主干课程"的递阶控制,整体构建课程体系,全面实现育人目标。

17 护理虚拟仿真实训基地

湖北职业技术学院

一、基地建设概况

2021年度,湖北职业技术学院项目团队按照《建设指南》落实虚拟仿真实训环境建设、基地文化建设、护理虚拟仿真实训体系构建与资源建设、人才培养与教育教学改革、项目团队建设、基地管理与效能评价及技术平台打造与社会服务7个方面的建设任务,建成一批虚拟仿真教学资源,建立健全管理运行机制,形成一套较为完善的制度体系、标准体系、管理体系,发挥基地"产学研用"功能,深化教育教学改革,促进人才培养质量不断提高。

二、建设具体情况

(一)建成虚实结合教学场所,满足育训多重需求

目前,护理虚拟仿真实训基地建有虚拟学习中心、文化育人中心、创新应用中心和综合管理中心等功能区,兼顾教学、培训、研创、社会服务等功能于一体。

1. 虚拟学习中心

中心按照学生认知规律,划分为智慧教学区、互动体验区、沉浸式3D立体虚拟学习区、虚拟现实学习区及虚实结合学习区等场所。

(1)智慧教学区。该区开展医学基础虚拟仿真实训教学,配备交互智能平板、智能中控讲台、智慧课堂互动教学系统、智能笔、虚拟现实系统及医学基础VR教学软件,支持应用数据统计分析,便于组织教学和教学持续改进。

(2)互动体验区。该区提供观摩学习和社区教育,配备360°人体器官全息幻影成像系统(见图2-28)、互动竞答系统、交互触摸一体机及数字解剖教学软件等。

(3)沉浸式3D立体虚拟学习区。该区开展专业核心课程理实一体教学和虚拟仿真实训教学与考核,也可进行学术交流、师资培训、职业技能培训及1+X证书制度课程培训。学习区内安装32 m²弧形LED屏,配备沉浸式3D立体虚拟现实交互系统,配套基础护理、临床护理、妇产科护理、急救技术、老年照护等三维虚拟仿真实训软件,利用动作捕捉软件与3D交互软件进行交互教学,使教学更直观,让课堂更加生动,实现教学做一体、理虚实一

图 2-28　互动体验区人体器官全息幻影成像系统

体;配备移动式混合现实(MR)录播教学系统,积累与开发教学资源、教学大数据循证推进教学提升。

（4）虚拟现实学习区。该区开展专业核心课程理实一体教学和虚拟仿真实训教学,配备悬挂式虚拟现实系统和移动式虚拟现实系统,配套基础护理、临床护理、助产技术、急救技术、老年照护等 VR 虚拟实训软件。

（5）虚实结合学习区。本区配备基于虚拟与现实结合的智能化实训模拟人,配套基础护理、助产技术等虚实结合训练系统,发挥虚拟仿真、智能传感器技术优势,以动画形式实时虚拟呈现操作过程,实时反馈操作动作细节与质量,引导和评价学生操作,真正做到"虚实结合",直观展现操作过程与细节,让技能掌握更便捷、更牢固(见图 2-29)。

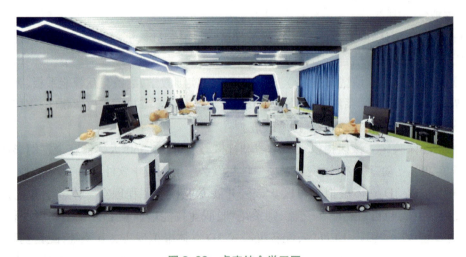

图 2-29　虚实结合学习区

2. 文化育人中心

中心展示信息技术在医学教育领域应用成果、信息技术催生医学技术变革、虚拟仿真设备操作规程、学校发展历程与思政文化建设成效、护理前辈的职业精神、专业建设成果、行业领军人物故事、抗疫先进人物事迹等,在潜移默化的影响下,提升学生对专业和职业的认同,打造特色校园文化环境;通过多种方式传递奉献、仁爱等职业精神,激励学生笃志博学,立志成为适应医护智慧化、健康管理智慧化、养老服务智慧化的高素质技术技能人才。

3. 创新应用中心

中心为合作开发虚拟仿真教学资源、企业培训专家进课堂、参观接待洽谈、校企线上线下对接交流提供了互动平台。

4. 综合管理中心

中心配套网络控制系统、监控控制系统、虚拟仿真软件服务器等软、硬件,建有虚拟仿真实训教学管理平台,是整个基地的运行管理控制中心。

(二)营造特色文化育人氛围,培育护理职业素养

基地结合护理专业特点,充分挖掘科学、仁爱、奉献、梦想、家国情怀等人文元素,以特色校园文化建设促进学生职业素养的养成,为学习标兵、创新创业标兵、师德先进个人等培养营造了"科技托举梦想、仁爱铸就医魂"的育人文化氛围,达成文化育人目标。

(三)构建虚拟仿真实训体系,携手开发实训资源

学院以护理专业人才培养目标为依据,以职业能力培养为核心,明晰实践教学目标,遵循认知规律和护理人才成长规律,按由简单到复杂组织实训内容,从基础到综合优化与开发实训项目,虚实结合优化实训方式,引导学生护理能力逐级提升,构建了5个模块、3个平台、递进式的实践教学体系(见图2-30)。

按照"能实不虚、以实带虚、以虚助实、虚实结合"原则,学院合理安排虚拟实训教学内容,科学分配实操与虚拟训练教学比重,有序开展虚拟实训项目52个,编制虚实结合实训指导与操作评分标准,优化课堂实训方式方法,提高了实践教学效果。

学院组建了由院校行企研人员构成的开发团队,融合多方资源,按照"整体规划、系统设计、分步实施、持续更新"原则,在引入虚拟实训软件的同时,与企业合作开发并拥有独立软件著作权的"新冠防护与隔离"虚拟实训软件2个;并以虚拟实训软件应用与开发为契机,建成配套新形态教材4部,新立项开发新形态教材12部,并立项实施现有教学资源可视化改造项目。

(四)完善专业人才培养方案,开展教育教学改革

项目团队优化了专业人才培养方案,重构了虚拟仿真实训教学体系,明确了切实可行的虚拟实训项目,设计了恰当的虚拟仿真实践教学活动,编制了配套的考核评价标准,更好地发挥实践教学的育人作用。

利用虚拟仿真实训基地系列建设成果,学院探索了"虚实一体、育训结合"实践教学模

图 2-30 实训教学课程体系

式改革。院系召开多层级的虚拟仿真实训教学改革研讨会,部署实施相关工作,不断推进虚拟仿真教学改革的深化;以教研室为单位开展集体备课,围绕实训项目开发、实训内容组织及实训方法运用进行研讨,分析影响项目实施与推进的重难点问题,根据"能实不虚、以实带虚、以虚助实、虚实结合"原则,确定了实训项目,设计与规范了虚拟仿真实训内容、教学活动与教学评价,为具体实施做好教学理念、教学方法与教学手段、教学管理的充分准备;安排合作企业(厦门立方幻境科技有限公司)进行应用培训,全体任课教师已熟练掌握相关软、硬件的使用方法与技巧。

2021 年 9 月始,学院在"3+2"专本联合班开展护理专业核心课程虚拟仿真实训试点运行,开展虚拟实训教学实践和多维度教学研究,不断优化教学模式,总结教学经验,构建虚拟仿真教学范式,进而在全院推广。

(五)优化师资结构加强培养,打造创新教学团队

学院成立了虚拟仿真实训教学指导委员会,聘请省内知名三级甲等综合医院及合作企业的 6 名行业与企业专家,与学校教育教学专家、护理专业带头人、骨干教师等组成 36 人混编项目团队,开展项目建设、应用与推广工作。2021 年度,学院选派 1 名教师参加教育部职业教育示范性虚拟仿真实训基地建设推进会;6 名教师参加合作企业举办的软件开发

培训;邀请合作企业技术人员到校参与虚拟仿真实训教学专题培训 2 期,参训专任教师 38 人,加深校企相互熟悉与了解,提升了团队教师虚拟仿真教学创新能力;安排 5 名专任教师在医疗机构顶岗 6 个月,提升了教师实训指导能力和技术技能发展与积累;开展教师教学能力比赛、说"虚拟仿真课堂"等活动,营造虚拟仿真教学应用氛围,调动教师开展虚实结合教学模式改革的积极性和主动性;2021 年度项目团队开展经验总结、交流和教学反思的集体教研活动 16 次。学院通过多措并举,打造了一支专兼结合的"双师型"教学创新团队。

(六)创新基地管理运行机制,保障项目有序进展

基地发挥以学校牵头的湖北护理职教集团的平台优势,成立职教集团虚拟仿真实训联盟理事会,建立政校行企研联合体,深化校企合作;建立基地建设多元投入机制,保证建设经费按计划投入、专款专用;建立虚拟仿真实训基地负责人制度,强化责任意识;建设护理虚拟仿真教学管理及资源共享平台,构建多元评价体系,完善管理运行制度、绩效考核办法、教学效果考核评价制度,定期进行绩效考核和多元诊断与持续改进;建立健全对接产业、动态调整、自我完善的基地建设和资源建设发展机制,保障基地真正实现开放共享及可持续发展。

(七)搭建教学管理开放平台,实现资源共建共享

学院利用全国数字校园样板校建设成果搭建的虚拟仿真管理与共享平台,对虚拟仿真实训基地进行整体管理,并逐步融入"国家教学资源库系统、国家 1+X 证书系统、国家学分银行系统—智慧校园系统—教务管理系统—实习实训管理系统—虚拟仿真实训教学管理及资源共享平台"宏观架构系统。目前平台已接入实习实训管理系统、教务管理系统,努力实现优质虚拟仿真实训资源共享,学生技能考评结果、学生所获课程学分的衔接、互认;同时利用平台的管理/分享系统,实现校内、校际、校企之间资源开放与共建共享。

三、应用情况

截至 2021 年 12 月 31 日,在校生虚拟仿真实训总人时数达 18 870,对外服务总人时数达 1 146,113 名教师参加虚拟仿真师资培训,75 名参与虚拟仿真基地建设。

(一)探索虚拟仿真教学模式改革

项目团队不断探索"虚实一体、育训结合"的实践教学模式改革,进一步优化了护理专业人才培养方案;有针对性地完善了虚拟仿真实训体系;制订了满足"育训结合"需求的人才培养实施方案和"虚实一体、育训结合"实践教学实施方案,构建了适应"虚实一体、育训结合"实践教学的多元教学评价标准和评价体系;组建校企专兼结合的混编"双师型"团队,开展多层面的教研活动,引导教师开展多维度虚拟仿真教学研究和教学实践,定期开展虚拟仿真专项培训、教学能力比赛及临床实践等活动,提升团队教师虚拟仿真教学创新能

力;开发与优化了与虚拟仿真相匹配的实训项目,细化了虚拟仿真实训目标,加强了虚拟仿真实训优化后的人才培养方案与职业培训方案对接,人才培养质量稳步提高。

(二)开展职业培训与社会服务

依托湖北护理职教集团平台,学院建立了政校行企研联合体,组建校企专兼结合的"双师型"团队;利用基地的开放共享平台,开展社区服务、1+X 老年照护与 1+X 母婴护理证书制度课程培训;总结教学研究成果,形成虚拟仿真教学范式,向医疗机构和兄弟院校推广,在推广单位的新员工入职培训、专业人员继续教育及技能培训等方面发挥了积极作用;面向推广单位持续提供免费的共享使用,提高资源利用率;持续推进该项目的建设和完善,提高应用水平。

(三)多方合作携手开发实训资源

校企专兼结合的混编开发团队,融合多方资源,按照"整体规划、系统设计、分步实施、持续更新"的原则,以新冠疫情防控为切入点,开发新冠防护与隔离虚拟实训软件。该软件融入了必备专业知识、技能,系统设计表现方式、实训的内容与方式,通过模拟复杂的实训过程以及临床现象,最大限度地调动了学生学习兴趣和学习主动性,提升了学生实操技能水平,达到了学生专业综合素质、单项能力以及基础技能提升的目标。

四、特色与亮点

(一)一站管理,科学决策

依托统一管理平台的应用集成、数据集成及业务集成能力,学院实现数据采集、处理与分析一体化,数据融合,数据可视化展现,持续挖掘教学数据价值,提供一站式数据服务,提升数据应用质量,支撑管理与决策。

(二)校企融合,开发资源

学院深化校企融合,开发虚拟仿真实训资源,保证虚拟仿真实训项目的针对性与专业性;通过行业—学校—虚拟仿真开发企业三位一体架构,发挥各方优势,用新思路、新机制、新模式开展创新再造,实现实训教学的生动性、趣味性、互动性和自主性,提高了实训教学效果;通过三位一体协作,把握专业发展方向、职业/岗位技能需求及教学新手段,行业/企业可获取一定的经济利益或储备人才,实现多方共赢。

(三)积分管理,增强活力

学院制订虚拟仿真基地建设工作积分管理办法。积分管理办法将参与资源开发、项目实践、主持或参与培训及教学研究等项目或内容设定积分项目,将积分等次作为职称评聘、晋职晋级及评优评先参考依据之一。积分管理激发教师参与虚拟仿真基地建设工作和开展虚拟仿真实践教学的积极性,增强了教师创新发展的活力。2021 年团队教师获省级教学能力比赛二等奖 3 人、三等奖 3 人;指导 1 名学生获全国职业院校技能大赛"健康照护"赛项二等奖;1 部新形态教材获评"十三五"职业教育国家规划教材;1 个案例推荐到全国高职高专校长联席会议;总结教法改革案例 3 个。

18 长沙民政职业技术学院虚拟仿真实训基地

长沙民政职业技术学院

一、基地建设概况

长沙民政职业技术学院按照"遵循指南、学习借鉴、统筹规划、校企合作、分步实施"的工作思路,学懂弄通悟透《建设指南》,在充分调研的基础上,聚焦实训教学过程"三高三难"问题,结合专业特色及教育规律,与双高校建设项目统筹规划,深入推进校企协同共建,全面开展虚拟仿真实训基地建设。截至 2021 年年底,学院从公共、专业、体验、创研 4 个方面分别完成公共虚拟仿真实训中心——湖南革命人物专题馆的建设工作并对校内外开放;完成虚拟仿真体验中心——生命体验中心的招标采购工作;完成空乘专业虚拟仿真实训中心的建设并投入使用;完成现代殡葬技术与管理专业数字博物馆的招标采购工作;完成现代殡葬技术与管理专业遗体整容及防腐处理虚拟仿真实训教学资源的建设并投入使用;联合深圳平行维度、泰康人寿开展医养虚拟仿真教学资源的共建共享工作;完成公共虚拟仿真实训中心基础环境建设及设备采购方案论证、虚拟仿真实训教学管理云平台技术方案研讨、虚拟仿真创研中心制度建设等相关工作。

二、建设具体情况

（一）公共虚拟仿真实训中心建设

2021 年学院公共虚拟仿真实训中心建设项目一共有 3 个,分别是湖南革命人物专题馆、虚拟云桌面机房升级改造、共享型虚拟仿真实训中心。

1. 湖南革命人物专题馆

2021 年,学校马克思主义学院先后投入近 800 万元建设完成"校内校外结合、虚拟现实融合"的红色文化教育公共虚拟仿真实训中心——湖南革命人物专题馆。

（1）环境建设与功能布局。湖南革命人物专题馆占地面积为 900 m^2,整体由一墙(红色文化墙)、四区(图书收藏区、学习阅读区、影音体验区、VR 实训区)组成。以湖南籍共产党人与新民主主义革命四个时期为历史背景,发掘梳理了 161 位湖南革命人物生平事迹、奋斗历程等红色资源,形成集藏书、画册、影音、虚拟仿真资源相融合的立体化教育素材,让校内外广大师生深切感受革命人物身上的革命初心、革命理想、革命精神、革命文化。

（2）红色文化虚拟仿真资源开发。学校耗资约200万元打造青年毛泽东成长足迹VR资源（见图2-31）。将伟大领袖毛泽东树立革命理想信念、寻找正确革命道路等历史场景进行虚拟还原，沉浸式体验"少年立志""长沙求学""五四洗礼""探索新路"4个篇章的相关片段，并通过闯关实训引导学生树立革命理想。

图 2-31　青年毛泽东成长足迹 VR 资源示例

2. 虚拟云桌面机房升级改造

学校投入400万元对42间传统机房进行虚拟云桌面化升级改造，大幅提升师生上机实训体验感。

3. 共享型虚拟仿真实训中心

为有效支持后续定制采购或自行开发的虚拟仿真实训教学资源的展现和运行，学校规划在亚行楼搭建多种虚拟仿真资源运行环境，建设成为全校共享型虚拟仿真实训中心。

（1）共享型虚拟仿真实训中心环境建设。2021年学校完成了共享型虚拟仿真实训中心整体装修设计方案（整体预算160万元）及设备采购（整体预算1 100万元）论证等前期准备工作。

（2）依托创研中心开发虚拟仿真教学资源。学校充分利用虚拟现实技术应用专业及创研中心的优势，针对性地解决各专业课程存在的"三高三难"的问题，目前主要服务于艺术学院、医学院、电子学院等多个二级学院的虚拟仿真课程资源的脚本设计及开发工作。

学校主持的"视觉传达国家级资源库"中专门设立了"虚拟仿真实训库"，2021年资源库建设团队已针对20门课程拟定了虚拟仿真实训教学资源建设方案及脚本初稿。同时，在学校主持的省级"殡葬专业教学资源库"中也有8门在建课程已进行了虚拟仿真教学资源统计，后续将依据教学资源建设方案逐步开展课程的虚拟资源建设。

2021年,学校与民和驾驶员培训公司签署校企合作协议,企业投入100万元专门用于虚拟仿真驾驶训练项目的研发工作,目前已完成了该项目的方案论证。

(二)专业虚拟仿真实训中心建设

为有效解决学校各专业群,尤其是现代殡葬技术与管理、老年服务与管理两个高水平专业群在实训教学过程遇到的"三高三难"问题,学校充分利用自身开设虚拟现实应用技术专业的优势,规划建设多个专业虚拟仿真实训中心。2021年学校已完成空乘虚拟仿真实训中心建设工作,正在全力建设殡葬虚拟仿真实训中心,规划建设医养虚拟仿真实训中心。

1. 空乘虚拟仿真实训中心

2021年,学校完成空乘虚拟仿真实训中心的建设并投入使用。

空乘虚拟仿真实训中心是根据学校原有模拟舱在专业实训教学过程中存在的缺陷和不足,结合专业实训的新要求建设而成,占地面积100 m²,配备VR教学一体机、LED共享大屏幕、空乘VR虚拟实训系统、扇形桌椅等软硬件设施设备,设备总值92.8万元。

空乘虚拟仿真资源是以国内各大航司空乘岗位职业技能标准为基础,结合民航服务职业人员特情处置场景和流程定制开发,对应服务于"民航乘务实务""客舱安全管理""民航乘务英语"等课程,可支持开展的实训项目有客舱服务、紧急撤离、客舱医疗急救、民航安全保卫等。

2. 殡葬虚拟仿真实训中心

2021年学校根据基地建设计划基本完成了殡葬数字博物馆的环境建设及资源建设、生命体验中心项目的招标工作,以及遗体防腐整容虚拟仿真资源开发及应用工作。

殡葬数字博物馆中已完成了LED环幕、图文、L形CAVE影片、全息影像、互动游戏、大屏、触控一体机等多种形式的虚拟现实资源制作,对传统殡葬文化基本常识、马王堆传统殡葬文化、明器、墓葬等级礼制、现代殡葬知识等进行展示。

遗体防腐整容虚拟仿真实训资源(见图2-32)开发工作已完成,并全面运用于现代殡葬技术与管理专业核心主干课程的技能实训过程中。

3. 医养虚拟仿真实训中心

老年管理与服务国家级高水平专业群涵盖养老、护理、医学、康复等专业,目前实训教学无法有效解决"三高三难"问题。2021年,学校规划建设医养虚拟仿真实训中心,搭建人体解剖、临床手术(见图2-33)、康复护理等虚拟仿真实训室。

2021年,学校医学院教学团队与企业联合开发情景化医养虚拟仿真实训教学资源。目前中医小镇、健康评估、基础护理等模块已经开发并部署使用,通过不断试用、反馈、验证,形成螺旋式迭代运行模式。

(三)虚拟仿真体验中心建设

2021年学校全力打造大量引入虚拟仿真交互技术的珍爱生命教育教学基地——生命体验中心,占地面积约400 m²,总投资365.5万元。中心一方面为殡葬管理与技术专业的

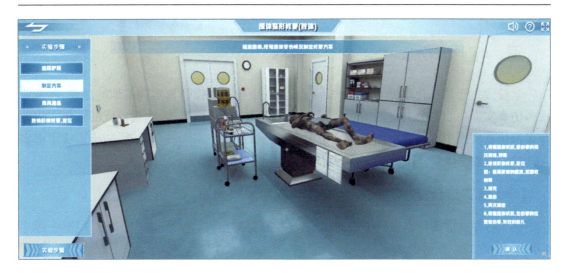

图 2-32　遗体防腐整容虚拟仿真实训资源

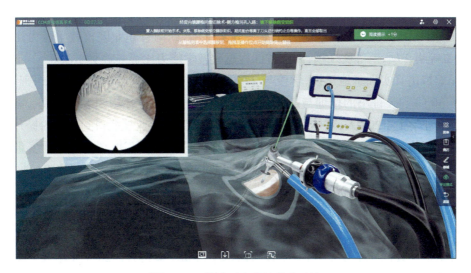

图 2-33　临床手术虚拟仿真系统

相关专业课程提供虚拟仿真交互式实训教学,另一方面为全校公共课实训教学共享共用。中心现已完成装饰装修、设备采购及相关 VR 教学资源的采购招标工作,正处于建设实施阶段。

(四) 虚拟仿真创研中心建设

　　虚拟仿真创研中心组建了研究团队,制订了《长沙民政职业技术学院虚拟现实技术创研中心建设实施方案》。该创研中心将聚焦民间技艺传承、遗体防腐与整容、红色经典教育等应用领域,联合威爱教育、HTC 等知名企业在虚拟现实智能建模、资源制作平台、虚拟仿真技术、单目和多目影像传感算法技术等方面开展创新研究,建成国内一流的虚拟现实仿真技术创新与研发中心。

三、应用情况

学校致力于信息化建设与教学改革,通过 2021 年度虚拟仿真实训基地的建设,各专业虚拟仿真实训中心和公共虚拟仿真实训中心的建设工作进展迅速,建设完成的红色文化教育虚拟仿真实训中心及空乘虚拟仿真实训中心已被应用于实际教学活动,初步形成了虚实互补的实训教学体系,教学成果产出提升显著。

(一)虚实结合,改革传统教学,教学应用成果显著

基于各专业虚拟仿真实训中心的建设,学校获得湖南省教学成果奖特等奖 3 项、一等奖 4 项、二等奖 2 项、三等奖 1 项。

基于红色文化教育虚拟仿真实训中心,学校教师利用虚拟体验项目开展红色文化教育思政课实践教学,1 个课程被立项为湖南省高职精品在线课程思政课程,1 个课程被评为全国课程思政示范课程,课程团队被认定为全国课程思政教学团队和课程思政教学名师;学校获得 2021 年全国职业院校教学能力比赛一等奖 1 项,湖南省职业院校教学能力比赛一等奖 3 项、二等奖 2 项、三等奖 3 项,湖南省课程思政教学能力比赛一等奖 1 项。

依托虚拟仿真实训基地建设,学校与 27 家职业技能等级试点证书评价组织密切对接,共组织了 30 门 1+X 证书的培训与考核,积极探索课证融通,全年组织考证 25 次,参考学生 1 253 人,取证学生 1 208 人,整体通过率达 96.41%,学生的专业技能得到更好的提升。

通过虚拟仿真教学,学校专业课程教学的重难点问题得以解决,学生的专业实训能力明显提升。2021 年教师指导学生参加省级以上职业技能大赛取得标志性成果 94 项,其中一等奖 24 项、二等奖 32 项、三等奖 38 项。

(二)校企协同、双轮驱动,科研水平提升明显

通过基地建设深化了校企合作,学校科研水平得到明显提升。2021 年学校立项省部级以上课题共 46 项、市厅级课题共 28 项;横向课题到账经费 644.7 万元;取得发明专利 1 项,发表核心期刊论文 43 篇。

四、特色与亮点

(一)建设理念创新

学校创新建设理念,充分发挥虚拟现实应用技术专业师生研发团队的优势,应用基地研发中心联结其他有虚拟仿真实训教学需求的专业教师和研发团队,根据教学需求,自主研发虚拟仿真实训教学软件资源,打造"1+N"(1 个虚拟仿真技术研发实训中心 +N 个个性化专业虚拟仿真应用实训室)的互馈式活性虚拟仿真实训基地,实现基地资源的自我造血、自我更新迭代,使资源与教材一致、与课程同步、与 X 证书融通,保证基地持续性运行、生态化发展。

（二）教学应用创新

学校整合各专业特点，充分利用先进的信息化技术，将课程资源、智慧教材、虚拟仿真、实训考核、教学管理有机集成；充分发挥虚拟仿真三维、真实、可交互感知的特点，为医养、殡葬、空乘类"三高三难"专业实训教学内容的开展提供虚拟仿真技术解决方案，同时开创性应用虚拟仿真形象可视、沉浸交互性强和移动互联的共享协同特点，构建了红色 VR、各专业虚拟仿真资源库等思政课程、各专业理论课程虚拟仿真资源，使理论学习更具象、更生动，提升了学生的学习效果。

（三）育人手段创新

学校依托虚拟仿真技术，以学生为中心、问题反思、自主探索的实践教学理念得以更好地实现；引导学生沉浸式地融入虚拟实训项目之中，主导实训教学全过程，完成学习任务，教师从传统教育教学的主导者角色转换成为学生学习的组织者、调动学生学习兴趣的激发者、专业知识的分享者；通过虚拟仿真实训过程引导学生主动掌握基本知识、发展创新潜力、培养反思习惯，提高学生的综合素质，将学生培养成为新时代复合型技术技能人才。

（四）评价机制创新

学校基于虚拟仿真技术创新教学评价方式，涵盖实训平台功能和基于平台的学习效果评价两方面。实训平台评价即对平台教学设计的科学性、教育性、艺术性以及运行情况等进行评价；学习效果评价即对教师基于平台进行实践教学资源建设、实验项目设计及推出、学生实验报告评阅等情况进行评价，采用教师自评、学生自评、教师互评以及专家评价相结合的方法，基于平台进行远程评价，有效提高评价结果的客观性、真实性和有效性。平台还可定期总结和反馈数据，得出评价报告，并及时向评价主体反馈评价结果，评价主体针对评价报告提出的整改意见，进行整改，进一步完善平台功能。

19 粤港澳大湾区建筑行业职业教育虚拟仿真实训基地

广东建设职业技术学院

一、基地建设概况

根据《建设指南》要求,广东建设职业技术学院严格按照建设规划和任务书的要求,围绕任务书的各项建设指标,推进虚拟仿真实训环境建设、虚拟仿真实训资源建设、虚拟仿真实训基地项目团队建设和虚拟仿真实训基地组织管理机制建设四大建设任务的具体落实。截至 2021 年 12 月 31 日,基地按期完成了预期目标和建设任务,完成率达 100%。

二、建设具体情况

(一)虚拟仿真实训环境建设

2021 年度,学院开展了虚拟仿真实训环境建设(见图 2-34),包括虚拟仿真实训教学场所建设、虚拟仿真实训设施设备建设、虚拟仿真实训教学管理及资源共享平台建设,包括建筑设计、建筑工程、道路与桥梁工程等专业虚拟仿真实训教学场所一期工程建设;建筑设计、建筑工程、道路与桥梁工程等专业虚拟仿真实训设施设备建设;虚拟仿真实训中心账号、门卡信息、云平台监控系统一期工程建设。

建设完成的虚拟仿真实训场所符合建筑设计、建筑工程、道路与桥梁工程等专业人才培养需求,一期设备建设可满足建筑设计、建筑工程、道路与桥梁工程等大部分建筑类专业教学实训及考证等需求;实训环境建设能满足建筑设计、建筑工程、道路与桥梁工程等大部分建筑类专业 1+X 证书的考证及培训等需求,并能在单独的实训中心或平台开展人员或者门卡信息类安全监控。

(二)虚拟仿真实训资源建设

2021 年度,学院开展了虚拟仿真实训资源建设,完成了建筑工程设计、建筑工程施工、建筑工程项目管理、建筑工程运行维护等相关虚拟仿真资源建设前期调研及需求参数、建设标准及建设方案研制及论证工作,确定了分类资源建设方案和论证报告。

基地开展了建筑工程设计、建筑工程施工、建筑工程项目管理、建筑工程运行维护等结

图 2-34　基地实训环境建设

构节点、隐蔽工程等模块资源开发建设前期调研并完成调研报告撰写；开展了虚实结合的数字孪生资源建设前期调研以及调研报告的撰写和基地场所建设，同时完成了建筑工程、建筑设备技术、道路与桥梁工程施工等 100 个左右教学资源的建设，为下一年度的虚拟仿真实训资源建设全面开展奠定基础。

（三）虚拟仿真实训基地项目团队建设

2021 年度，学院开展了虚拟仿真实训基地项目团队建设，包括项目团队成员确定、项目团队培养建设、项目团队激励机制建设等，开展了团队人员遴选及建设、项目团队激励制度调研等工作，确定了政行校企各参与方初步人选，完成了项目团队培养建设调研报告及论证报告以及项目团队激励建设调研报告等，完成了团队组建、项目团队培养计划和项目团队激励制度建设，为团队机制和人员建设、实施做好充足铺垫。

（四）虚拟仿真实训基地组织管理机制建设

2021 年度，学院开展了虚拟仿真实训基地组织管理机制建设，包括组织架构建设和制度建设等，开展了虚拟仿真实训基地组织管理制度建设调研，完成了组织架构建设和制度建设调研报告,同时开展了基地管理委员会挂牌和《虚拟仿真实训资源建设及动态更新管理办法》《虚拟仿真实训资源共建共享管理办法》等基地日常教学、培训、研发及社会服务等方面管理规章制度建设,为虚拟仿真实训基地具体建设和制度实施保驾护航。

三、应用情况

(一)教学实训

基地充分考虑教学实训需求,针对性地开发建筑设计、建筑工程、市政路桥等土木交通虚拟仿真实训资源,并随着产业转型升级持续更新升级,用虚拟仿真技术模拟真实教学实践情景,解决实训教学过程中高投入、高损耗、高风险及难实施、难观摩、难再现的"三高三难"痛点和难点问题;按照"三教"改革要求,发挥土木工程不同类型及交互方式虚拟仿真实训资源的优势,实现实训教学的生动性、趣味性、互动性和自主性;实践教学过程中紧密围绕"立德树人"和"三全育人"要求,将"课程思政"元素有机地融入土木工程仿真实训中;2021年,完成校内学生虚拟仿真教学及实训2 600余课时,覆盖了建筑设计、建筑设备技术、建筑工程技术、市政工程技术、工程造价和道路与桥梁工程技术等专业;切实遵循"以实带虚、以虚助实、虚实结合"原则,避免"为虚而虚",并进行实时监控,探索实现线上线下教学相结合的个性化、智能化、泛在化实训教学新模式。

(二)培训及社会服务

学院紧密围绕立德树人开展适应新业态、新模式需要的人才培养和对外服务,成效明显,依托基地优势,大力开展职业技能培训和考证。2021年,完成对外培训240人次,承办广东省建筑城乡技能竞赛防水工、BIM技术员等赛项,以实际行动促进区域经济建设和发展。

四、特色与亮点

(一)构建覆盖全产业链的具有鲜明建筑行业特色的虚拟仿真教学实训体系

虚拟仿真实训基地在建设过程中,适应国家战略和数字经济发展要求,围绕乡村振兴、国家创新型产业集群中体现的前沿新材料产业集群和建筑行业仿真模型数据库等领域进行建设和应用;紧盯产业转型升级,融合新职业教育专业目录,与广东建工集团、西安三好软件技术股份有限公司、广东省建筑科学研究院等单位联合开展基地建设,承办广东省建筑信息模型BIM技术员等省级职业技能竞赛;与广联达科技有限公司、广州中望龙腾软件股份有限公司等开展BIM职业技能应用、建筑工程识图技能、工程造价数字化应用职业技能等级证书培训;定期开展虚拟仿真实训室科普开放日活动,并搭建集科普讲解,融教学、实训、培训、科研、竞赛、科普等功能于一体,覆盖建筑工程、道路与桥梁工程、建筑设备、工程造价等全产业链,体现项目投资决策、项目设计、招投标、施工、管理及运营维护全过程的具有鲜明建设行业特色的虚拟仿真平台,如图 2-35 所示。

设计

施工

造价

管理

图 2-35　虚拟仿真平台示例及应用

(二) 开展"三全一同"产教研育人

　　虚拟仿真实训基地在建设过程中,紧紧围绕建设规划和任务书要求,基于广东建工集团、西安三好软件科技公司、广东安都集团、广东省建筑科学研究院等大型先进行业企业、院所的生产环境和生产设备,吸收建筑行业设计、施工、管理等最新理念,建筑信息化新技术,绿色低碳建筑新工艺,绿色装配式新规范、新标准,与企业产教研全面融合,构建与实际建筑行业一致的行业虚拟环境和仿真平台。所有建筑类学生根据自己专业情况开展从项目建议到竣工运营、涵盖项目全过程的全方位、线下或线上一体化的"全方位、全覆盖、全融合、同体化"(学生全覆盖主动参与、校企全方位开展产教研全面融合育人、线上与线下无差别一体化教学与实训)"三全一同"的虚拟仿真实训,保证学生成长、成才。

20 高速铁路列车运行自动控制虚拟仿真实训基地

柳州铁道职业技术学院

一、基地建设概况

从普铁到高铁，从"绿皮车"到"复兴号"，中国铁路完成了"跟跑—并跑—领跑"的跨越式发展，成为亮丽的中国名片。在"交通强国、铁路先行"的战略驱动下，中国铁路再次起航，进一步深化综合维修生产一体化改革，全面开启产业数字化改造与升级，使铁路技术技能人才的需求呈现出"铁路运维一体化、人才需求复合化、岗位作业精细化、思维视野国际化"等趋势。柳州铁道职业技术学院秉承"多元协同、开放共享"的原则，贯彻"以实带虚、以虚助实、虚实结合"的理念，依据"对接产业、多岗联动、学训一体"的思路，按照"云—管—端"架构(见图2-36)，建设"高速铁路列车运行自动控制虚拟仿真实训基地"(以下简

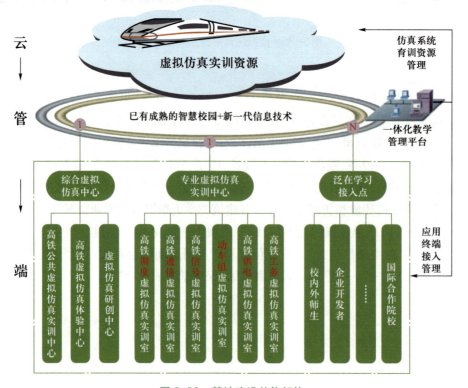

图2-36 基地建设总体架构

称基地),打造"云上高铁",应对新时代铁路人才的需求与要求。

学院按照项目年度建设计划和《建设指南》推进建设,47项效能指标中达标46项、达标度97.87%。147名专业教师参与基地建设,涵盖"铁路信号基础设备维护实训"等课程136门,共服务铁道信号自动控制等3个专业群,涉及铁道交通运营管理等8个铁路专业,受益学生4 975人、服务社会人员26 000人时,建设成效凸显。

二、建设具体情况

(一)对接产业,构建"多岗联动"的虚拟仿真实训环境

学院结合现有铁路设备和作业流程,以运输指挥调度命令下发为起点,仿真高铁列车运行控制全过程,打造以列控系统为中心,涵盖高铁运输、高铁通信、高铁信号、动车组、高铁供电、高铁工务6大子系统(见图2-37),涉及信号工、通信工等11个工种的全业务高铁列控虚拟仿真实训基地。

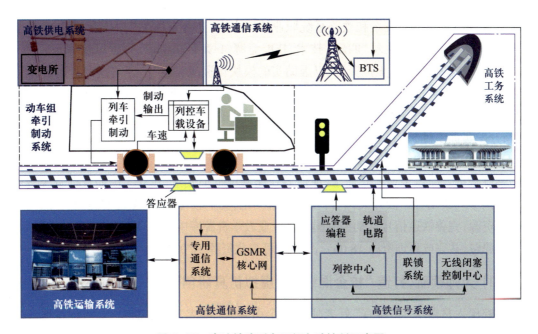

图2-37　高速铁路列车运行自动控制示意图

基地模拟中国铁路南宁局集团公司管内柳州—来宾北—南宁东三站两区间的铁路系统,吸收高铁新技术、新标准、新工艺、新规范,利用现有实训教学场所,对"四中心一平台"进行功能升级或环境改造,新增桌面式操作一体机、沉浸式LED大屏、5G工业头环(多人交互)等一批虚拟仿真实训设备,新建高铁工务虚拟仿真等实训室,建设与铁路岗位工作情境对接的虚拟仿真实训环境,增强实训教学与岗位实践的吻合度。

（二）德技并修，重构"虚实结合"的专业实践教学体系

学院坚持立德树人，实施现代学徒制、定向培养和1+X证书制度，创新"两项协同、四级递进、定岗培养"的人才培养模式，培养新时代铁路工匠。基地以服务高铁复合型人才培养和学生的个性化发展为根本出发点，按照"底层共享、中层分立、高层互选、顶层综合"原则，优化铁道信号自动控制"基础平台+专业平台+共享平台"三平台专业课程体系，在专业限选课模块设置"列车运行自动控制系统维护"等模块课程，开发跨专业的"高铁列控系统综合实训"项目课程；融入智能检测、智能控制、大数据分析、物联网等专业技术，创新"专业基础技能→专业核心技能→专业综合技能→岗位复合技能"四递进实践教学体系，开发高铁调度、高铁通信、高铁信号、动车组、高铁供电、高铁工务6大系统虚拟仿真实训项目，形成"虚拟仿真+思政+岗课赛证"的教学模式。

（三）信息赋能，开发"育训双融"的高铁虚拟仿真资源

1. 专业虚拟仿真实训资源开发

基地对接高铁调度、高铁信号、高铁通信、动车组检修、高铁供电、高铁工务等岗位技能，优化专业（群）人才培养方案和铁路系统职业培训方案，充分发挥"虚拟仿真技术+"优势，按照"三教"改革要求，融入"四新"技术、技能竞赛、1+X证书制度、课程思政等元素，校企共同开发"以实带虚的纯虚拟资源、以虚助实的模块化资源、虚实结合的数字孪生资源"等专业虚拟仿真实训资源107个，建设铁路线路工练功场、铁道通信虚拟仿真实训平台、高铁车载信号设备实训室、GM6000DAS分布式调度管理自动化系统等虚拟仿真实训系统或平台，新开发实训项目58个。

2. 公共虚拟仿真育训资源开发

学院根据铁路各专业教学需求，厘清各铁路系统育训元素，建立了高铁育训资源清单；积极到南宁局集团各站段开展调研，收集铁路文化、安全教育、课程思政方面的图片、视频、案例等资源，完善铁道信号自动控制国家级专业教学资源库中的育训资源库，更新铁路职工培训资源包，共完成育训资源18 065个，其中可视化资源10 031个。

（四）大师领航，打造"校企混编"的虚拟仿真研创团队

学院深入贯彻落实"四有"好老师、"四个引路人"要求，依托虚拟仿真实训基地，多维协同构建轨道交通虚拟仿真研发创新团队，提升教师职业能力水平和专业素养；实施"师德师风建设、双师双进、'头雁'引领、'群雁'培育、师资国际化"五大工程，推行教师分类发展的"五阶五维"成长计划，重点打造铁道信号教学团队，发挥示范带动作用，培养工匠之师；通过"内培教师成为团队中坚力量、外引专家提升项目开发能力、培养学生成为团队新生力量"等举措，组建并培育"跨学科、跨院系、跨专业、校企混编、师生混编"的协同创新型虚拟仿真研发团队，进行协同开发方式的探索与研究，提高师生研创能力。

（五）多元联动，形成"政行企校高度协同"的育人生态

学院发挥全国铁道通信信号专业教学指导委员会主任委员单位、广西轨道交通工程职业教育集团理事长单位、广西轨道交通行业职业教育教学指导委员会等优势，政行企校协同组建高铁列控实训基地联合体，制定《柳州铁道职业技术学院虚拟仿真实训基地组织管理机制》，共建产业学院，打造高水平产教融合实训基地，持续开发含新技术、新模式、新标准的虚拟仿真"育训"教学资源，开展"2+1"定向人才培养，提升校企协同育人水平。

三、应用情况

（一）虚实结合，人才培养质量全方位提升

学院高铁列控虚拟仿真实训服务的专业 8 个，结合虚拟仿真实训优势优化完善的人才培养方案占比为 87.5%，建成高铁列控系统共享课 3 门、课证融通课程 4 门，立项校级在线精品课程 4 门，获自治区在线精品课程 3 门、自治区专业教学资源库立项 3 个，出版校企双元立体化教材 5 部；虚拟仿真实训服务订单班或现代学徒制班的学生 807 人、考证学生 1 505 人（涉及 19 个证书）；在校生参加虚拟仿真实训达 25 148 984 人时，参加云端虚拟仿真实训达 116 936 人时；教师对虚拟仿真实训的满意度为 91.36%，学生对虚拟仿真实训的满意度为 92.06%；学生参加 2021 年"同立方杯"第二届全国职业院校自动化产线装调虚拟仿真大赛、全国测绘地理信息职业院校大学生虚拟仿真测图大赛等省级及以上虚拟仿真类大赛获奖 74 项；虚拟仿真助力，获省部级职业教育典型案例 3 个。

（二）教研融合，锻造高水平名师大师团队

依托实训基地和实训项目，教师参与虚拟仿真实训资源开发 23 人，开发虚拟仿真实训课程开放共享 8 门；参加省级及以上虚拟仿真类大赛获奖 30 项，主持省级及以上虚拟仿真实训教学模式研究课题 3 项，发表虚拟仿真相关论文 4 篇；参加教学能力大赛获国家级奖项 1 项、省部级 5 项。通过"外引内培"举措和"教研创赛"活动，学院 2021 年度引进、培养虚拟现实技术应用专业带头人和骨干教师 17 人、建立技能大师工作室 3 个、新增"双师"型教师 10 人，获全国高校黄大年式教师团队 1 个、国家级课程思政教学团队 1 个、国家级课程思政教学名师 8 名、广西高水平创新团队 1 个、柳州市高铁信号技术人才培养与研究人才小高地 1 个。

（三）校企联合，社会服务广度深度有拓宽

学院发挥虚拟仿真联合体、工电供产教联盟、产业学院、工程中心的社会服务功能，借助高铁列控虚拟仿真实训基地，校企共同开发无线报警总机上位机软件等行业企业所需的虚拟仿真实训产品、资源和标准数 4 项；完成结合虚拟仿真实训优势优化完善的职业培训方案 9 个，使用虚拟仿真实训资源开展中国铁路南宁局高职生"2+1"定向培养等职业培训达

64 652 人时,社会人员参加云端虚拟仿真实训达 26 000 人时;虚拟仿真实训服务职业技能等级鉴定项目 6 个,服务职业技能等级鉴定考试通过人数 741 人,社会人员对虚拟仿真实训的满意度超 86%;同时承办了国铁集团工电系统电力变配电检修试验工职业技能竞赛等赛事 10 项、职业教育铁道信号自动控制专业国家级教学资源库共建共享联盟成立大会等会议 2 场;获国家级示范性职业教育集团培育项目 1 个、广西首批示范性产业学院 2 个、自治区现代学徒制试点专业 6 个、教育部产教融合校企合作典型案例 2 个。

(四)开放共享,高铁列控职教标准国际化

学院依托中国—东盟轨道交通职业教育联盟(集团)、境外办学点"柳铁天佑学院",与泰国、老挝、印度尼西亚等国家,以及东盟和欧洲等国家和地区的 25 所院校、教育机构和组织开展形式多样的交流与合作,举办"中国—东盟轨道交通人才培养论坛",创新柳铁特色的"虚拟仿真+国际教育"教学模式,培养轨道交通国际化本土人才(见图 2-38)。2021 年度向国外输出"铁道概论"等虚拟仿真实训课程 29 门,开展中老铁路老挝籍员工培训、铁道工程技术国际班等虚拟仿真国际化人才交流 52 人次;完成东盟国家师资培训 197 人次、非学历教育技术技能培训 288 人次;获中泰职业教育国际合作贡献奖,国际人才培养案例入选《2021 中国职业教育质量年度报告》。

马来西亚轨道交通职业教育研修班　　　　虚拟仿真助力泰国班线上教学

图 2-38　轨道交通国际化本土人才培养

四、特色与亮点

(一)虚拟仿真创设作业情景,破解实践教学中的"三高三难"

依托高铁列控实训基地联合体,学校教师主导、联合行业企业专家共同研发出"CTCS2-200H 车载信号设备虚拟仿真平台",协同破解"列车运行自动控制系统维护"等课程教学中出现的"高投入、高损耗、高风险、难观摩、难实施、难再现"难题。平台以中国铁路南宁局管内铁路干线为基础,进行三维建模,高度还原列车运行的各种真实场景,模拟列车运行经过线路的轨道电路和应答器数据以及故障场景,并在真实的 CTCS2-200H 车载 ATP 设备面板和 DMI 进行信息显示,虚实联动;在高度仿真列控系统运行全过程的同时,依据铁路作业规

程,构建铁路作业情境,融入安全事故案例,使学习者在情境中经历、在体验中学习,实现沉浸式安全教育、课程思政教育。

(二) 学历教育职工培训并重,创新"育训并举"人才培养模式

学院通过深度融合虚拟仿真实训教学和企业实践应用,形成校企协同共进的"育训并举"新模式;适应铁路企业新型学徒制需要,校企协同重构铁道信号自动控制专业课程体系,服务高铁综合维修一体化改革;依托高铁列控虚拟仿真实训基地,开展全业务、多岗位培训,形成高铁运营+检修维护、知识学习+技能训练的"多岗联动、学训一体"育人模式;校企协同案例"育训双融 靶向培养 创新'铁路工匠'培养模式"获2021年产教融合校企合作典型案例。

(三) 组建实训基地联合体,践行共建共享共赢共发展机制

学院牵头,会同西南交通大学等铁路院校,联合中国铁路南宁局等铁路局,引入中铁二十五局等铁路工程局、重庆道驰科技有限公司等铁路教学设备与系统开发公司,依托东盟轨道交通职教集团和铁道通信信号专指委等2家行业协会,组建高铁列控实训基地联合体。

联合体共同开展专业调研、培养方案修订、实训基地建设等专业建设工作,进行技能鉴定、劳动专题教育等课程教学,开发工种作业微课、专业课程教材、安全防护培训包等教学资源,开展岗前资格性培训、师资培训等服务,通过一系列实践,探索"平台+项目"校企运行机制,实践多方协同、共建共享共赢机制。基地联合体获国家级示范性职教集团1个、自治区示范性产业学院1个,校企协同案例"依托铁路背景 立足铁路办学'2+1'模式凸显'铁'字特色"获2021年产教融合校企合作典型案例。

21 装配式建筑虚拟仿真实训基地

海南职业技术学院

一、基地建设概况

2021年,海南职业技术学院根据任务书和指南要求,稳步推进虚拟仿真实训基地建设,完成了年度任务要求,取得了一定建设成效,并逐步形成了以装配式建筑为特色的虚拟仿真实训基地。

二、建设具体情况

2021年,学院主要从6个方面,围绕14个建设任务推进实训基地建设,包括装配式建筑构造与识图虚拟仿真实训中心、装配式建筑施工虚拟仿真实训中心、装配式虚实一体化认知体验中心、装配式建筑工种岗位实操中心、虚拟仿真实训基地教学实训管理与资源共享平台、装配式校企协同创新研发中心和项目团队与管理体系的建设。

(一)装配式建筑构造与识图虚拟仿真实训中心建设

装配式建筑构造与识图虚拟仿真实训中心建设方面,完成了系统主要专业架构搭建、主要功能模块的专业需求分析与确定,并进行装配式建筑 MR 模式 demo 开发,解决工法楼场景与 MR 设备的技术攻坚。

其中,功能模块设置和 demo 制定主要根据场地效果图,选定虚拟仿真 MR 工法场景图纸,根据图纸构件进行建模,在 MR 眼镜模式下,测试交互功能,完成核心功能测试。

装配式建筑构造与识图桌面式 VR 一体机实训室建设方面,按照任务书要求,主要完成了项目整体架构搭建,明确主要资源内容及相应功能模块,并完成相关资源的收集与整理,为项目实施与资源开发提供专业保障。

(二)装配式建筑施工虚拟仿真实训中心建设

在装配式建筑施工 3D 交互 VR 实训室建设方面,运用了动捕式 3D 交互技术,截至 2021 年底,主要完成了专业需求架构分析,明确工艺流程、确定工艺标准、完善专业需求,并根据专业需求设计主要功能架构。

在专业需求架构方面,充分考虑 3D 交互大屏与装配式建筑专业内容的深度融合,由资源开发人员与专业教师组成课题组,进行专业需求架构确认,选定装配式建筑生产与施工核心专业内容,进行需求架构设计,在交互上深入到技能操作点,能够实现钢筋排布、预埋件预埋、质量检测等专业细节;在施工上能够深入到作业面处理、构件吊装等专业细节。

进行了功能 UI 的设计,以技能实训项目为基础形成基本模块,每个模块包括完整的工艺流程,以 UI 列表形式进行展示,可顺序操作,也可点击操作;在交互方面,主要采用拖拽触发、点击触发、工具触发等模式;在功能细节方面,实现技能操作与整体场景深入融合。如图 2-39 所示为装配式建筑施工虚拟仿真实训系统 UI 及场景设计图。

图 2-39　装配式建筑施工虚拟仿真实训系统 UI 及场景设计图

在虚拟仿真资源开发方面,以装配式建设施工为主要专业内容,进行项目化模块化设计;进行考核模式 demo 设计,考核模式功能主要体现在以技能组合形成考试题目,每个题目单独进行考核测评,在具体功能上,能够实现技能的操作式考核,后台自动进行评判等功能。

在装配式建筑施工 360°沉浸式 VR 实训室建设方面,完成专业需求分析,明确主要工艺流程及标准,并结合相关设备性能,进行相关专业架构搭建,完成相关 3D 模型建设,并进行专业修订;根据需求与技术文档要求,完成了生产与施工场景及模型建设。

(三) 装配式虚实一体化认知体验中心建设

在装配式建筑虚实一体化预制构件 AR 实训室建设方面,完成了主要构件图纸设计,并根据图纸明确 AR 手机端专业需求,设计主要功能架构;根据最新图集标准,按照行业市场需求,确定开发图纸,根据图纸进行手机端 AR 专业及功能架构设计;运用增强现实 AR 技术,实时扫描二维图纸,自动生成对应的三维模型,模型可进行旋转、缩放、拖动等操作,形象立体,激发学习兴趣。如图 2-40 所示为装配式建筑虚实一体化 AR 场景图,从图中可以看出,通过扫描构件图纸,可以实现虚实一体。

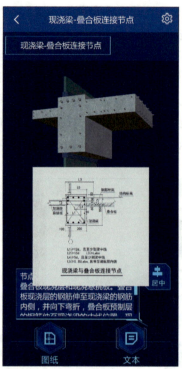

图 2-40　装配式建筑虚实一体化 AR 场景图

（四）装配式建筑工种岗位实操中心建设

学院在完成企业调研基础上，根据行业企业需要，完成了图纸设计，并进行了专业论证，明确了具体装配式建筑工种岗位建设方案并进行研讨论证，明确主要工种岗位建设方案与目标，并制订实施方案。

装配式工种岗位实操建设主要包括装配式建筑生产岗位、检测岗位、吊装岗位和装饰类岗位建设。

（五）虚拟仿真实训基地教学实训管理与资源共享平台建设

在虚拟仿真实训基地教学实训管理与资源共享平台建设方面，根据指南要求，进行需求调研，明确了主要功能需求，并完成了主要功能架构搭建。

图 2-41 所示为虚拟仿真实训基地教学实训管理与资源共享平台主要功能架构图。从图中可以看出，平台包含用户层、云服务中心、云数据中心和软硬件配置几个部分。平台以先进的虚实结合理念，以云计算、大数据、物联网等技术为手段，实现"课赛训服"之间的互联互通、信息共享、智能处理、协同运行，包含环境设备管理、教学实训考核管理和资源共享管理 3 个方面，实现平台互联，消除信息孤岛，实现资源共享；以采用统一的数据接口、建立数据交互中心等方式消除信息孤岛，实现宏观架构中各系统的互联互通；纳入学校网络安全防范体系，网络安全等级保护测评达到二级及以上；全部系统实施全方位监测，提供 24 小时无人值守巡检，并能为维护人员提供清晰的故障分析报告和预警信息。

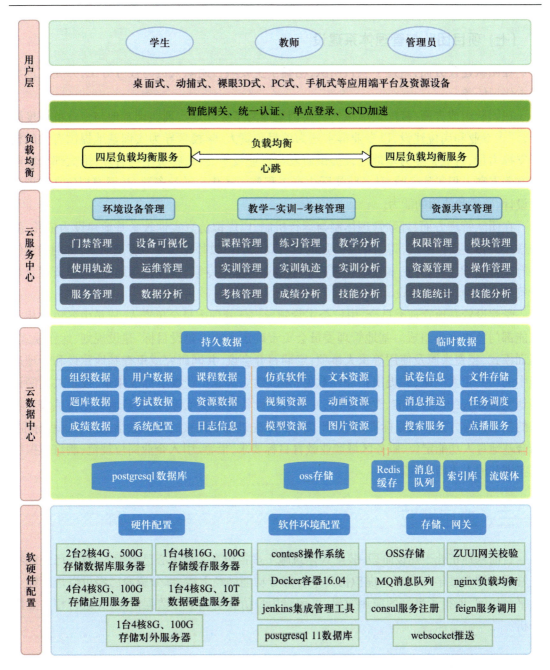

图 2-41　虚拟仿真实训基地教学实训管理与资源共享平台主要功能架构图

（六）装配式校企协同创新研发中心建设

学院深入行业调研,并进行场地规划,制订研发中心方案和实施计划。研发中心采用校企共建模式,学校发挥在专业教学方面优势,企业发挥在虚拟仿真信息化技术方面的优势,通过研发中心建设,企业能够深入了解学校需求,学校能够学习先进研发模式。

（七）项目团队与管理体系建设

在团队建设方面，组建了项目团队，明确了主要项目团队人员与任务分工，并完成前期基本培训任务。

在团队组成方面，装配式虚拟仿真实训基地为了更好地实现实训基地与专业群深度融合，深入专业和岗位建设，以专业群主任为项目负责人，学校领导为实训基地提供有力的校级支撑力量，行业企业为基地建设提供研发与行业技术支持，师资结构合理，绝大部分教师都有着丰富工程实际经验，具备将实际生产工程资源转化为教学资源，开展虚拟仿真实训平台设计、研发和使用的能力。

在团队管理方面，理顺管理体制与运行机制，以虚拟仿真实训教学基地建设为依托，结合学校的相关岗位制度，聘用年富力强的具有高级职称教师充实基地管理团队，特别是聘任具有丰富教学经验，并在本领域有较高学术造诣的知名专家、教授任基地主任，聘请有企业背景的人员参与基地建设。

学院设置基地管理委员会，由校企主管领导担任管理委员会负责人，成员由各单位相关职能部门负责人员组成。基地管理委员会负责确定基地的建设目标、建设规划、运作模式、培训模式、经费来源及使用等重大事项；定期召开会议，共同研究或审查基地建设和管理过程中的一些重大问题，并提出指导性意见；尝试建立基地实践教学标准体系，校企共同制订基地实践课程的课程标准、教学标准、专业仪器设备装备规范等；开发基地文化特色培育项目的教学指导方案和课程标准，积极开发与国际先进标准对接的专业教学标准和课程标准；结合基地育人功能定位、服务区域产业教育目标要求，借鉴、引入企业岗位规范，制订虚拟仿真实训基地人才培养方案。

三、应用情况

目前基地正处于建设阶段，装配式建筑施工虚拟仿真实训中心已经投入使用，已经能够正常进行课堂教学与实训。虚拟仿真平台部分功能已经上线，部分资源已经可以进行线上云平台访问，取得了良好的应用效果，可记录用户仿真实训学习数据信息，并进行相关数据分析。

四、特色与亮点

（一）在打造建设装配式建筑为主题的虚拟仿真教学实训考核体系过程中，运用虚拟仿真技术，创造性地完成了装配式建筑吊装实训考核这一"三高"难题，为虚拟仿真考核体系建立创造条件

装配式建筑预制构件吊装是装配式建筑的重要施工环节，属于装配式建筑高危作业，需要塔吊操作与楼面作业人员在高空进行协同作业，共同完成吊装施工任务。以实际工程项

目案例为基础,运用虚拟仿真技术搭建实际工程项目,运用虚拟仿真平台过程化管理,进行技能考试数据采集分析。

目前,在装配式建筑吊装实训考核方面,基地已经完成3个工艺模块9个实训考核任务,形成从起吊准备、吊运到临时固定的完整工艺操作步骤;运用虚拟仿真技术,深入解决装配式建筑预制构件吊装的技能实训与考核,在吊运过程中,设置模拟真实操作环节,以真实项目虚拟仿真施工场景为基础,按照实际工艺操作,设置塔吊操作视角、楼面作业视角、立体视角,在塔吊操作视角可以完成塔吊的操作,在楼面作业视角可以完成现场构件吊运调整工艺操作,在操作过程中融入作业标准,进行考核评价;运行虚拟仿真平台化技术,有效集成过程成绩数据,实现过程化考核。

(二) 在建设能够有效融合场地管理、硬件设备管理、教学实训和考核管理和仿真资源管理四位一体的综合管理平台方面,完成了虚拟仿真技能实训与考核过程化管理

技能操作轨迹与过程化管理与考核是虚拟仿真平台建设的重点与难点,学院采用以专业模块为基础的平台化架构设计思路,深入到每个模块的技能操作与考核,形成技能操作大数据。

学院以建设具有开放性、扩展性、兼容性、前瞻性的综合管理平台为目的,创新实践教学组织形式和管理模式。平台以虚拟仿真实训教学课程体系为主导,结合装配式建筑专业群课程体系与行业岗位课程建设,通过教学和实训、竞赛等数据的收集与分析,实现实训教学效果的考核及人才评价,使教学实训更高效,无时间地域限制,与数据开放共享,提升专业群教学应用与人才输出水平,推动虚拟仿真技术在教学、管理、学习、评价等方面的应用。

(三) 集成先进虚拟仿真实训设备,突出专业技能特色的虚拟仿真实训环境

学院本着"集成、共享、开放"的原则,以装配式建筑专业为核心、坚持院校主导、企业协同,统筹融合多方资源,按照"能实不虚、虚实结合、优势互补"的原则,全面支持海南自由贸易港建设,逐步完成装配式建筑构造与识图虚拟仿真实训中心、装配式建筑施工虚拟仿真实训中心、装配式虚实一体化认知体验中心、装配式建筑工种岗位实操中心、虚拟仿真实训基地教学实训管理与资源共享平台、装配式校企协同创新研发中心和项目团队与管理体系建设。

22 集成电路专业群虚拟仿真实训基地

重庆电子工程职业学院

一、基地建设概况

重庆电子工程职业学院深化校企合作,对接集成电路1+X标准,建设复合型技术技能人才实习实训基地,创新集成电路专业群实训教学课程体系,开发集成电路虚拟仿真教学、培训资源。集成电路专业群虚拟仿真实训基地2021年度初步建成"一平台四中心"架构(见图2-42),即集成电路虚拟仿真实训教学中心、公共虚拟仿真实训中心、虚拟仿真共享与体验中心、虚拟仿真研发创新中心,以及虚拟仿真实训管理与共享平台;建成一批虚拟仿真实训资源,集成电路专业核心资源4套,电子信息大类核心课程资源3套,初步实现相关专业核心课程虚拟仿真实训。

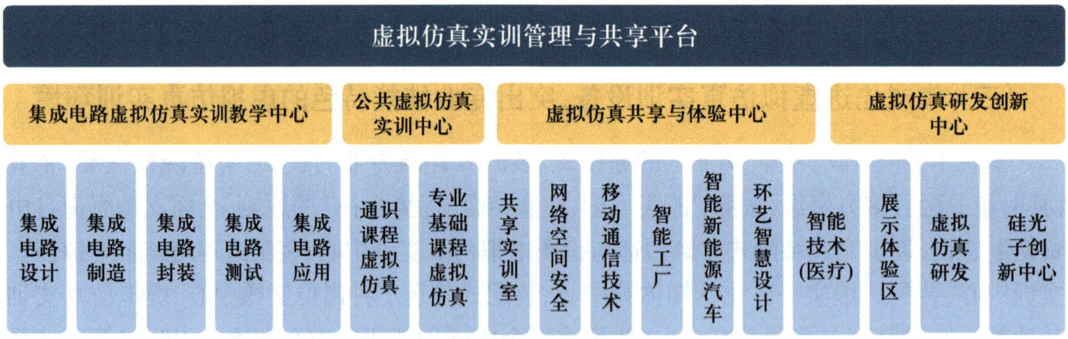

图 2-42　实训基地架构

建设任务共分为10项,子任务数40项,各项子任务指标的验收要点完成率均为100%。2021年度标志性成果突出,如表2-6所示。

表 2-6　集成电路专业群虚拟仿真实训基地 2021 年标志性成果

序号	类别	名称	级别	数量
1	团队建设	国家级职业教育教师教学创新团队	国家级	1
2		全国高校黄大年式教师团队	国家级	1
3		全国技术能手	国家级	3

序号	类别	名称	级别	数量
4	教材建设	全国优秀教材奖	国家级	2
5		职业教育国家规划教材	国家级	4
6	课程建设	国家精品在线开放课程	国家级	3
7		虚拟仿真的在线共享课程	省部级	2
8		开发虚拟仿真软件(设备)使用的微课资源		30
9	技能竞赛	举办包含虚拟仿真软件使用的全国性技能大赛	国家级	1
10		教师参加技能竞赛获奖	国家级	3
11		学生参加全国职业院校技能竞赛获奖	国家级	4
12		全国第一届职业技能大赛获奖	国家级	2
13		互联网＋、挑战杯获奖	国家级	2
14	社会服务	虚拟仿真软件作为考核标准的 1+X 标准	国家级	3
15		职业技能考核标准	省部级	3
16		职业技能培训标准	省部级	3
17		职业技能竞赛标准	省部级	1
18		虚拟仿真软件开展国际化培训(场)		1

二、建设具体情况

(一)高标准打造虚拟仿真实训环境

1. 凸显专业特色建成集成电路虚拟仿真实训教学中心

中心调研集成电路产业龙头企业近 30 家,形成一套完整的调研报告;新建集成电路设计、制造、封装、测试全产业链虚拟仿真共享实训室 4 个,提供工位 200 个;建成集成电路快速封装线一条,集成电路测试实训室配备准工业级测试机 6 套;新建和更新虚拟仿真资源40 个、项目化教学资源 10 个;含有虚拟仿真实训资源的专业课超 20 门。

2. 服务专业大类建成公共虚拟仿真实训中心

中心建成"模拟电子技术""数字电子技术""电工技术"等虚拟实训室,服务电子与信息大类专业基础课程,满足 20 个专业实训要求,实现虚拟仿真实训软硬件利用率和资源共享率最大化。

3. 整合资源建设虚拟仿真共享与体验中心

基地整合全校优势资源,统一管理、统筹共建共享,初步构建网络空间安全、5G+行业应用(移动通信技术)、智能工厂、智能新能源汽车、环艺智慧设计、智能医疗等虚拟仿真分中心,设置 6 个用于体验、宣传和科普虚拟仿真体验功能区,累计接待体验人数近 1 000 人。

4.集合优势打造虚拟仿真研发创新中心

依托虚拟现实技术专业、重电—曼恒产业学院等产教融合优势,基地建立虚拟仿真研发创新中心,配备 VR 开发工具套箱等专业设备,提升教师技术研究和应用能力,提升团队研发创新能力,引领实训资源创新;培养虚拟仿真项目开发师资 6 人;教师或教师指导学生获得虚拟仿真领域省部级奖项 4 项。

(二)行企校多元协同,开发虚拟仿真实训资源

学院联合华润微电子、中国电科重庆声光电等行业领军企业及杭州朗迅科技等 1+X 评价组织,行企校多元协同,以项目为基础共同开发以虚拟仿真实训项目为主体的"模块→课程→项目"三级教学资源;开发集成电路制造工艺三维虚拟实验、集成电路封装虚拟仿真实训(封装 VR 工厂)、SMT 工艺全流程虚拟仿真实验、PCB 制作工艺虚拟仿真实验等 5 套虚拟仿真实训资源,培训资源包 3 个;开发 1+X 书证融通教材 6 部,开发国家级规划教材 2 部。

(三)内培外引,造就一支卓越团队

依托虚拟仿真实训基地建设,学院"教产岗位互通""专兼教师互聘"师资建设模式形成,团队技术技能、教学能力显著提升,以培养高层次优秀人才;建立专业群兼职教师库 1 个,培养省部级技能大师 7 名,实训基地培训教师近 2 000 人次;在省部级以上平台/团队类成果子项目中完成省部级奖项 10 项、国家级奖项 7 项。

(四)创新实训基地管理机制,构建共建共享运营模式

学院基地制度和管理体系基本形成,编制了包括指导委员会组建、项目建设、监督等 7 套方案,《项目实施管理办法》《日常运营管理制度》等 12 套管理制度,结合制度制订实施方案,促进有序实训、高效实训、安全实训,引领高职集成电路基地的研发创新管理机制与标准化建设。

(五)优化人才培养方案,虚拟仿真实训项目融入课程标准

学院优化人才培养方案,明确虚拟仿真实训应用,将虚拟仿真实训项目融入课程标准,广泛推广虚拟仿真实训解决"三高三难",实现国内领先的集成电路高职人才培养质量和创新性培养模式,将教、学、训有机融入教育教学活动。虚拟仿真实训服务专业的占比 95%,结合虚拟仿真实训优势优化完善的人才培养方案占比 35%,学生参加各类大赛获国家级奖 11 项,省部级奖 22 项。

(六)多途径共享资源,开展社会服务

基地为转业军人、企业新进员工等其他社会人员提供产业技术培训、职业技能鉴定,为产业人才赋育赋能,基于虚拟仿真向校内外师生以及企业员工开展培训教学,优化完善的相关培训方案。社会人员参加虚拟仿真类培训总人时数 491 056 人时、云端虚拟仿真实训培

训总人时数达 485 000 人时;虚拟仿真实训服务职业技能等级鉴定项目占比达 80%;虚拟仿真实训服务学生考取技能证书数量 1 893 人次;社会培训满意度 97.3%。

(七) 推广虚拟仿真实训资源,输出国际化课程

基地开展国内交流推广,通过鲁班工坊等项目向国外输出课程资源;通过研讨会、师资培训等向行业企业输出虚拟仿真实训产品、资源和标准;完成虚拟仿真配套教具 7 件;举办虚拟仿真实训教育研讨会、师资培训会 5 次;组织 1+X 职业技能等级标准研讨 1 次;举办线上或线下的培训会议 5 次;在国际推广方面,向国外输出虚拟仿真实训课程,培训海外人员 15 人次。

三、应用情况

(一) 以虚助实,融入专业,构建集成电路课程体系

集成电路专业群虚拟仿真实训基地为微电子技术、应用电子技术、电子信息工程技术等核心专业及虚拟现实技术应用等辐射带动专业共 19 个专业提供教学服务,服务专业占比 95%,构建了“岗位、能力、证书、课程、实训”的“五位一体”教学实训体系,结合虚拟仿真实训优势对相关的所有专业人才培养方案进行了优化完善。

为进一步满足规模型企业对专项技能型人才的迫切需求,集成电路专业群与企业联合开设微电子声光电现代学徒制班等 5 个现代学徒制班,开设集成电路华润卓越班等 4 个订单班,学生人数共计 256 人,虚拟仿真实训覆盖率达 100%。

集成电路专业群共计开设虚拟仿真实训课程 33 门,开课累计课时 2 274 学时,本校实训人数 4 203 人次,在校生参加实训总人时数达 538 176,在校生参加虚拟仿真实训的人时占比达 100%;开设了 11 门云端虚拟仿真实训课程,在校生云端虚拟仿真实训总人数为 43 480 人时。

虚拟仿真实训服务学生获取了“1+X 虚拟现实应用开发”“1+X 集成电路封装与测试”等 20 项技能等级证书,获证学生人数达到 1 607 人。学生参加全国第一届技能大赛光电技术项目、2021 年“巴渝工匠杯”等各项技能竞赛,获得省部级以上奖励 33 项,其中国家级 11 项。

学院针对教师和学生对虚拟仿真实训开展了满意度调查,教师满意度为 98%,学生满意度为 98.2%。

(二) 虚实结合、服务地方,打造技术技能培训基地

基地结合虚拟仿真实训优势,完成了“集成电路封装与测试”中级证书师资培训方案、“集成电路开发与测试”中级证书师资培训方案等 6 个职业培训方案的优化完善,优化方案占职业培训方案的 60%。

集成电路虚拟仿真实训基地对社会人员开展了 1+X 师资培训、元宇宙虚幻引擎 UE4 首

期公益师资培训等对外培训。参加培训的社会人员总人时数达 491 056,虚拟仿真类总人时数 491 056,社会人员参加虚拟仿真实训的人时占比 100%。在开展社会培训的过程中,基地借助现代信息化手段实施云端虚拟仿真实训授课,改善社会人员云端虚拟仿真实训条件,突破疫情阻碍,社会人员云端虚拟仿真实训总人时数达 485 000。

基地还将虚拟仿真实训引入广电和通信设备电子装接工(中级)技能等级鉴定和 1+X 证书等技能等级鉴定训练和考核中,虚拟仿真实训服务职业技能等级鉴定项目占比达 80%。虚拟仿真实训服务于职业技能等级鉴定考试效果显著,职业技能等级鉴定考试通过总人数 5 135,其中虚拟仿真实训服务职业技能等级鉴定考试通过人数 1 893,占比为 36.86%。

基地对参加培训的行业企业人员开展虚拟仿真实训满意度问卷调查,满意占 97.3%,较满意占 2.1%,不满意仅为 0.6%。

(三)校企共建、区域共享,形成虚拟资源共享平台

学院目前虚拟仿真实训课程总数为 67 门,其中"集成电路测试技术""集成电路封装技术""集成电路制造技术""新能源汽车构造与检修"等 8 门课程实现开放共享,开放课程占比为 11.94%。

借助已建成的共享平台和实训系统,"集成电路制造技术""集成电路封装技术""集成电路测试技术"等 10 门课程与浙江机电职业技术学院、深圳职业技术学院、厦门海洋职业技术学院等 25 所院校实现共享。

目前,"虚拟现实应用开发""虚幻引擎应用实训""AR 应用开发"等 21 门课程已对企业开放共享,共享企业有重庆励思科技、上海曼恒数字技术、重庆技展数字科技等 12 家企业。

通过校企合作共建教学资源,院校间资源共享,实现共享管理系统、共建共享机制,虚拟仿真实训课程累计使用总人数达到 54 856 人次。

(四)构建标准、开发资源,提升实训基地国内影响

基地结合虚拟仿真实训特点,根据学生和行业企业培训实际需求,完成虚拟仿真配套教具 7 件,悦来国际博览中心地下管网 3D 可视化系统、遨搏智慧工厂 AR 工业机械臂等实训产品 2 套;举办校内、校外虚拟仿真实训教育研讨会共计 5 次;组织完成集成电路封装与测试等职业技能等级证书培训 2 次;开展中汽研虚拟仿真实训系统培训等师资培训会 3 次。

(五)资源配套、全面开放,推动国际交流

基地借助虚拟仿真资源,与乌干达麦克雷雷大学共享"现代电子装联技术"课程,使用效果良好,受到学员的广泛赞誉;派出教师到马来西亚博特拉大学工业工程专业学习 3 人次;组织骨干教师参加"创造太阳"乌干达石油学院举办的国际化培训 5 人次,提升了境外办学及课程资源建设能力。

四、特色与亮点

（一）校企合作，整合优势资源建设虚拟仿真实训基地

产业龙头企业参与，校企以跨校联合体形式进行资源共建共享，华润微电子、中国电科等集成电路龙头企业直接参与方案制订、资源开发。

基地精准对接产业链岗位人才需求，"五位一体"构建虚拟仿真教学实训体系，如图2-43所示；基于课程体系需求，建设虚实结合的实训教学场所；引入优秀企业文化，丰富实训基地内涵建设。

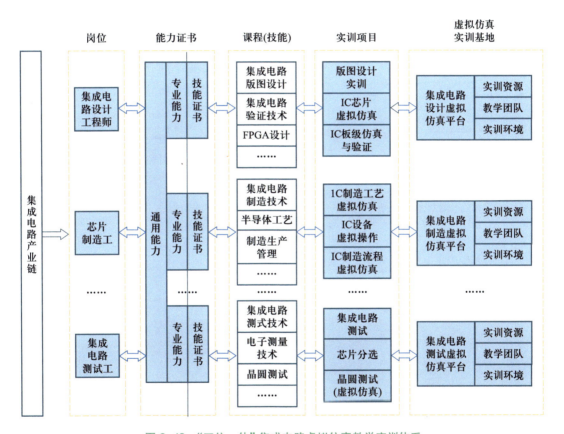

图 2-43　"五位一体"集成电路虚拟仿真教学实训体系

2021年学院投入500余万元，另吸引企业捐赠160万元，建成实训室4个，虚拟仿真资源4套；由学院教师、杭州朗迅工程师等联合组成项目团队，共同开发集成电路封装VR工厂虚拟仿真系统。

（二）以硅光子芯片微组装技术高端引领，创新资源开发内容

由集成电路领域国家"千人计划"专家在校内领衔成立硅光子创新中心，中心既是虚拟

仿真实训项目开发的基地,也是学生实训的真实场所。虚拟仿真实训内容以硅光子芯片封装、微组装等国内外前沿技术为示范引领、适应未来产业发展需要,开发、设计虚拟仿真实训项目,将技术融入教材等教学资源中。硅光子创新中心作为学生实训的场所,实现"虚实结合",优秀学生还可以直接参与到创新中心技术研发、生产制造环境中。

（三）自主教具开发,打造创新团队

学院充分利用集成电路虚拟仿真实训基地及合作企业相关资源,发挥团队在科研、教研、教学等多方面的优势,自主成功开发新型虚实结合集成电路器件可视化教具,现已利用增材制造技术和设备生产出拉晶炉、CMOS 反相器、四层集成电路芯片、引线键合芯片、倒装芯片、激光器及 APD 芯片等教具产品,其中 CMOS 反相器等已经申请 3 项实用新型专利,填补了国内集成电路器件领域在教学展示手段方面的空白。

23 中澳共建装配式建筑虚拟仿真实训基地

四川建筑职业技术学院

一、基地建设概况

2021年四川建筑职业技术学院虚拟仿真实训基地建设资金预算为525万元,实际到位525万元,到位率100%。该年度学院组建了建设团队和应用团队,制订了系列管理制度,建成了线上虚拟仿真实训平台,完成了沉浸式虚拟仿真实训室的建设,上线了10个线上虚拟仿真实训项目,更新了32个线下虚拟仿真实训项目,104门课程运用虚拟仿真实训资源开展教学,为校内校外大范围开展装配式建筑虚拟仿真实训和进行国际推广打下了基础。

二、建设具体情况

(一)项目团队建设

学院搭建了由37名校—企—校专家组成的虚拟仿真实训基地建设团队和53名专兼职教师组成虚拟仿真项目应用团队;通过虚拟仿真实训基地的建设和实训教学辅导、技术支持、双语化教学等工作,充分锻炼了团队成员虚拟仿真实训项目的教学设计及教学辅导能力,团队成员参加教师教学能力比赛获奖颇丰;多次开展研修访学等活动,积极推动团队成员参加工程实践,实现工程经验与教学经验相融合。

(二)基地制度建设

学院加强虚拟仿真实训室管理制度、项目目标责任制度等一系列制度建设,制订了《虚拟仿真实训基地管理制度》《项目建设绩效评价制度》等,推动基地开展科学的项目绩效管理、严格的项目经费保障,确保项目的可持续发展。

(三)实训环境建设

基地实训环境建设分为两大部分:线上虚拟仿真实训平台和线下虚拟仿真实训中心。线上虚拟仿真实训平台已基本建成,并进行了测试和试运行。

2021年,学院开展了线下虚拟仿真实训中心建设,完成了150 m² 沉浸式虚拟仿真实训室的建设,并对原有约 350 m² 的 BIM+VR 虚拟仿真实训中心进行了升级,增加 1 间面积约 100 m² 的教室作为桌面式虚拟仿真实训室,增加了 VR 桌面系统,设置工位 51 个(含教师机工位 1 个)。

(四)实训资源建设

2021 年,学院完成了虚拟仿真实训项目的总体规划和设计,并进行了配套开发资源素材的收集,与共建方多次召开建设推进会,推进线上线下虚拟仿真实训资源的开发及双语化建设,目前上线并测试英标施工图纸识读虚拟仿真实训等 10 个线上虚拟仿真实训项目,更新了塔吊倒塌 VR 仿真实训项目等 32 个线下虚拟仿真实训项目。

三、应用情况

(一)为 1+X 证书培训服务

2021 年度,学院积极利用虚拟仿真实训资源为学生 1+X 证书培训及考评服务,在建筑信息模型、工程造价数字化、建筑识图、装配式建筑构件制作与安装、建筑施工工艺实施与管理等证书上,获得良好应用。学生参加相关专业 1+X 证书考试达 1 877 人,其中,装配式建筑构件制作与安装职业技能等级证书通过率达 92%。

(二)为虚实结合的实训教学服务

2021 年度,学院在虚拟仿真实训基地开展了结构吊装、混凝土浇筑、外墙打胶等一系列高投入、高损耗、高风险项目的虚拟仿真实训,实现了装配式建筑识图、安全体验、竖向构件套筒灌浆连接等一系列难实施、难观摩、难再现项目的虚拟仿真实训,与生产性实训基地紧密配合,初步解决了在装配式建筑实践教学中的"三高三难"问题。学生参加职业技能大赛获奖颇丰。

例如,在装配式建筑识图教学中,如何引导学生将枯燥、复杂的图纸与建筑实物进行有机联系,一直是难以实施的教学内容。识图虚拟仿真实训项目运用 3D 动画、AR 图纸、BIM 模型、VR 情境体验、MR 混合现实等数字技术,使传统的平面符号化身为立体可剖切可旋转的物体,再将传统的实体模型与虚拟仿真练习相互结合,学习的生动性、趣味性、互动性极大提升,契合了高职学生好奇心重、乐于实践的特点,再加上网络技术与手机 APP 的运用,提升了学习的自主性,使学生学习参与度不断提高、空间想象能力不断增强,高效达成识图学习目标。

(三)为教师教学创新服务

2021 年度,学院在建筑信息模型、工程造价、识图、装配式建筑施工、专业英语等方面利用基地资源进行师资培训,有效提升了专业教师虚拟仿真实训教学能力。学院教师在 2021 年度四川省教师教学能力大赛中屡获佳绩,共获一等奖 8 项、二等奖 5 项、三等奖 6 项,一等奖数量及获奖总数在四川省均排名第一。

依托生产性实训基地和虚拟仿真实训基地,国家级教师教学创新团队和省级教师教学创新团队开展教学研究,创新了"741"实训新模式,通过七步教学环节,引导学生踏上四级递进式能力台阶,最终实现技术知识与职业技能的融合提升。

由四川省职业教育教师教学创新团队负责人率领参赛团队,优化了"741"实训模式,创新了"三贯通两融合"教学策略和"双导师双场景双结合"教学实施模式,将理论学习、实践学习、虚拟学习、线上学习 4 种学习方法交替应用,"装配式叠合板施工"教学团队荣获 2021 年全国职业院校技能大赛教学能力比赛二等奖。

(四)为兄弟院校服务

2021 年度,依托虚实结合的实训基地,学院承担了四川省职业院校教师素质提高计划—— 1+X 装配式建筑构件制作与安装职业技能等级证书制度试点院校教师国培项目、1+X 建筑工程识图职业技能等级证书制度试点院校教师国培项目,参赛院校 30 所(中职 18 所、高职 12 所),参培教师 32 人。培训过程中,学院教学能力比赛获奖教师通过分享虚拟仿真实训的成功经验,在参培教师中掀起了基于虚拟仿真教学的课堂革命热潮。

(五)为行业企业服务

2021 年度,学院联合四川省装配式建筑产业协会,承办了四川省装配式建筑项目管理人员培训班,培训班一共办了 8 期,为四川省建筑业输送了大量的高水平管理人才。根据培训后的调查问卷显示:公司自行培训时,由于需要使用各种装配式构件实物,因此培训成本高、时间长、危险性大,而且培训场地内构件种类不全,难以实现全方位、全流程的培训;学院组织的虚实结合培训,不仅规避了以上问题,还可以利用网络自主练习,学员们很快就掌握了各种装配式构件的工艺流程与技术要求,只需再在工程现场熟悉一下,即可正式开展工作。

(六)为国际化教学服务

2021 年度,虚拟仿真实训平台已服务中外院校约 500 余名师生和 100 余名海外员工。学院先后与四川华西海外建设投资有限公司、坦桑尼亚联合建设集团有限公司等大型中资建筑企业签订校企合作框架协议,建立了"四川建筑职业技术学院海外实习实训基地",通过虚拟仿真实训基地培养企业的海外人员,为培训人员提供优质的培训资料和智能的培训平台,提高了培训效率。学院积极响应习近平总书记在中非合作论坛上的讲话精神,积极践行中非合作的号召,在乌干达鲁班工坊和塞内加尔留学生培训项目中,把虚拟仿真实训作为重要内容之一,为中非职教合作提供了"四川建院方案"。

四、特色与亮点

(一)校—企—校合作、共建共享的基地建设模式

四川建院主导建设工作、宏业公司负责协调行业企业、墨尔本理工学院负责国际化工

作,三方各自在擅长的领域发力,不仅发挥了专门建筑类职业院校的优势,拓宽了行业骨干企业合作渠道,还引进了国际优质教育资源,最终形成了独特的校—企—校合作的基地建设模式,如图2-44所示,通过共建共享方式进行虚拟仿真实训基地建设。通过基地的建设与使用,四川建院提升了学生的培养质量、增强了教师的教学能力、服务了兄弟院校和行业企业;四川宏业公司增强了技术团队的研发能力,提升了企业的核心竞争力,扩大了行业影响力和知名度;墨尔本理工学院提升了在国内的知名度,增强了师资团队的虚拟仿真应用能力,还可将优质虚拟仿真教学资源应用在其国内。

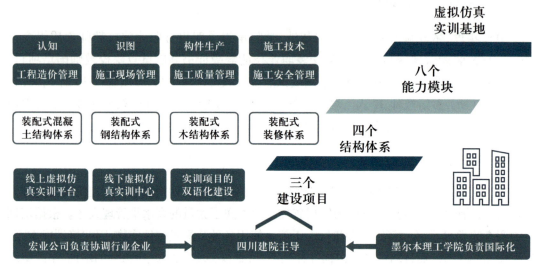

图 2-44　基地建设模式示意图

(二) 对接岗位、拓实建虚、虚实结合的实训模式

依托四川建院牵头组建的国家级产教融合平台——四川建设职业教育集团,开展了对四川地区的装配式建筑企业及装配式建筑工程现场的调研,整理出装配式建筑各岗位技能要求,按照岗位技能标准构建了装配式建筑技术+管理实训体系;对照实训体系要求,梳理出建筑工程生产性实训基地能够实现的实训项目,对于不适宜在生产性实训基地完成的项目、需要持续性训练的项目和"三高三难"项目,针对性建设虚拟仿真实训项目;参照先进企业的作业标准设置虚拟仿真实训步骤和要求,参考工程真实案例设置虚拟仿真实训场景,虚拟仿真实训项目的技术先进性和仿真度极高;通过线上虚拟仿真实训平台,统筹协调生产性实训基地与虚拟仿真实训基地,按照"虚实结合、能实不虚、以实带虚、以虚辅实"的原则,贯通线上实训与线下实训、虚拟仿真实训与现场操作实训,分工协作完成装配式建筑实训体系中所有内容。

24 喀斯特山地道路智能"建—养—运"虚拟仿真实训基地

贵州交通职业技术学院

一、基地建设概况

贵州交通职业技术学院喀斯特山地道路智能"建—养—运"虚拟仿真实训基地落实立德树人根本任务,着眼服务交通发展先行官的角色定位,坚持高起点规划、高标准建设、高强度推进、高水平管理、高密度融合、高质量服务,以"坚持科技引领,虚实结合""坚持育训结合,教学创新""坚持一校一策,共建共享""坚持科学管理,规范考核"为原则,以学院"十四五"规划为引领,以凸显"山区峡谷"桥梁和"长大岩溶"隧道智能建造与养护、"陡坡急弯"极端地形和"风雨雪雾"极端天气山地道路智能运输为特色,丰富内涵、阶段性效果评价,确定"规划布局—建设实施—资源共建共享—注重应用—社会服务"的建设路径。

学院面向"道路桥梁工程技术"和"汽车运用与维修技术"两个高水平专业群,聚焦"危险程度高、场景再现难、运行成本高"的关键核心环节,创新实施"虚拟现实+智慧教育"的"三教"改革路径。基地预算资金 4 460 万元,规划面积 2 530 m²,建设智能"建—养—运" 3 个专业虚拟实训中心,VR 教师发展、虚拟仿真教学管理及资源共享平台、虚拟仿真研创中心 3 个平台,以及公共虚拟仿真实训中心和虚拟体验中心。

二、建设具体情况

2021 年度,基地按照建设计划,有序开展了智能建造、智能养护、智能运输 3 个虚拟仿真实训中心和虚拟仿真研创中心、人工智能公共虚拟仿真实训中心以及虚拟仿真资源建设等任务,涉及 4 个建设项目、18 个子任务,投入建设资金 628 万元。任务完成率 100%;资金到位率 100%、执行率 99.21%;虚拟仿真实训解决的痛点和难点数 41 个,占比 43.62%;虚拟仿真实训体现行业企业新理念、新技术、新工艺、新规范、新标准 10 个。

(一) 基地公共虚拟仿真实训中心优化建设

基地以支撑学院"双高"和职业本科建设为目标,以培养新时代"ABC"人才为落脚点(A=AI/AioT/AVR、B=Big Data、C=Cloud Computing),以人工智能等新技术赋能学校专业建设与"三教"改革工作,构建面向未来、面向新技术"1+1+4"模式的学生创新能力培养体系(见图2-45),着力打造集"教学+实训+创研+培训"于一体的公共虚拟仿真中心。

图2-45 "1+1+4"学生创新能力培养体系

1. 人工智能创新拓展实训室

基地新建150 m²、60工位人工智能创新拓展实训室(见图2-46),包括"智行千里""智趣生活""机智过人""智造未来"4个主题实训区,涵盖智慧交通、智能物联、智慧服务、智能制造4个方向,面向全校学生开展体验、教学、实训和创新拓展实践。

图2-46 人工智能创新拓展实训室实景图

2. "人工智能+服务机器人"虚拟仿真实训室

基地新建200 m²、60工位"人工智能+服务机器人"虚拟仿真实训室(见图2-47),将人工智能、机器人新兴技术与智能检测、智慧物流、智慧公路等先进技术相融合,对接智能交通产业高端,开展技术技能创新和项目攻关。学生在实训室中能够从底层开始由浅入深学习,满足不同层次的学习需要。

图 2-47 "人工智能+服务机器人"虚拟仿真实训室实景图

（二）基地专业虚拟仿真实训中心环境建设

1. 智能建造虚拟仿真中心

本建设任务完成率 100%，完成智能建造虚拟仿真实训中心规划设计论证、场所建设、设施设备采购，合同额 291.76 万元；新建实训场所面积 320 m²、工位 90 个、设施设备 112 台（套），满足智能建造虚拟仿真实训教学的需求（见图 2-48）。

图 2-48 智能建造虚拟仿真中心实景图

2. 智能养护虚拟仿真中心

本建设任务完成率 100%，完成智能养护虚拟仿真实训中心规划设计论证、场所建设、设施设备采购，合同额 175.9 万元；新建虚拟仿真实训场所 280 m²、虚仿设施设备 55 台（套）、实训工位 50 个;扩建 300 m² BIM 实训室,拓展实训工位 115 个。中心累计建设实训工位达 165 个,满足喀斯特山地道路智能养护虚拟仿真实训教学需求。

3. 智能运输虚拟仿真中心

本建设任务完成率 100%,完成喀斯特山地道路智能运输虚拟仿真中心智能网联汽车、复杂环境感知、智能交通运输和智能装备 4 个实训室场地规划设计、设施设备的论证工作。

4. 虚拟仿真研创中心

本建设任务完成率 100%,完成研创中心场地建设和设备采购,工位数 20 个。

(三)基地虚拟仿真实训资源建设

基地聚焦喀斯特环境下高素质技术技能人才培养中的"三高三难"问题,遵循"以实带虚、以虚助实、虚实结合"原则,精准梳理和开发虚拟仿真实训资源;以"三教"改革为突破口,对传统实训教学模式进行创新再造,实现实训教学的生动性、趣味性和互动性;资源开发中有机融入"课程思政"元素,凸显育人功能。

2021 年,基地资源建设任务完成率 100%,更新的虚拟仿真实训项目数 85 个,资源更新率 84.16%;含有虚拟仿真实训资源的课程数 71 门,占比 23.28%;含有虚实结合实训资源的课程数 6 门,占比 8.45%;含有虚拟仿真实训资源的教材 6 部,占比 18.75%。详见表 2-7。

表 2-7　虚拟仿真实训基地资源建设情况

序号	项目名称	工作任务	效能达标(2023 年)	2021 年任务指标	2021 年执行指标	是否达标	备注
1	校本资源	虚拟仿真实训资源更新率	年度高于 50%	资源年度更新率不低于 50%	84.16%	是	
2		含有虚拟仿真实训资源的课程占比	高于 40%	含有虚拟仿真实训资源的课程占比不低于 10%	23.28%	是	
3		含有虚实结合实训资源的课程占比	宜高于 20%	含有虚实结合实训资源的课程占比不低于 5%	8.45%	是	
4		含有虚拟仿真实训资源的教材占比	高于 20%	无	18.75%	是	

基地开发桥梁虚拟仿真实训资源 11 项,收集整理典型工程案例资料 10 GB,资源能满足"桥梁工程""桥涵施工""桥梁健康监测"等专业核心课程虚拟仿真实训教学。

(四)基地团队建设及人才培养

基地按照具备虚拟仿真"实训教学+资源开发"的双重能力目标培养团队,以项目为载体,分阶段以内培外引方式进行推进;服务交通强国示范省建设,修订融入虚拟仿真技术的人才培养方案,重构具有虚拟仿真特色的课程,以创新课程考核等方式开展人才培养。

2021 年,基地团队建设及人才培养工作按计划有序推进,任务完成率 100%。参加虚拟仿真实训教学专题培训的教师达 34 人次,占比 33.01%;参与开发虚拟仿真实训资源的教师 10 人,占比 3.03%;引进、培养虚拟现实技术应用专业带头人和骨干教师 9 人;虚拟仿真实训服务的专业数 10 个,占比 100%;虚拟仿真实训服务的订单班或现代学徒制班的学生数 149 人,占比 61.32%;结合虚拟仿真实训优势优化完善的人才培养方案 10 个,占比 100%;在校生参加虚拟仿真实训总人时数 263 596 人时,占比 21.88%;虚拟仿真实训基地服务学生考取职业技能证书 10 个,获证学生 316 人;学生获得省级三等奖及以上虚拟仿真类大赛奖项 3 个。

三、应用情况

基地依托学院全国职业院校校长培训基地、国家职教师资培养基地、全国交通行指委、中国—东盟交通职业教育联盟、贵州省交通与汽车职教集团等平台,向国内外输出虚拟仿真实训基地标准、实训、课程、教材等资源。

2021 年,基地建设应用涉及社会服务、课程共享、国内推广、国际推广 4 个项目 14 个具体工作任务,指标达标率 100%;优化完善职业培训方案数 8 个,占比 47.06%;社会人员参加虚拟仿真实训 8 805 人时,占比 27.27%;社会人员云端虚拟仿真实训 3 172 人时;服务职业技能等级鉴定项目 4 个,占比 57.14%;服务职业技能等级鉴定考试通过人数 587 人,占比 94.22%;虚拟仿真实训课程开放共享数 21 门,占比 29.58%;虚拟仿真实训课程共享学校 12 所、共享企业 25 家;虚拟仿真实训课程使用总人数 35 240 人;举办虚拟仿真实训教育研讨会、师资培训会 22 次;输出行业企业所需的虚拟仿真实训产品、资源和标准数 20 个;向国外输出虚拟仿真实训课程数 1 门;国际人才交流 63 人次。

四、特色与亮点

(一) 系统设计基地"1+N"体系,全方位服务高水平专业群建设

喀斯特山地道路智能"建一养一运"虚拟仿真实训基地规划建设立足于西南喀斯特山地道路特点,以"道路桥梁工程技术"和"汽车运用与维修技术"两个国家级高水平专业群技能实训为基础,以智能交通"建一养一运"行业技能培训为目标,整体规划、全盘布局、校企深度合作,辐射带动贵州及西南地区职教交通专业群水平整体提升。

基地建设凸显贵州"山区峡谷"桥梁建造与养护、"陡坡急弯"极端地形、"风雨雪雾"极端天气山地道路智能运输等特色,聚焦关键核心技术,创新"虚拟现实+智慧教育"的"三教"改革,通过构建"公共虚拟仿真实训中心+专业虚拟仿真实训中心+虚拟仿真体验中心"三位一体虚拟仿真体系,将典型工程、真实生产情景,以沉浸式体验,解决学院教学硬件资源不能与时俱进满足跨界融合专业群教学的重要载体,有效破解学生实习实训过程中出现的各类"三高三难"问题,提高专业群学生专业核心技能的有效掌握度、覆盖度,强化技能、推进"三教"改革,提升人才培养质量。

2021年,道路桥梁工程技术专业群收获"全国高校黄大年式教学团队"(喀斯特山区道路工程技术专业群教学团队)、全国优秀教材一等奖(《工程岩土》)、土木检测技术专业国家教师教育教学创新团队、省级精品开放课程(桥梁工程试验与检测)、土木工程检测技术专业黔匠工坊。汽车运用与维修技术(西部山区智能交通)专业群收获智能网联汽车产教融合实训基地、国家产教融合型企业(通源集团)、贵州省交通与汽车职业教育集团、省级精品开放课程(汽车维护技术)。

(二)组建跨专业教学组织,整体提升教师执教能力

学院与深圳市中孚科技有限公司深度合作,以专业群为纽带,"种子教师"培养为突破口,实施"道路桥梁工程技术"和"汽车运用与维修技术"两个国家级高水平专业群教师执教能力提升计划。

1. 遴选"种子教师",组建结构化师资队伍

2021年1月,学院开展"人工智能基础与应用"课程师资能力提升培训,遴选来自不同部门、不同专业、不同职称、不同年龄的57名教师进入"种子教师"培养计划。

2. 以项目为载体,打造高水平教师团队

"种子教师"和企业人员共同编写《人工智能基础与应用》教材1部,开发人工智能实训项目46个,获贵州省交通运输厅《基于新基建的贵州交通数字化技能人才培养路径创新及实践研究》科研项目1项。

3. 多措并举,提升"种子教师"执教能力

一是"一课多师"教学改革。学院根据"种子教师"专业特长、年龄、职称结构等将教师分配人工智能基础、编程、应用3个模块开展教学工作。二是"集体教研"活动。学院按照每月集体教研、每周模块教师集体备课的思路开展教研活动,团队完成集体教研8次、集体备课32次。三是"教学能力+实践能力"提升培训。"种子教师"参与了8次线上教学能力提升培训,3次线下实践能力提升培训,有效提升了团队的教学能力和实践能力。四是绩效激励。学院对参与"人工智能基础与应用"课程教学的"种子教师",教学成效突出的提高一档课时,激发教师内生动力。

学院通过打出"种子教师"能力提升的一系列组合拳,学生培养成效显著。2021年,"人工智能基础与应用"课程,学生春季学期课程通过率90.4%、优秀率29.8%、均分80分;秋季学期课程通过率92%、优秀率42.9%、均分82.9分。

(三)创新"社区+行业+研学"新模式,提高基地社会服务能力

学院依托建设的虚拟仿真基地,立足贵州区域特色,创新了"社区+企业+研学"应用推广模式,提高了基地社会服务能力。

1. 成立"夕霞学院"老年大学,提升社区服务能力

2021年4月,学院成立"夕霞学院"老年大学,开创了依托仿真实训基地服务社区教育的新模式。"夕霞学院"以"夕霞同是朝阳,招生同步招师,学习同可授业,付出同时收获"作为"四同"办学理念,面向省交通运输、装备制造、电子信息等行业企业的离退休干部职工

招生,当年共招生学员 25 名。学员在接受智能机械手臂、智能脉诊、无人驾驶等虚拟仿真实训学习的同时,作为兼职教师承担了学院教育教学、专题讲座、工作指导等工作。

2. 成果多渠道推广,满足行业新技术应用需要

基地借助学院国家职教师资培养基地、全国交通行指委、中国—东盟交通职业教育联盟等推广平台,向国内外输出基地标准、产品、课程等。2021 年,社会人员参加虚拟仿真实训8 805 人时、云端虚拟仿真实训 3 172 人时;虚拟仿真实训课程开放共享课 21 门、共享学校12 所、共享企业 25 家;输出行业企业所需的虚拟仿真实训产品、资源和标准数 20 个;向国外输出虚拟仿真实训课程数 1 门;国际人才交流 63 人次。

3. 校地共建职教研学基地,助力乡村振兴

2021 年 5 月,学院与贵州省从江县人民政府签署"校地共建职教研学基地"协议,开展贫困地区学生研学工作,协力营造"人人职教、个个就业、家家致富"的职业教育良好发展氛围,助力乡村振兴;依托虚拟仿真基地,开展"展陈参观、沉浸体验、实践操作、专题讲座"相结合的研学教育,来自从江县大歹村的 50 余名学生参与了研学教育。

25 高速铁路示范性虚拟仿真实训基地

昆明铁道职业技术学院

一、基地建设概况

昆明铁道职业技术学院高速铁路示范性虚拟仿真实训基地启动建设一年来,主要开展了以下工作:推进实训课程体系构建,初步完成了实训基地服务的"铁道机车运用与维护"专业群及相关铁路专业152门专业实践性课程的重构,开发了各类实训项目(任务)114项;完成了铁道机车运用与维护、铁道工程技术、铁道信号控制技术等8个专业34门专业课程的教学标准修订;完成部分新增实训项目(任务)的67部实训指导书的编写和修订,编写新型教材3部;组织教师参与设备装调和设备应用以及虚拟仿真教学培训累计70人次;开展铁路企业59个班近2 700人次各类培训以及49个工种6 961人次的职业技能鉴定;服务"一带一路"建设,推进"援老挝铁道职业技术学院"项目建设并取得阶段性成果。

二、建设具体情况

(一)基础建设

通过近一年半的建设,截至2021年底,铁道机车车辆、运输、供电等5个虚拟仿真实训中心29个实训室(场)已完成基础建设工作,设备全部到位,除信号和运输实训中心部分实训室设备尚未验收外,其他设施设备已通过验收并投入教学应用。

(二)课程体系建设

1. 实训课程方案构建

2021年3月,基地启动了8个铁路专业的实训课程体系重构工作。实训课程方案的重构遵循"以实践为导向实施项目(任务)式教学"的原则,按照学习过程即工作过程、教学内容即工作内容的思想,深入分析各专业实训教学中"三高三难"痛点和难点,沿着"精心设计项目→创设项目情境→项目前期导学→开展项目活动→项目成果评价"的路径进行教学项目设计和任务开发;根据产业链和职业岗位衔接能力的需求,紧扣"铁道机车运用与维护"高水平专业群建设要求,将教学项目(任务)按模块化整合并纳入相应课程,构建各专业的实训课程方案,完成了152门专业实践性课程的重构,开发了各类实训项目(任务)114项。

2. 课程标准建设

各专业根据新增和优化的实训教学项目或任务,制订了80门专业课程的教学标准修订计划,对涉及的相关课程标准进行了完善,共计完成8个专业34门专业课程的教学标准修订。

3. 实训指导书与教材开发

学院按照相关课程教学标准的修订计划,同步制订实训项目(任务)的指导书编制计划,编写一批数字化教材、工作手册式和活页式教材等形式的新型教材,现已完成67部实训指导书的编写或修订,出版教材3部。

(三)师资培训

1. 制订专业教学团队培养培训方案

为提升专业教师的专业实践能力和技能水平,掌握新增设备的应用,确保实训项目能够顺利开展,2021年3月,学院通过教师参与设备现场装调和应用培训、下企业跟岗学习、全国铁路专指委专项培训以及虚拟仿真教学应用培训等途径和方式,根据教师今后任教课程及其实训项目开展需要,为50余名专业教师量身定制了培养培训计划。

2. 专业教学团队建设及成效

一是设备操作培训。各专业组织教师参与设备装调、设备应用培训及虚拟仿真技术教学应用培训等累计70人次,基本掌握了新增设备的操作使用,为后续项目开发、标准编制、指导书编写及其教学应用,奠定了较为坚实的基础。二是站段岗位学习。部分专业教师结合设备操作培训,通过下企业跟岗学习,对照实训项目教学要求,分析实际工作和实训项目的关联性,对操作技能和教学训练深入认识,对推进实训项目的优化完善起到了积极作用。三是设备厂家技术培训。如动车组检修技术专业的教师,通过参加复兴号CR400AF教学车的改造方案技术论证、在中车青岛四方机车车辆股份有限公司的技术培训、设备进场后的现场装调及车组单元的联调联试,在理论和技术技能两个方面,对我国高铁动车的最新技术及其设备应用有了更为深入的理解和掌握。四是虚拟仿真技术应用培训。学院先后组织两批次13人赴南昌国家职业教育虚拟仿真示范实训基地、广州铁路职业技术学院、广州番禺职业技术学院,就基地建设和教学应用进行考察交流学习。

通过上述培训,教师的教学能力得到较大提升。2021年学院7个教学团队参加云南省职业院校教学能力大赛,5个团队获奖,其中铁道运营管理、动车组检修技术和铁路工程技术3个专业教学团队获得一等奖1项、二等奖2项。此外,铁道工程专业教师在全国职业院校"南方高铁杯"铁路工务作业虚拟仿真技能竞赛3个项目中,5名教师获得一等奖1项、二等奖4项、三等奖7项。

三、应用情况

在基地建设过程中,各实训室陆续投入教学应用,各专业将初步开发的教学项目(任务)

和改造后的课程方案应用到实践教学中,尤其是上半年完成建设并投入教学使用的 3 个实训中心的试点取得了较好成效。

(一)铁道机车车辆实训中心

该中心下设铁道机车模拟驾驶、铁道机车牵引传动、行车安全装备、CRH 动车组虚拟检修、塞拉门、动车组制动和车辆检修库 7 个实训室和检修库,2021 年 6 月开始陆续建成并投入铁道机车、车辆和动车组 3 个专业的教学应用,覆盖 26 门课程。

投入教学应用后,各实训室逐步在教学中发挥了作用。以铁道机车模拟驾驶实训室为例,该实训室涵盖了动车组运用、机车制动技术、机车运用与规章、机车乘务作业等两个专业近 10 门课程。学生在基本知识学习的基础上,在教师和设备自带的专家导引系统指导下,使用各型机车实训任务指导书,按照《机车操作规程》《动车组操作规程》《中国铁路昆明局呼唤应答和车机联控制度》《机务段机车乘务员一次出乘作业标准》进行实操训练,将模拟驾驶和实车操作紧密结合,有效提升了课程教学效果。

(二)铁道工程实训中心

该中心下设测绘、工程测量、土工、铁道工程施工、钢轨探伤及 BIM 实训中心等 10 个实训室以及包含桥梁、隧道、线路的铁道工程实训场。截至 2021 年底,上述实训场所全部投入使用,支持铁道工程技术和高速铁路施工与维护两个专业 19 门课程的实训教学。

投入教学应用后,实训教学开课率大幅度提高,如"工程材料试验与检测"课程,由于前期基本没有设备,试验项目实训开课率极低,而现在的开课率为 100%,有效提高了学生技能的训练效率和技能水平。在 2021 年"南方测绘杯"首届全国测绘地理信息职业院校大学生虚拟仿真测图大赛中,铁道工程专业学生获得一等奖 1 项、二等奖 1 项,团体二等奖 1 项。中心支持 1+X 证书培训,获得建筑信息模型(BIM)职业技能等级证书 17 人、测绘地理信息数据获取与处理职业技能等级证书 59 人。

(三)铁道运输实训中心

该中心下设接发列车、调车基本技能等 7 个实训室和高铁模拟车站。建设过程中,完成初验的实训室随即投入教学试用,覆盖了铁道交通运营管理、城市轨道交通运营管理和铁路物流管理 3 个专业 9 门核心课。

中心教学试运行中,完成了货运制票、3D 装卸车、货运安全监控、VR 仿真货检等实训项目教学累计 660 人时;举办了 13 个参赛队 39 名选手参加的 2021 年云南省技能大赛城轨客服赛项比赛;完成 2021 年"一带一路"暨金砖国家技能发展与技术创新大赛赛前培训 24 人;完成 2021 年度城市轨道交通站务 1+X 职业技能等级证书考证培训 78 人次,通过 70 人,通过率 88%。

(四)1+X 证书试点

学院 2021 年新申报获批"轨道交通自动控制系统装备运营维护职业技能等级证书(中

级）"等 4 个第四批试点证书及"建筑信息模型（BIM）职业技能等级证书（中级）"1 个第一批试点证书共 5 个证书,试点证书数达到 11 个;组织开展城轨交通站务、城轨交通乘务、轨道交通电气设备装调、建筑信息模型（BIM）、测绘地理信息数据获取与处理 5 个职业技能等级证书的培训总计 242 人,取得证书 196 人。

学院依托实训基地,推进考点建设,先后与廊坊市中科建筑产业化创新研究中心、广州轨道教育科技股份有限公司、中国中车集团、广州南方测绘科技股份有限公司等企业签署了1+X 建筑信息模型（BIM）、城市轨道交通乘务站务、轨道交通电气设备装调等职业技能等级证书考务合作协议。

（五）社会服务

学院充分发挥实训基地的功能,开展铁路企业特种作业人员培训 17 个班、747 人、5 274人天,中国铁路昆明局"2+1"培训、新入职大学生培训、职业技能提升培训等 42 个班、1 952人、115 031 人天;配合中国铁路昆明局职业技能鉴定站,开展职业技能鉴定（等级认定）工作,共完成了 49 个工种、3 个等级、6 961 人次的职业技能鉴定（等级认定）工作。依托基地,学院为铁路员工的技术技能提升发挥了作用,得到了中国铁路昆明局及其站段的充分肯定。

四、特色与亮点

（一）发挥项目示范作用,为深化学院"三教"改革提供了支撑

为落实立德树人根本任务,进一步提高人才培养质量,学院以实训基地建设为契机,结合实训基地建设工作经验,编制并下发了《昆明铁道职业技术学院"三教"改革工作实施方案》,面向全院所有专业,全面推进学院"三教"改革工作。

1. 教师队伍建设

学院打造符合各专业实践教学需要的"双师型"教学团队,培养一批具备过硬专业实践能力的专任教师和实训基地管理需要的实训指导教师;根据课程改革和实践教学及其管理需要,各专业结合教学团队建设的实际,拟定教师培养方案并逐步开展实施。

2. 课程与教材建设

学院建立完善的专业实训课程体系,完成 2021 级专业人才培养方案及课程标准（包含专业基础和专业实践教学的课程）的修订或编制;根据修订或编制的课程标准,完成专业技能项目库建设,包括编制专业技能训练标准、开发专业技能项目考核题库、编制专业技能项目训练指导书或教材等;在具备条件的前提下,开发相应的数字化教学资源。

3. 教学改革

学院结合 1+X 证书制度试点工作要求,以实训基地为支撑,积极探索"岗课赛证"融合育人模式,创新发展线上线下混合式教学模式,按照生产实际和岗位需求设计模块化课程,强化工学结合、理实一体,实施项目教学、案例教学、情景教学等行动导向教学。

（二）助力东南亚铁路人才培养

"援老挝铁道职业技术学院"项目是配套中老铁路的建设和运营,为满足老挝铁路技术人员培养的需要,由中国为老挝援建一所铁路高职院校的重大援外项目,是构建"中老命运共同体"的具体体现。项目于2019年4月立项,2020年4月交由云南省组织实施。学院作为项目可行性研究的参与单位和教育能力培养及教育合作的实施单位,充分借鉴基地建设经验,为项目开展提供技术支持并向周边国家推广和延伸,助力东南亚铁路技术人才培养。

1. 为项目建设提供专业技术支持

2020年10月,学院与项目管理和设计单位云南省设计院签订技术咨询协议,为老挝铁道职业技术学院的建设布局、各单体建筑的功能及设施配置、铁路实训站场设计等提供了技术性意见和建设指导,尤其是结合学院虚拟仿真实训基地建设经验,为援建学校制订了基于中国铁路技术标准、虚拟仿真技术和现场实物设备相结合的HXD3C型机车仿真驾驶、行车安全装备、列车调度指挥、智慧铁路车站管理、铁路信号控制系统等先进设备在内的铁路专业实训教学设备清单,为今后老挝铁路技术人才培养提供了职业教育的中国智慧、中国经验和中国方案。

2. 老挝教师教育能力培养方案编制

2021年9月,学院以高速铁路虚拟仿真实训基地为支撑,结合老挝铁道职业技术学院的铁路实训设施设备的建设方案,编制了《老挝铁道职业技术学院学员教育能力培养实施方案》,依托实训基地,为即将来华的40名老挝铁道职业技术学院6个专业的教师(学员)制订了理论和实践教学培训计划。

3. 举办2021"澜沧江—湄公河合作中泰老高铁师资培训班"

2021年8月,由泰国教育部职业教育委员会、清迈大学孔子学院、昆明铁道职业技术学院联合主办的2021"澜沧江—湄公河合作中泰老高铁师资培训班"顺利开班,来自泰国和老挝的60名教师在线上完成了专业课程培训。学院动车组检修技术、铁路通信、铁道工程等专业的老师,将实训基地的设施设备充分应用到教学中,取得良好的教学效果,得到泰国和老挝教育部官员的高度肯定。人民日报、泰国教育部职业教育委员会官网和老挝教育部官网对此进行了报道。

（三）辐射与引领

2021年11月至12月,由云南省委宣传部组织的人民日报社云南分社等20余家各级各类媒体到学院开展中老铁路开通运营主题采访调研活动。媒体采访团分别到学院铁路实训站场、铁道机车模拟驾驶实训室、高铁调度虚拟仿真中心、复兴号标准动车组教学车进行教学观摩及现场采访,以"学院为老挝铁道职业技术学院培养40名师资""学院为中老铁路储备国际人才力量""中老铁路的人才摇篮 中老友谊的文化使者"等主题对学院援建老挝铁道职业技术学院项目方面的情况进行报道,分别在中国新闻网、人民网、搜狐新闻、人民日报等媒体平台发布新闻近20篇,受到社会广泛关注。

26 西藏职业技术学院虚拟仿真实训基地

西藏职业技术学院

一、基地建设概况

西藏职业技术学院虚拟仿真实训基地依据学校实际情况,紧紧围绕建筑工程技术、机电一体化技术、畜牧兽医、旅游管理等专业"双高计划"项目任务,实施虚拟仿真实训基地建设和平台化管理,打造覆盖学校各专业的系统化、科学化的统一管理平台,将学校现有的专业建设向校级综合性建设发展转变;将学校较为分散的教学资源向系统化教学实训资源建设发展;将各系统的数据孤岛向数据平台化转变;将实训中心的功能单一性向实训中心的功能丰富化完善;将单一虚拟仿真实训设备向多样性虚拟仿真实训设备发展。2021年,学院安排737万元专项资金进行虚拟仿真实训建设,各项建设任务按照基地培育要求有序推进,取得了预期的效果。

二、建设具体情况

2021年,学院通过工学结合、校企合作、联合创新,创建共建共享的多专业整合课程资源平台,创建开放共享的多专业虚拟仿真实训资源平台,着力打造"三横六纵、四强化、五打造"的模块化教学功能,孵化、建设信息化教学资源。

(一)公共虚拟仿真实训中心建设

2021年,公共虚拟仿真实训中心主要围绕"老西藏精神"虚拟仿真实训基地开展建设。实训基地依托学院谭冠三将军纪念馆,统筹开展硬件建设和虚拟仿真资源建设。

1. 硬件建设

购置虚拟仿真头盔30台,并配置专门的辅助设备。通过高度融合的一体化设备呈现,可视化触摸式一键操作,轻松独立完成实训;彻底摆脱对管理员辅助的依赖,教师可通过账号密码、手机APP扫码、IC卡插卡等多种方式开启并登录智慧终端,终端自动读取教师信息和使用权限,自动对接教学资源平台,自动匹配个人数据,自动开启个人空间,自动启用个性化配置,让教师轻松自助开展教学活动。教师通过触摸屏操作可视化地管控设备完成教学全过程。作为一款高融合度的智慧教学系统设备,避免了传统教室的设备复杂烦琐、故障隐患多、运行不稳定的弊端。智慧终端具备大尺寸电容式液晶触摸屏、安卓操作系统,界面可定制,授课教师随着现场教学活动的进程对通过智慧终端触控屏上点选预览界面的方式随意切换;各种功能扩展便捷,设备管理、环境监测、人员考勤、智慧课堂互动教学、教学数据分析等可多视窗分别显示,采用云端统一管理,更新维护极为方便。控制界面采用智能化手机界面设计,让授课教师无须深度培训便可以流畅使用。智慧终端配置的小助手自带 MIC、激光笔功能,通过教学音箱即可完成教室内的本地扩声功能。集成无线 MIC、电子教鞭、PPT 翻页等功能,具备电源开关、音量加减、教鞭开关、PPT 翻页等调节按钮;硅胶按键,平滑盲点设计,能让授课教师顺畅进行教学操作。

2. 虚拟仿真资源建设

"老西藏精神"是西藏现代化进程中形成的红色精神,是西藏最典型的红色精神传统。谭冠三将军是老西藏精神的代表,他 1950 年与军长张国华率第 18 军进军西藏,参与指挥昌都战役,完成和平解放西藏任务,是西藏解放事业和现代化建设的最重要开创者之一。本项目虚拟仿真资源建设,围绕第 18 军进藏路程以及和平解放等进行全景呈现。同时,作为全国青少年爱国主义教育基地,同步购置系列全景式红色虚拟仿真实训资源。

（二）专业虚拟仿真实训中心建设

学校地处高原,各类实践教学资源不足,为有效解决学校各专业群,尤其是旅游管理、畜牧兽医、计算机网络技术、古建筑工程技术等专业在实训教学过程碰到的"三高三难"问题,学校以基地培育建设为契机,建设多个专业虚拟仿真实训中心。2021 年学校已完成旅游管理虚拟仿真实训中心、畜牧兽医虚拟仿真实训中心、计算机网络技术虚拟仿真实训中心建设工作,正在全力建设古建筑工程技术虚拟仿真实训中心。

1. 旅游管理虚拟仿真实训中心

中心参考借鉴国内外领先的设计风格与理念,以国内领先旅游企业为范本进行设计。实训教学区可容纳 40 人同时授课,教学、模拟、讨论可灵活切换。弧形大屏幕及舞台设计一室多用,可用于教学、会议、报告、演讲、演出、放映等。中心配备更大的显示尺寸、更宽的视野、更多的显示内容、更高的显示分辨率,以及更具冲击力和沉浸感的视觉效果。全新的视觉展示技术更能彰显教学的先进性和创新性,搭配虚拟现实旅游教学系统,能够提升旅游管理专业学生学习的积极性和主动性。同时,针对自治区各类旅游资源距离遥远,无法亲临现场等情况,建设西藏特色景点虚拟仿真实训资源,学生可以通过中心身临其境地感受各景点,提高了学习的临场感。

2. 畜牧兽医虚拟仿真实训中心

利用拟建的显微互动实训室平台,项目建设在动物科学技术学院实训楼显微互动室,打造虚拟实训管理平台,建设 3D 投影设备、开放式虚拟仿真实验教学管理平台软件、牛的解剖学、生理学虚拟仿真系统(网络版)、3D 数字猪解剖实验系统软件、生物组织切片虚拟仿真实验(网络版)、生物组织切片虚拟仿真实验(网络版)、小鼠肝脏 RNA 的提取与纯化虚拟仿真实验(网络版)、疫苗生产虚拟仿真实验(网络版)、牛常见寄生虫病虚拟仿真实验(网络版)、牛剖腹产手术虚拟仿真实验(网络版)、牛瘤胃切开虚拟仿真实验(网络版)、奶牛行走指数评分实验(网络版)、奶牛线性外貌评定虚拟仿真实验(网络版)、牛体测量虚拟仿真实验(网络版)、阉割术——去势术虚拟仿真实验(网络版)、阉割术——卵巢摘除术虚拟仿真实验(网络版)。

3. 网络安全攻防虚拟仿真实训中心

网络安全攻防虚实一体实训室建设项目以项目驱动为目标,工作过程为导向,注重培养学生的实际操作能力。网络安全攻防虚实平台作为信息安全技术研究领域的革命性产品,是以网络安全人才培养体系为主的综合平台,通过教学内容和实战平台的有机结合,可提供包括网络设备、安全设备、主机设备和应用系统的全方位安全技术利用;通过真实应用环境设置涵盖网络技术、主机操作系统、数据库技术、Web 应用系统、无线应用在内的全方位漏洞技术研究;通过专用系统及控制模块确保系统高效安全运行,可定制化的设置灵活应对各种新技术的研究。平台可有效提高信息安全专业防御能力,全面提升信息系统整体安全状况。

(三)虚拟仿真体验中心建设

学校依托现有动物标本实验室,通过增加设备、购置资源等方式,建设动物养殖虚拟仿真体验中心。中心一方面用于畜牧兽医专业进行专业教学,另一方面,面向社会特别是中小学开展劳动体验教育,让学生利用现代化的手段,体验动物养殖全过程。中心占地面积约 200 m²,投入资金约 200 万元。

三、应用情况

学校按照"边建边用"的原则,大力开展虚拟仿真实训应用,开展师资培训,取得了良好的应用效果。

(一)积极开展虚拟仿真实训应用

2021 年度,学校针对已经完成的虚拟仿真实训室,结合学校专业教学实际,积极开展实训应用。畜牧兽医专业利用畜牧兽医虚拟仿真实训室开展家庭农场养殖 1+X 证书实训训练,79 人全部通过证书认证,通过率为 100%。信息工程学院计算机网络技术专业应用虚拟仿真实训室组织开展云计算平台运维与开发 1+X 初级证书培训和训练,共计 106 人获取证书,通过率为 93%。同时,依托已经建设的畜牧兽医虚拟仿真实训中心开展赛前培训,1 支队伍获得全国职业院校技能大赛二等奖。

(二)开展课程教学与虚拟仿真实训融合

畜牧兽医仿真实训室、网络安全虚拟仿真实训室、旅游管理仿真实训室建设完成后,学校结合课程建设实际,积极引导任课教师结合虚拟仿真实训条件开展课程教学改革,将"岗课赛证"相关内容深入融入仿真实训教学之中。畜牧兽医专业结合家庭农场养殖证书的内容与课程教学内容融合,实现将证书培训与仿真实训室融合,提升了课程教学质量。计算机网络技术专业充分利用虚拟仿真资源,对课程内容进行深度改革,将云计算平台维护与开发证书项目内容深度融合于课程教学之中,实现证书内容与课程内容深度融合,助力学生技能获得,提升 1+X 证书通过率。

（三）针对性开展师资培训

为增强教师对虚拟仿真实训室的适应性和认知,提升虚拟仿真实训室的使用率,切实发挥虚拟仿真实训基地的作用,旅游与文化学院、信息工作学院结合虚拟仿真实训室建设实际,积极组织相关专业教师开展虚拟仿真实训室应用培训工作。让专业教师能够快速熟悉虚拟仿真实训室资源,熟悉相关操作流程,便于教师开展相应的课程教学改革,提升教师对虚拟仿真实训室的应用。

四、特色与亮点

经过一年以来的培育建设,学校虚拟仿真实训中心"边建设、边使用、边培训、边服务",呈现出以下几个特点:

（一）建设理念创新

学校按照"整体设计、分步实施"的原则,按照"成熟一个、建设一个、应用一个"的方式,让中心在建设过程中就投入使用,教师在建设过程中全程参与中心建设与验收,确保中心建设与实际应用的相适应。同时,积极与国内虚拟仿真企业合作,共同推进中心具有地域特色的仿真资源建设,填补了区域空白。

（二）使用机制创新

整合校内各类资源,针对不同专业特点,充分应用云计算、人工智能等新一代信息技术,对资源使用进行统一分配,努力提高中心资源的使用率。针对畜牧兽医、旅游管理、古建筑工程技术、信息安全与管理等专业实训教学过程中的"三高三难"问题,联合企业采购、开发各类具有地域特色虚拟仿真实训教学资源,提高专业教学质量。将基地使用与教师信息化教学能力水平测评相结合,作为教师评先评优、职称晋升的重要条件,教师使用基地开展教学的积极性普遍提高。

（三）评价机制创新

借助虚拟仿真实训中心管理平台,通过使用大数据、人工智能等技术,对学生开展涵盖学习过程和学习效果的全方位评价。学习过程评价主要评价学生在学习期间的考勤情况、互动情况等,评价学生的学习态度。学习效果评价通过仿真实训中心开展模拟操作、在线测评等方式,做到对学生学习效果的"细粒度"评价,对学生学习效果进行精准画像,并自动给出有针对性的学习建议。定期对平台使用情况进行总结和反馈,对使用过程中发现的问题和不足及时反馈建设方和技术支持方,不断更新平台功能。

（四）辐射服务创新

学校借助已有条件,在校内谭冠三纪念馆基础上开展"老西藏精神"虚拟仿真实训,通过现代信息技术手段,再现老一辈无产阶级革命家解放西藏、建设西藏的光辉历程,年接待各类学习考察人员 2 万余人,产生了良好的社会效益。

27　煤炭智能开采与清洁利用虚拟仿真实训基地

陕西能源职业技术学院

一、基地建设概况

陕西能源职业技术学院煤炭智能开采与清洁利用虚拟仿真实训基地紧密围绕煤炭智能开采与清洁利用行业企业的人才需求,以服务煤矿智能开采技术专业群为核心,辐射矿井通风与安全技术管理、工程地质勘查、煤炭清洁利用等专业,立足学校现有的软硬件基础条件,以学校煤矿智能开采技术专业为依托,坚持"科技引领、虚实结合;育训结合、教学创新;产教融合、共建共享;科学管理、规范考核"的总体指导思想,贯彻"一平台、四中心"的总体设计思路实施建设。

结合学校煤矿智能开采技术等重点专业对虚拟仿真实训的需求,建立了专业虚拟仿真实训中心。中心包括地质灾害虚拟仿真实训室、煤矿开采技术 VR 实训室、智能控制协同创新中心等实训室。辐射学校煤田地质勘查、通风技术与安全管理、机电一体化技术、煤化工技术等煤炭主体专业实训。

结合通识教育要求,建立了公共虚拟仿真实训中心,用于学校国家级、省级和校级特色专业群通识课程和依托通用型设备可开展的专业课程虚拟仿真实训教学。

结合资源开发、成果转化的需求建立了创新研发中心。建设由"煤的生成馆""煤炭与人类馆""煤炭开发利用技术馆"三部分构成的煤炭职业教育博物馆体验中心。服务在校学生职业体验、中小学生科普教育、企业人员培训学习以及煤炭行业文化传承宣传。

结合 VR 体验需求建立展示体验中心,搭建了虚拟仿真体验中心。用于虚拟仿真实训资源的开发调试,为煤田地质勘查、煤矿智能开采技术、机电一体化技术、煤化工技术等专业新资源的开发以及已有资源的升级维护提供技术支持。

实训基地建设了实训资源管理及资源共享平台,开发了各类专业实训仿真软件资源,构建了矿用 5G 融合通信及应用场景实验平台、煤矿生产安全保障工程及其监测监控、实操实训、模拟演练等功能系统。服务于煤矿智能开采透明地质勘查、煤矿智能开采关键流程操作、煤矿机器人操作与维护和煤炭高效清洁利用等专业实训项目。

二、建设具体情况

（一）虚拟仿真实训环境建设

1. 煤炭清洁利用 VR 虚拟仿真实训室

利用先进网络和信息技术,建成煤炭清洁利用 VR 虚拟仿真实训室,开发整合各类优质教育教学资源,实现教学实验平台信息化建设。通过实训室建设,将实际生产工厂的工艺流程以虚拟软件的形式搬到学校实训教室中来,保障了学生在认识、了解、模拟实际的生产工艺操作过程中的安全和有效性,提高了学生学习效果,使学生在面对实际的生产工艺操作时更容易上手,进一步缩短学生从实习生到熟练操作工的时间,实现学校和企业的无缝衔接。

2. 智能控制虚拟仿真中心

服务陕西区域经济社会发展需求,校企联合完成罗克韦尔智能控制协同创新中心一期建设。服务专业群内机电一体化技术、应用化工、电气自动化等专业教学需求。同时,可承担工业控制、煤矿智能开采等产业、大型企业委托的重大产学研合作项目,开展协同研发,解决重大问题。吸收优秀学生加入研究团队,开展技术服务、技术转移等创新创业工作。开展重大国际合作研究、参与或主持召开重要学术会议、联合基地建设,开展中心人员国内国际交流与互派互访。

3. 煤炭智能开采虚拟仿真实训综合体

煤炭智能开采虚拟仿真实训综合体项目坚持"服务三秦、面向全国"的总体方向,秉承"技术引领、贴近实际"的实训理念,建立了一套具备国内先进技术的智能开采实训综合体,包含全比例高仿真煤矿综采工作面实训装备及集成供液系统、综采自动化及煤流智能控制系统、智慧矿山综合管理平台及实训调度指挥中心、模拟矿井智能化升级改造、实训中心基础建设及装修五大系统。通过理念变革、技术创新,将煤矿井下综采工作面"复制"到实训中心,实现实训教学的理论与实践相结合,为学生实习实训、社会服务、企业培训提供基础支持,促进学生快速熟练地掌握当前智能开采矿井的核心技术技能。

综合体再现综采工作面完整场景,建设了综采自动化系统,展现现阶段智能化综采工作面发展水平,为实训实习提供最为先进、最接近现实的实训装备,如图 2-49 所示;建设煤流智能控制系统,集成煤矿主运输系统发展成果,为学生提供实习条件的同时,为掌握技术前沿、拓展思路、实现再创新创造条件;建设智慧矿山综合管理平台,通过物联网、云计算、大数据分析、人工智能、自动控制、三维虚拟仿真、虚拟化、微服务等技术,深度融合矿山"人-机-环-管"多源异构信息,基于一个库、一张网、一个平台和一张图设计理念,完成矿山企业全要素数据的精准实时采集、统一规范集成、多维可视化展现和智能决策分析,让学生切身感受矿山安全生产的透明化、自动化、智能化管理,为教师提供智慧矿山子系统的开发测试基础平台。建设实训调度指挥中心,为煤矿智能开采实训综合体提供设备安装场地及基础条件,方便设备在线监测、远程控制、集中管理,实现实训教学、参观观摩、成果展示一体化服务。

图 2-49 煤炭智能开采虚拟仿真实训综合体

4. 煤矿地质灾害虚拟仿真实训室

围绕煤炭资源绿色开采和清洁利用,开展地质建模与数值模拟、地质灾害预警、预防、治理综合实训,利用全息投影、VR 深度沉浸体验等技术建成坡面地质灾害沙盘与坡面地质灾害数字孪生全息投影,地表地质灾害沙盘与地表坡面地质灾害数字孪生全息投影和移动端虚拟仿真在线学习平台。

5. 全息立体 3D 桌面实训室

建设实现教学实训、学科教研和展示体验功能于一体的全息立体 3D 桌面实训室,搭建与教学过程深度结合的 VR 教学系统,改变传统课堂教学模式,解决了教学无实感、教学效果差等问题。

(二)虚拟仿真实训教学管理及资源共享平台建设

构建了平台"五服务、三管理"模式,如图 2-50 所示。基于学校智慧校园平台管理系统对基地实时监控,通过大数据分析,智能提出管理决策,服务复合型技术技能人才培养,服务学生、企业员工、教师各类技能竞赛,服务岗前培训、矿长培养、教师培训等,服务煤矿设计、安全评价、技术改造、技能鉴定等社会服务,服务创新创业,实现对人员、设备、资源的信息化统筹管理。

(三)虚拟仿真实训软件资源建设

按照"地质勘查-煤炭智能开采-煤炭清洁利用"产业链逻辑,针对煤矿智能开采和煤炭清洁利用生产过程中危险性高、无法开展真实生产、实训场景难展现、生产工艺复杂、设备结构内容难展示等问题,借助 AR、VR 技术手段,以实带虚、以虚助实、虚实结合开发数字勘查虚拟仿真教学软件、煤矿智能开采仿真软件等虚拟仿真资源。

1. 现代煤矿 VR 仿真教学软件

以真实现代矿井系统为基础,进行计算机再现,构建综放采煤工艺 VR 多人协同虚拟现实沉浸系统,掘锚工艺 VR 多人协同虚拟现实沉浸系统,矿井安全应急救援仿真训练系

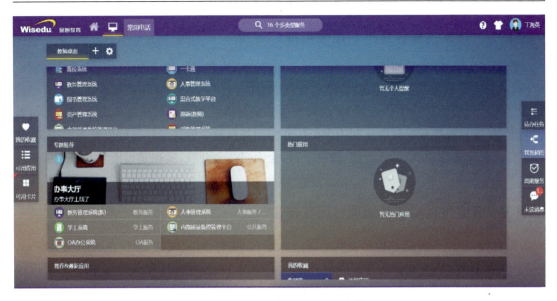

图 2-50　虚拟仿真实训基地平台管理

统,煤炭清洁利用仿真训练系统,煤矿采煤机仿真操作平台、掘进机仿真操作平台、煤矿探放水仿真操作平台、煤矿提升机仿真操作平台,实现学生对综采工作面设备认知,液压支架互动操作,采煤机互动操作,前部溜子、装载机、皮带机互动操作和综采工艺联合操作等,如图2-51 所示。

图 2-51　煤炭智能开采与清洁利用虚拟仿真实训系统

2. 矿井安全应急救援仿真训练系统

采用计算机虚拟仿真和网络技术,实现三维矿井可视化编辑、事故救援路线编辑、学员管理、考卷管理、日常练习、考试管理、教师网上阅卷、成绩统计与输出等功能。可完成综采工作面设备布置、联采工作面设备布置、综掘工作面设备布置、救援路线设置实训,服务于煤矿安全智能监测监控技术、煤矿开采与掘进、矿山应急救援技术等课程和矿井安全应急救援职业技能等级证书考取。

（四）可持续发展保障机制建设与推广应用

建立了由学校、技术研发公司、煤炭开采与煤炭清洁利用企业三方组成的共享实训基地建设委员会，共同参与基地规划、建设与管理，共同制订《煤炭智能开采与清洁利用虚拟仿真实训基地建设委员会工作章程》《煤炭智能开采与清洁利用虚拟仿真实训基地运行与管理制度》《煤炭智能开采与清洁利用虚拟仿真实训基地教学效果考核与评价管理办法》。基地实行企业化管理、准市场化运作、微利经营，全面向社会开放，实现建设资源共建共享和可持续发展。

（五）虚拟仿真实训基地项目团队建设

整合校领导、二级院系和相关职能部门负责人，政府、行业企业、院校及科研院所专家，跨专业的"双师型"专业教师和实训指导教师，产教融合、校企合作企业的技术骨干，虚拟现实相关专业和课程的教师，虚拟仿真实训资源开发企业项目经理和技术人员等人力资源，以"培、育、聘、引"为思路，组建了煤炭智能开采与清洁利用虚拟仿真实训基地建设团队。落实团队全员参与实训基地建设，并开展教学、培训、科研等工作，全面提高团队教师在教学、科研、服务社会等方面的综合能力。煤炭智能开采与清洁利用虚拟仿真实训基地建设与应用有效提升了教师教学方法改革、信息化教学资源建设和企业技术服务的能力。

基地自建设以来，团队成员获评三级教授 3 人、行业教学名师 3 人、全国煤炭行业先进工作者 4 人。主持（参与）研制煤矿智能开采技术、煤炭清洁利用技术等新一轮国家专业简介、国家专业教学标准 4 个。教师参加相关培训 29 人，参与开发虚拟仿真实训课程 5 门。

三、应用情况

（一）基地全面服务理论和实践教学

基地自建设以来，每年服务煤炭智能开采、机电一体化技术、煤田地质与勘查、煤化工技术等 10 个相关专业约 3 000 名在校生的校内理论和实践教学，全面提升了学生的技术技能和创新创业水平，近 3 年来学生在全国职业院校技能大赛中获一等奖 2 项、二等奖 1 项，省部级技能大赛中获奖 25 项；获"挑战杯"系列大赛、全国"互联网+"创新创业大赛、机械创新大赛等赛项国赛一等奖 1 项、二等奖 1 项，省赛一等奖 2 项、二等奖 5 项、三等奖 10 项。学生就业率 95% 以上，企业对学生满意度 98% 以上。每年为长安大学、西安科技大学的学生开展认识实习、生产实习 100 余人次。

（二）基地全面服务于企业员工培训

基地积极为行业企业开展培训服务，为构建全社会终身学习体系做出贡献。每年实施陕西彬长矿业集团、陕西能源赵石畔煤电有限公司等煤炭及相关企业的订单培养、岗前培训、技能训练 2 800 余人次，培训的员工在全国煤炭类企业员工技能大赛中获一等奖 3 项、二等奖 5 项、三等奖 3 项,每年为企业员工开展技能鉴定约 800 人次。

(三) 基地全面服务教师教学能力提升

依托虚拟仿真实训基地,教师全方位开展教学改革、创新教学模式,开发实训项目 50 余个,建成省级精品在线开放课程 1 门,开发活页式、工作手册式教材 5 部,教师获省级教师教学能力大赛一等奖 1 项、二等奖 1 项、三等奖 3 项。承接 2020 年度职业院校教师素质提高计划教师企业实践(化学工艺)项目;举办教育部第四批 1+X 职业技能等级证书矿山应急救援第二期师资培训班、煤炭清洁高效利用第一期师资培训班,为来自山西工程职业技术学院、六盘水职业技术学院、重庆工程职业技术学院等近 20 所高职院校的 54 名骨干教师开展培训,有效促进了证书制度与人才培养的紧密结合。

四、特色与亮点

(一) 虚实结合,创新职业教育教学模式

充分运用"VR/AR/AI+5G+云服务"等前沿技术手段,构建高度虚拟仿真的实践操作环境,辅助煤炭类专业教师完成在传统教学环境下无法完成的"看不到、进不去、成本高、危险性大"实践教学活动。围绕煤炭智能开采和清洁利用产业人才培养,坚持虚实结合、育训结合,聚焦职业岗位及实训课程体系教学改革与实施,优化资源配置,推动校企协同,充分发挥虚拟仿真技术优势,破解专业实训教学难点痛点,实现"虚实结合"的教学实训模式创新,将"三教"改革落到课堂、落在教学、落于实处,促进教师的主动发展和学生的全面发展,整体提升学校的教育教学水平。

(二) 产教融合,推动校企深度合作育人

通过项目建设,进一步加深了校企合作,实现学校通用教学资源和虚拟仿真实训资源的汇聚,实现了资源的统筹管理,开展面向煤矿智能开采技术专业群及相关专业的虚拟仿真实训项目,建设具有专业特色的虚拟仿真课程教学资源,服务煤矿企业员工职业技能等级鉴定,服务在校学生学习,服务教师教学方法改革。

(三) 树立标杆,打造区域示范品牌特色

依托学校的专业资源,通过高起点规划和高规格建设,打造区域领先、国内一流的煤炭智能生产和清洁利用虚拟仿真实训基地,面向职业院校学生、企业员工、社会人员等不同群体提供技能培训、应用技术研究、科普教育等功能的一体化服务平台,发挥了基地对区域 VR 技术应用的示范、引领作用。

28 林业信息工程专业群虚拟仿真实训基地

甘肃林业职业技术学院

一、基地建设概况

甘肃林业职业技术学院立足林业行业,依托林业重点建设工程,构建了林业技术、水土保持、环境监测与治理、工程测量4个重点专业及相关专业群,为甘肃林业、环保、水土保持等艰苦行业培养输送了大批高技能人才。林业工程虚拟仿真实训中心按照国家虚拟仿真实训基地建设标准,结合林业工程专业实际教学需求进行建设。实训中心分为教学授课实训室和教学体验实训室两部分,总占地面积192 m²,可支撑林业技术类各专业共计22门课程500名学生的教学和实训,总计投入资金约1 369万元。

二、建设具体情况

林业工程虚拟仿真实训中心包含两部分:一部分用于实践教学,一部分用于教学体验。除网页版、客户端版以外,还有头盔版、移动端APP版等。

(一)实践教学实训室

本实训室主要用于实践课程教学,在2021年建成实训室基础上增加VR客户端版实训课程,面积为96 m²,现有工作站48台。

(二)教学体验实训室

本实训室主要用于教学体验,面积为96 m²,配备展示一体机2台、服务器2台、计算机14台、VR头盔4套。

林分空间结构分析教学系统。采用可视化模拟技术和样地调查数据,构建虚拟三维森林环境,在三维场景中,森林经营者不仅能查看样地中每株林木构筑性属性,观察林分样地的整体状态,并对林分结构进行优化调整,实现在虚拟森林环境中对样地林分结构调整的可视化模拟。让学生了解林分空间分布格局、树种混交、树木空间排列,学会获取林分空间结构数据,通过可视化模拟技术,制订合理的经营目标和结构优化调整方案。

林木生长过程分析教学系统。包含仿真树木生长过程、通过模型技术分析其生长过程、树木树干解析实验。根据树干解析基础数据,让学生熟悉树木生长过程,并通过数学建模分析树木生长过程,如图 2-52 所示。

图 2-52   林木生长过程分析教学系统

林木种苗生长规律教学系统。基于林木种苗生长规律,系统进行深化设计,针对一年生播种苗的年生长规律,对播种到出苗期、幼苗期、速生期和苗木硬化期等阶段的生长过程进行虚拟仿真,建立一年生播种苗年生长动态工艺动漫图。模拟不同气候条件下主要栽培树种的幼苗生长规律,了解幼苗生长各阶段的特点。

自然保护区巡护管理教学系统。了解自然和社会因素对保护对象及其相关因素的影响、危害,为调整保护措施、改进保护管理提供依据。系统具有长期性、连续性等特点,如图 2-53 所示。

林业有害生物控制技术教学系统。基于林业有害生物控制技术,系统进行深化设计,林业有害生物种类的选取囊括了国内在林业上危害严重的绝大多数病虫鼠种类,兼顾东北、西北、华北、中南、西南、东南各林业有害生物发生区的特有病虫鼠种类,方便各地在教学和实训中选择。系统按有害生物类群设计,每个类群详细介绍代表性种类的形态识别、寄主及危害特点、生物学特性、发生规律、防治原则与措施,还包括种名、鉴别特征、分布与寄主、发生规律、防治时间及方法等。

森林防火教学系统。通过系统资源应用,使学生在技能上达到会火情预报、会火情监测、会组织扑救、会灾后调查、会森林火灾的监测预警和应急指挥的"五会"人才培养目标,同时具备火险区划、防火规划初步设计与施工的能力。

野外生存与动物识别虚拟仿真教学系统。熟知野外装备的选择与使用,两栖动物及爬行动物分类、鸟类分类和识别方法;掌握采集植物标本,制作两栖类、爬行类、兽类和鸟类标本的工具、方法和典型动物标本的制作流程。

图 2-53 自然保护区巡护管理教学系统

水土流失与治理教学系统。水土流失模块模拟在水力、风力、重力及冻融等自然营力和人类活动作用下,水土资源和土地生产力的破坏和损失,包括土地表层侵蚀及水的损失,如图 2-54 所示。

图 2-54 水土流失与治理教学系统

果树(苹果树、樱桃树)整形修剪教学系统。使学生掌握果树育苗、果树栽植、果树整形修剪等果树管理基本技能,提升学生分析问题、解决问题的能力,提高学生的专业素质和创新能力,满足林业生产行业企业对人才的需求。

葡萄酒酿造教学系统。系统分为葡萄酒酿造、葡萄酒鉴赏以及考核三个模块。

森林植物识别与分类-移动端 APP。通过 APP 能够完成森林植物形态认知、森林植物识别等实训任务。包括:认识森林植物形态特征、常见裸子植物识别、常见被子植物识别、森林植物标本收集、森林植物标本压制、森林植物标本上台、森林植物标本鉴定等。

森林有害生物识别与分类-移动端 APP。通过 APP 对森林有害生物识别与分类知识点进行学习,并通过 AR 技术,实现对森林有害生物识别、学习森林有害生物分类等。

森林调查技术虚拟仿真实训教学系统。系统以真实工作任务过程为依据序化实训教学内容,按学生认知方法和学习规律设计学习型工作任务。项目任务安排采用项目化教学模式设计,做到课堂理论教学与现场实践教学相结合、课内项目训练与综合项目训练相结合、课程内容训练与实际生产任务相结合,激发学生学习兴趣和思维,培养其综合职业能力。

森林环境虚拟仿真实训教学系统。将"气象学""土壤学""森林生态学"3 门课程中的知识点有机地融为一体,进行整合优化,系统结构合理、内容丰富,由浅入深,循序渐进。

森林经营技术虚拟仿真实训教学系统。通过虚拟场景漫游学习森林营造相关知识,查看虚拟仪器设备;按照实训目标完成森林营造技术仿真实训操作,如造林作业区调查、造林作业区选择、现场踏查核实、造林作业区面积测量、造林作业区立地因子调查、混交造林方法等。

无人机驾驶虚拟仿真实训教学系统。使用虚拟仿真技术还原遥感数据获取设备,包括大疆"精灵 4"无人机、移动测量车传感器、GPS、激光扫描仪等;同时,根据遥感数据的实际生产应用搭建虚拟场景,以遥感数据在智慧林业研究中的应用为主线,根据任务需求从数据采集获取、图像数据分步处理、数据实际应用分析三个流程进行自主实训操作。系统具有较高的可拓展性,内置多种真实遥感图像数据,后续可逐步添加不同的产业应用情景,供学生训练学习。

森林康养虚拟仿真实训教学系统。森林康养虚拟仿真课程知识体系及实训任务包含森林博物学、森林康养概论、中医学基础、环境心理学、环境教育导论、保健康复学、森林康养管理、森林疗愈与检测、森林康养规划与设计、生态旅游学、森林植物资源开发与利用、森林培育等内容。

林权交易虚拟仿真实训系统。模拟林权交易的决策过程,包括流转双方的权利义务、流转期限、流转价款及支付方式,流转期限届满林地上的林木和固定生产设施的处置、违约责任等内容。同时,对不同交易方式下的林权交易进行比较,如招标、拍卖或公开协商等方式的均衡价格,并可视化呈现。

林业物联网虚拟仿真实训教学系统。林业物联网虚拟仿真实训教学系统对林业物联网完整教学过程进行呈现与实训,实时互动,满足教学实训需求,实训内容包括资源监管物联网、生态旅游物联网、智慧森林物联网和智慧机关物联网等。

森林草原可燃物调查虚拟仿真实训教学系统。系统对森林草原可燃物调查完整教学过程进行呈现与实训,如质量检查中,按照地市样地总数的检查数量,对抽中县的大样地 1 个林分型的 1 个角规点进行检查,共抽取一定数量的标准地和一定数量大样地;外业检查中,采取西南角坐标采集核对、样地周界测设、每木检尺及角规绕测对比,样方采集位置及周边灌木、草本、枯落物、腐殖质的查看和对比分析。

智慧导游虚拟仿真实训教学系统。系统基于 VR 技术,使用三维建模实现 1∶1 景点还原,通过 VR 头显和动作捕捉设备,让学生在景点中自由漫游,查看基于地理位置的讲解点教学资料,体验景点的文化与民俗,与景点进行实时互动;针对导游资格考试教学需求,设有全班教学、任务分发与批改、小组实训、个人训练与智能评价体系、用户与数据管理等多种功能或模块,克服了传统 VR 系统不适合全班授课的弱点。

三、应用情况

(一)项目总目标

2021 年,林业工程虚拟仿真实训项目按照绩效目标达成建设目标。

(二)投入和管理目标

预算资金到位,资金在规定时间内 100% 足额到位。财务管理制度健全,已制定专项资金管理制度或有适用于本项目的财务管理制度。项目质量可控,采取了相应的质量检查、考核、验收等必需的控制措施和手段。

(三)产出目标

构建了 22 门既具有普遍性又具有林业特色的交互体验课程。完成了年度 1 000 人次培训任务。使学生掌握了一定的交互设计与用户体验思维方法,提高了学生学习的积极性,能更好地服务于社会。课程体系建成并及时交付使用。

(四)效果目标

可接纳校内外相关专业人员技术培训 2 000 人次/年,学生满意度达到 98%。适合实训项目周期长、危险系数大、经费投入高的实训课程。减少了环境污染,节约了实训资源。

(五)影响力目标

决策制度健全,制定了健全的立项决策制度。教学成本降低,实现了校内共享,节省了人力成本。机房使用率达到 100%。课程持续更新,学生每月定时定课使用。课程在校内师生确认达标后及时共享。

四、特色与亮点

(一)建立资源共享机制

通过构建开放式虚拟仿真实训教学管理平台,加强资源有序整合和有效对接,实现资源交叉访问、检索、在线学习、在线操作、在线测试、自主创新、组合创新等,实现了虚拟仿真实训教学资源最大化利用与辐射。通过虚拟仿真实训教学管理平台公布资源的适用范围、使用说明、技术参数、开放时段等。

(二)新技术背景下的创新应用

虚拟仿真技术包括仿真模拟技术和虚拟现实技术两个领域。虚拟仿真技术的创新应用有效还原了林业生产、建设、服务和管理岗位的"原生态",为学习者提供技能训练所需要的"真实"环境、"真实"工艺、"真实"工具等,从而有效提高了技能教学质量。同时,降低了教学成本,规避了实训危险,降低了环境污染,实现了绿色教育。因此,虚拟仿真教学是深化教育教学思想、内容、方法、手段、模式改革,推动职业院校内涵建设的一个重要突破口。

29　高原民族地区智慧医学虚拟仿真实训基地

青海卫生职业技术学院

一、基地建设概况

青海卫生职业技术学院高原民族地区智慧医学虚拟仿真实训基地紧紧围绕立德树人、培养复合型技术技能人才的目标,充分发挥产教融合优势,融合虚拟仿真技术特色,致力于打造具有国际影响力、国内一流的示范性仿真实训基地。基地与国内知名企业合作,瞄准国内一流虚拟仿真技术水平,依托虚拟现实、人机交互、大数据等技术,构建高度仿真的虚拟实验室环境和实验对象,建成资源优化、开放共享、水平一流、特色鲜明的医学虚拟仿真实训中心,使各专业实训项目更加贴近职场,以实带虚、以虚助实、虚实结合,满足各专业"教、学、练、考"一体化实践教学需要。建成融现代智能、虚实结合、国家标准、安全保障为一体的现代智能化仿真实训基地。

二、建设具体情况

2021年度,学院深入研究《建设指南》,重新梳理职业教育虚拟仿真实训基地建设任务书。年度主要完成包括虚拟仿真课程资源的研究与开发中心、预防医学专业群虚拟仿真实训中心、基础医学虚拟仿真实训中心、康复治疗技术专业群虚拟仿真实训中心、虚拟展示体验中心等的主体环境建设。

(一)虚拟仿真实训基地组织管理机制建设

1. 组织保障

成立学院虚拟仿真实训基地建设领导小组,党委书记、院长为领导小组组长,党委委员为领导小组副组长。领导小组下设办公室,领导小组办公室设在学院实训管理中心,由分管实训的副院长兼任办公室主任,实训管理中心负责人、信息化建设与管理中心负责人兼任副主任。领导小组办公室负责日常工作,加强对项目建设的领导、监控,及时协调解决项目建设中遇到的困难和问题,明确责任分工,落实到人,为项目建设提供组织保障。

2. 技术保障

为保证项目的高质量实施,聘请专业技术机构技术人员加入项目团队,建立由项目总负责人负责、技术工程师把关、按专业分组、具有成熟案例开发经验的技术团队,监控质量技术,准确把握项目的技术关键和难点,确保项目建设顺利完成。

(二)医学基础部虚拟仿真实训中心建设

医学基础部坚持以打造国内一流基础医学实验室为目的,近年来依托职业教育专项资金和学院"双高"建设资金,引进数字人解剖系统、集成化生物信号采集处理系统、机能学虚拟仿真实验教学系统、人体生理实验系统以及数字化形态学软件等,建成一体化人体解剖实验室、医学机能实验室、人体生理实验室、医学形态实验室等,现有虚拟仿真实验室共 14 间,总面积约 1 300 m²。各实验室安装智慧黑板,结合各类虚拟仿真教学软件,在学院数字化校园建设的保障下,创新实验教学设计,充分利用实验室虚拟资源积极开展"理实虚"相结合的实验教学,发挥虚拟仿真软件的优势,克服了基础医学实验教学中的"三高三难"问题,尤其在疫情防控期间,线上虚拟仿真实验教学发挥了重要的作用,建设现状如表 2-8 所示。

表 2-8　医学基础部虚拟仿真实验室建设现状一览

实验室名称	虚拟仿真软件名称	功能
人体解剖实验室(8 间)	数字人解剖教学系统 30 台:教师端 8 台,学生端 22 台	用于开展人体解剖学实验教学
医学形态虚拟仿真实验(2 间)	形态学虚拟仿真教学系统:教师端 2 台,学生端 88 台(包括病理学切片库服务器数据库,大体病理标本库服务器数据库、组织学切片库服务器数据库)	用于开展组织学、病理学实验教学
医学机能实验室(2 间)	机能学虚拟仿真实验教学课件;BL-420 集成化生物信号采集系统 16 台	用于开展医学机能学实验教学(包括生理学、病理生理学及药理学)
医学机能虚拟仿真实验室(1 间)	机能学虚拟仿真软件;教师端 1 台,学生端 40 台	用于开展医学机能学实验教学(包括生理学、病理生理学及药理学)
人体生理实验室(1 间)	HPS-101 人体生理实验系统硬件 6 套,软件 6 套	用于开展人体呼吸、循环、消化、泌尿、神经肌肉等生理功能实验

(三)口腔虚拟仿真实训中心建设

该中心建设内容模块共 15 项,包括:①BASS 刷牙法指导;②牙线使用指导;③窝沟封闭训练;④牙周龈上洁治术训练系统;⑤口内局部麻醉术训练系统;⑥牙龈切除术虚拟仿真教学系统;⑦拔牙术技能训练系统;⑧口腔种植虚拟仿真系统;⑨牙体牙髓虚拟仿真训练系统;⑩口腔桩核冠认知系统;⑪根尖外科手术技能训练系统;⑫口腔医学义齿铸造系统;⑬口腔义齿卡环设计系统;⑭口腔牙体认知;⑮口腔器械认知系统。

（四）护理系虚拟仿真实训中心建设

护理系引进临床护理思维训练系统、His 医院管理信息系统软件。临床护理思维训练系统包括病例库,适用于护理学生、临床护士的护理思维培训及考核,使之建立规范的护理思维模式。病例全部采集自真实病人数据,通过病史采集、体格检查、化验室及影像学等收集资料,通过整合、分析,发现护理问题(诊断),并进行护理计划、实施、评价等一系列护理程序的训练,可以对学生进行临床护理思维训练,提高学生的评判性思维能力。

（五）药学系虚拟仿真实训中心建设

药学系在中药学专业实训基地(含 4 间实训室)基础上,以中药学国家级技能大赛为标准,提升实验实训教学条件,不断完善各专业实验实训室。新建中药炮制实训室、中药调剂实训室、中药鉴定实训室、创新工程中心,扩建现有天然药物化学实训室、中药制剂实训室、中药标本馆等,共计建成 11 个专业实训室,含 2 间虚拟仿真实训室。

（六）临床医学系虚拟仿真实训中心建设

临床医学系已完成多项虚拟仿真实训项目建设,实训项目包括四部触诊(AR)版、平产接生(AR)版、产科虚拟仿真移动 3D-VR 交互墙教学系统、产科三维虚拟现实模拟操作系统、助产多人 VR 协同训练系统等。

三、应用情况

（一）数字人解剖教学系统

学院引进数字人解剖系统,结合解剖实验室其他仪器设备,逐步建成一体化解剖实验室,为各专业班级开展人体解剖学教学、教师教学能力大赛等提供了必要的保障,如图 2-55 所示。

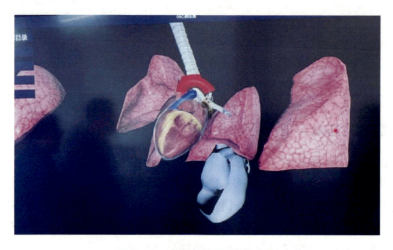

图 2-55　数字人解剖教学系统

（二）医学机能学虚拟仿真实验系统

系统能够弥补真实动物实验中存在的诸多不足，通过逼真的演示或操作，既可以模拟真实实验能完成的实验，也可以模拟真实实验难开展甚至无法开展的实验，解决了传统实验中只能多人一组的问题，增加了学生的实验机会，提高了实验教学的质量。学生可一人一机反复操作练习，熟练掌握实验原理，熟悉实验方法，明确实验结果。系统的建成，为各专业班级开展生理学、病理生理学和药理学动物机能实验提供了保障。

（三）医学形态学虚拟仿真实验系统

医学形态学虚拟仿真实验教学资源丰富，为师生开展形态学教学改革与科研给予了有力的保障。在实验教学中，师生在观察组织学及病理学切片时，可以任意放大倍数，观看视频解说，还可与正常组织进行对比。在观察病理大体标本时，可进行360度旋转，极大提高了学生的学习兴趣和学习效率。

（四）人体生理实验系统

HPS-101人体生理实验系统是基于新技术、新理念的全新一代人体生理实验系统。该系统引入无线传输技术，集成度高，传感器附件齐全，实验模块界面设计精美，人体实验项目丰富，有利于提高学生学习生理知识的兴趣。

（五）口腔医学虚拟仿真实训中心

系统通过VR技术对口腔医学操作技能流程进行模拟，通过建立一个虚拟仿真的三维口腔基本技能操作环境，模拟口腔牙周、牙体牙髓、修复及种植手术过程及关键操作步骤的练习，让学生能实际体验特定操作所需要的力量、方向、角度等精细的动作技能。系统同时记录学生操作过程的力觉和运动数据，可以进行回放和分析，从而实现量化的教学、培训和考核。还可与VR头盔实现教学上的互补，有助于提高学生的学习兴趣及学习效率。同时，该系统还有助于增加教学供给力，如学生训练过程的自动纠错、反馈，智能评价、分析等。

（六）助产虚拟仿真实训室

通过多人协调训练，在同一个场景下，学生通过佩戴VR头盔，可以分别扮演不同的医护角色，在虚拟产房里进行协同配合操作，共同完成自然分娩的虚拟仿真实验操作，多角色协调配合操作，锻炼学生的协调能力。学生可以通过数据手套精确地定位手部的运动从而实现用双手操控虚拟环境中的三维对象，用手抓取虚拟环境中的手术器械来完成相应的手术操作。系统既维护了临床患者的健康和隐私，又增加了学生的实践动手机会。相关操作具有较高的容错性，可以帮助学生克服技能操作时的紧张情绪，通过反复的练习，增强操作过程的记忆、规范技能操作手法，从而达到熟练掌握临床技能的目的，实训场景如图2-56所示。

图 2-56　助产多人 VR 协同训练

四、特色与亮点

（一）通过虚拟仿真技术解决传统实训"三高三难"问题

学院深入研究各个专业传统实训教学过程遭遇的"三高三难"问题,紧密结合行业企业用工要求和学校人才培养目标,同虚拟仿真技术开发企业共同努力,挑选我院教学强项和教学特色项目进行自主研发,将理论知识与实践技能系统整合、实训设备与虚拟仿真教学深度结合、实物资源与虚拟资源相互融合,满足多学科多专业的虚拟仿真教学、实训需求,激发学生、教师积极性和创造热情,为教师提供崭新的教学手段和教学方式,丰富教学内容,共享教育资源,节约教育成本,提高了实训教学针对性,提高了人才培养质量。

（二）开发提高学生创新精神和实践能力的实训项目

为加强 VR 技术在教学运用中的灵活性,使 VR 技术能够适应并满足实践教学需求,我院与企业合作引进一批专门的 VR 技术人才进行虚拟实践教学项目的开发,同时让学生和教师参与软件开发以及教学方案的编写,加强了校内虚拟实践教学资源的自主研发。相关项目教学内容的设计既需要 VR 技术人员提供技术支持,也需要专业的理论指导。为使教学内容贴合教学需求,避免盲目突出虚拟情境而忽视教学目标的问题,我院将高年级学生纳入项目开发组,加强学生与 VR 技术人才之间的沟通,定期组织交流会,通过 VR 技术人才指导学生和教师进行虚拟课件建设。

（三）合理设计虚拟仿真实验教学项目,为申报国家级项目做储备

虚拟仿真实验教学项目建设旨在更好地服务实验实训教学。尤其是在不具备条件、存在实际运行困难,涉及高危或极端环境,操作不可逆,动物实体实验难实现的情况下,通过虚

拟仿真实验教学项目能很好地实现教学目标。我院要求各实验项目对应实验教学的基本单元,项目粒度要适当,既不能过大,直接对应一门课程或一个工具;也不能过小,不能支撑一定的实验教学目标。基础要求是 2 个学时,交互性实验操作不得少于 10 个步骤,每步交互操作都要求有明确的教学意义,产生符合客观规律的有效反应。

30 现代煤化工虚拟仿真实训基地

宁夏工商职业技术学院

一、基地建设概况

宁夏工商职业技术学院通过持续建设和完善现代煤化工虚拟仿真实训基地,弥补现代煤化工企业由于高温、高压、易燃、易爆、有害、腐蚀等特殊困难而难以开展职业技能培训的不足,有效解决现代煤化工企业在职业技能培训中看不到、进不去、难再现、成本高、危险性大等难题,提高学生职业技能培养和现代煤化工企业员工职业技能水平,增强学生就业竞争力和职业适应力、提升企业员工能力素质。

现代煤化工虚拟仿真实训基地建设紧密依托宁东能源化工基地及能源"金三角"地区煤化工行业企业发展需要,全面贯彻党的教育方针,推进落实立德树人根本任务,以现代煤化工企业发展对技术技能人才需求为导向,针对煤化工行业企业技术技能人才培养中的痛点和难点,深度融合虚拟现实、增强现实、混合现实、数字孪生等新一代信息技术,将现代煤化工虚拟仿真实训基地打造成具有科学合理的管理与共享机制、理虚实一体化的综合实训基地,促进高素质"双师型"师资队伍建设,创新复合型技术技能人才培养新模式。

二、建设具体情况

(一)软硬件建设

1. 环境建设

现代煤化工虚拟仿真实训基地建设充分利用已有资源,对公共虚拟仿真实训中心现有4个公共机房进行扩建、功能优化整合,完成了"互联网+智慧教室""互联网+智慧理论课堂""互联网+智慧仿真化工实训室"建设,提升了基地建设的运行环境,为更好地提高学生技能操作水平提供了便利条件。

2. 平台建设

基地开发了具有产业特色的"互联网+"现代煤化工共享实训平台,完成了化工生产技术技能训练系统、工业废水处理技能训练系统与化工安全生产技能训练系统建设,增强了学校与宁东能源化工基地相关企业的合作力度,提高了专业人才培养与宁东基地相关产业人才需求的匹配度。

3. HSE 应急演练培训中心建设

基地完成了 HSE 应急演练培训中心的建设验收工作。该中心通过设置爆炸事故演示、化工本质安全演示体验、早期火灾消防灭火及个人防护（见图 2-57）、特殊作业安全综合体验、现场应急救援处置综合训练体验（见图 2-58）等项目，立足化工安全基本点，运用声、光、电和全息投影等高科技手段，让学生置身于逼真的作业场景中。通过体验式安全教育，提高学员的安全意识和自我防范意识，同时掌握化工厂内常见作业的安全基础知识及安全要求。

图 2-57　早期火灾消防灭火及个人防护综合体验

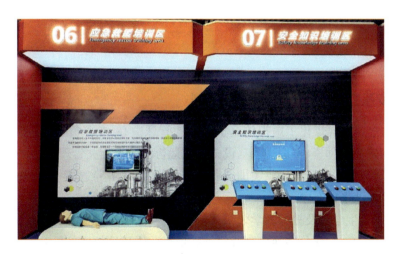

图 2-58　现场应急救援处置综合训练体验

（一）资源建设

1. 课程体系重构与建设

校企合作重构课程体系，通过引入企业真实工作任务、开发新实训项目，并对原有实训项目进行优化，提升了实践课程与生产岗位的对接度，形成了智慧课堂—虚拟实训—实践操作的实践教学课程体系；根据实训项目难易程度和特点，合理安排授课学时；结合不同实训项目间的衔接关系，强化了实践教学课程体系与理论课程体系的相互融合，使其更符合学生技能提升规律与企业生产实际。

2. 课程建设

依托煤化工技术专业国家级教学资源库，针对产业发展和技术革新，将企业生产指导方案和实训装置指导书相结合,与高等教育出版社合作开发与实训项目配套的数字资源。通过将数字资源上传至线上学习平台,使学生能够通过移动终端随时在线学习;针对复杂工艺和设备,与北京东方仿真技术有限公司合作开发了"煤炭气化技术""甲醇生产运行与控制"等5门课程的定制资源,降低了学生的认知难度,增强了学习效果;完成《费托合成装置实训指导》《MTO装置实训指导》2部数字化实训教材开发;在"互联网+教育"共享教学平台建设方面,建设完成8门线上线下混合式教学模式改革课程、3门精品在线开放课程、7门有效课堂项目课程、11门课程思政精品课程。

(三) 团队建设

截至2021年底,现代煤化工虚拟仿真实训基地共有专兼职教师70名,其中校内专任教师37名、企业兼职教师33名,团队成员以"双师"教师为主体,专兼两条线并行。

2021年,应用化工技术专业(群)职业教育教师创新团队获批省级建设团队。创新团队建设以应用化工技术高水平专业群建设为载体,校企合作,在构建"三全育人"体系、深化人才培养模式改革、重构课程体系、推进课程资源建设、实施"三教"改革、实践1+X证书制度、强化师资队伍建设等方面取得了良好效果。

三、应用情况

(一) 初步建立了运行管理及评价机制

2021年成立了现代煤化工虚拟仿真实训基地管理中心,专职负责统筹、协调基地的管理服务工作,制定完善师资、实训、鉴定、设施设备运行维护等相关管理制度,规范工作流程,面向所有使用对象公平公开地提供实训资源,并对基地人才培养、资源调配共享等工作进行监督考核,保障基地平衡有序运行。

初步制订了学生学习及教师教学效果评价方法,实训项目设置合理性评价方法、高校间相关实训项目成绩互认、学分转换机制及实训基地运营管理绩效评价机制建设方案,保证实训基地持续稳定运营。

(二) 创新职业技能培养与提升方式,增强学生的职业适应能力

随着基地的建设和逐步完善,煤制烯烃等仿真软件的开发、完善与上线,使现代煤化工生产操作在虚拟的生产状态下得以实现,加之可视化辅助资源的运用,学生与企业员工得以在接近真实化工生产条件下进行职业技能培养和职业技能提升培训。2021年基地完成校内学生实训126 348人次,接收区内外研究生、本科生、高中职学生实习培训2 310人次,完成企业员工培训13 355人次。

(三) 提升教科研水平与社会服务能力

基于现代煤化工职业技能公共实训基地的建设与运行,有力提升了应用化工技术专业

群教师科学研究与教学改革的水平和社会服务能力。2021 年应用化工技术专业群教师获得 2021 年宁夏职业院校教学能力比赛一等奖;为宁东技术技能人才工作站开展人才申报 6 人次,为宁东能源化工基地培育技术技能拔尖后备人才 10 人,为行业企业培养青年技术骨干 20 人;面向行业一线技改需求制定标准 2 项,修订完善标准化职业技能包 1 套。

积极承办各级各类技能竞赛,先后承办 2021 年全国职业院校技能大赛化工生产技术(高职组)赛项竞赛工作,并获得国赛三等奖的好成绩;承办宁夏人力资源和社会保障厅、宁东能源化工基地管委会组织的 2021 年宁夏化工行业职业技能竞赛,共有 18 家企业、155 名选手参加 5 个工种的角逐;承办 2021 年全区职业院校技能大赛 8 项,并全部获得一等奖。

四、特色与亮点

(一)职业技能培养与提升方式创新

基地的建设和逐步完善,弥补了现代煤化工企业由于高温、高压、易燃、易爆、有害、腐蚀等特殊困难而难以开展职业技能培训的不足,有效解决了现代煤化工企业在职业技能培养及职业技能提升中看不到、进不去、难再现、成本高、危险性大的难题。煤制烯烃等仿真软件的开发、完善与上线,使得现代煤化工生产操作在虚拟的生产状态下得以实现,学员可以线上反复练习与试错,加之可视化辅助资源和专业教师指导,极大地缩短了培训时间、提升了培训效果,从而提升了学生职业技能培养和职业技能提升水平,达到增强学生就业竞争力和职业适应力、提升企业员工能力素质的目的,同时也大幅降低了煤化工企业的培训成本。

(二)促进了教育教学方式的变革,提升了教师教学能力及培训效果

通过开发数字化课程资源及 VR、AR、物联网等新一代信息技术的应用,以及智慧教室、智能数字化平台的使用,极大提升了教师及学生的信息化素养。借助大量教学资源和信息化教学手段,推动了专业教学模式和教学方法的改革,改变了传统的实训课堂及培训模式,激发了学生的学习兴趣,有效改善了教学培训效果,提升了教师教学水平和综合能力,促进了教育教学方式的变革。

31 交通建设工程技术与管理专业群虚拟仿真实训基地

新疆交通职业技术学院

一、基地建设概况

交通建设工程技术与管理专业群是新疆交通职业技术学院八大专业群之一,涉及道路与桥梁工程技术、工程测量技术、土木工程检测技术、道路养护与管理专业,对接自治区交通建设行业"建、管、养"产业链的一体化发展需求,满足公路设计、施工、检测、管理及养护等不同岗位的人才培养需求。2021年,学院启动职业教育示范性虚拟仿真实训基地培育校项目建设,通过项目建设,丰富及拓宽传统实训资源及教学模式,打造集新理念、新工具、新技术为一体的技能人才培养新模式。

二、建设具体情况

根据《建设指南》有关要求,紧扣交通建设"建、管、养"产业链岗位需要,以国家级虚拟仿真实训基地项目建设为契机,通过新建、扩建等途径,形成"一平台、三中心(虚拟仿真资源环境建设)、八个专业实训室(虚拟仿真资源载体)"的虚实一体的实训基地体系,如图2-59所示。

(一)通过扩展测量测绘仿真实训室功能,满足专业群学生工程测量信息化、智能化方面实训教学的需要

2021年,由新疆立弓公路勘察设计研究院投资,建成具有多功能的测量测绘仿真实训室(含地形沙盘),新增数字测图虚拟仿真实训系统、水准测量虚拟仿真实训系统、卫星定位测量虚拟仿真实训系统、无人机摄影测量仿真实训系统、智能安卓全站仪仿真机等虚拟仿真实训设备,形成集全站仪、水准仪、GPS测量、无人机测绘于一体的地理信息虚实结合、内外业一体化的实训教学平台,为专业群教学实训、学生竞赛训练、社会培训、工程服务提供基础模拟仿真操作环境。

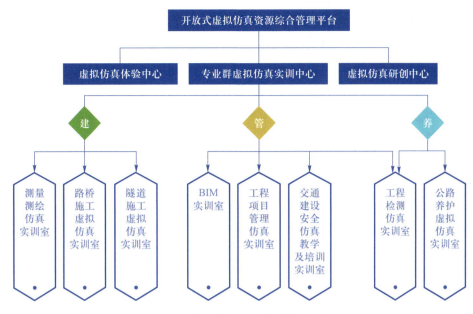

图 2-59 虚拟仿真实训基地体系框架图

(二)通过提升路桥施工虚拟仿真实训室功能,满足专业群学生日常实训教学的需要

专业群路桥施工方向建有道路桥梁室外仿真实训基地和道路桥梁工程虚拟仿真实训室。实训室建设坚持"虚实互补"原则,在充分整合已有资源基础上进行提升。购置了地隧虚拟仿真实训软件,该软件包含路、桥、隧 3 大模块,在日常教学过程中得到了广大师生的认可,弥补了路桥方向实训资源不足的短板。为持续发挥该实训软件的功能,满足学生对新技术新工艺实训的需要,2021 年完成了软件的系统升级。

(三)通过新建工程检测仿真实训室,满足工程检测实训教学及 1+X 无损检测职业技能实习实训的需要

结合专业群面向检测岗位技能要求和 1+X 无损检测职业技能等级证书需要,满足专业群无损检测、桥梁检测、公路工程检测、道路养护等平台性课程的教学目标,通过完善工程检测仿真实训室建设,提升仿真实训功能,弥补实体教学短板,使实训内容贴近工程建设实景,做到课岗、课证融通。以道路、桥梁、隧道为一体的交通建设工程虚拟仿真模型的建设,让学生利用无损检测设备在仿真模型中探索无损检测工作的内容、检测工作原理、工程质量评定,提高了学生的学习兴趣和探知欲,强化了学生创新创业的本领。建设满足专业建设、技能提升、技能大赛及 1+X 证书考取的理论教学场所与室内、室外实训教学场所。

（四）通过拓展 BIM 实训室功能，满足专业群学生智能化、信息化实习实训及 1+X BIM 职业技能实训的需要

在原 BIM 实训室一期建设的基础上，2021 年进行功能扩展，使实训室达到道路市政 1+X BIM 初、中级证书考点的技术要求。满足专业群学生在道路、桥梁与隧道的 BIM 实景建模、渲染，以及施工管理平台与数字孪生平台的操作技能要求，并重构融入信息技术的课程和实践教学新体系；加强专业教师理实一体化教学能力、专业操作能力、教学改革和新型教材编写能力，技术服务和咨询能力，培养一支既掌握前沿信息技术，又拥有扎实专业知识的"双师复合型"师资队伍；围绕 BIM 技术的协同应用特点，引入企业资源、行业学院等多元化校企合作模式，为专业的协同建设和校企合作共赢创造共享平台；调动学生的学习积极性，提升教学效果，为符合职业新需求的应用型人才培养创造全新条件。

三、应用情况

针对学院交通建设工程技术与管理专业群核心课程实训教学条件不足的实际情况，结合交通行业"建"的要求，开展了测量测绘仿真实训室建设；解决原有地隧软件资源过少、实训功能偏少等问题，满足桥梁基础施工、桥梁墩台施工、桥梁预应力结构施工、桥面系施工、支座施工、沥青混凝土路面施工、涵洞施工等方面实训教学需要，完成了路桥施工虚拟仿真实训室的功能提升任务。结合交通行业"管"的要求，解决学院专业群信息化、智能化方面的管理实训条件的不足，完成了工程检测仿真实训室、BIM 实训室的建设任务。建成后，迅速地投入到专业群学生实习实训教学中，成效显著。

四、特色与亮点

（一）通过虚拟仿真技术，有效缓解了传统实训中面临的"三高三难"问题

学院深入研究专业群在传统实训教学过程遭遇的"三高三难"问题，紧密结合行业企业用工要求和学校人才培养目标，利用虚拟仿真技术升级以往不能大规模开展的数字测图，GPS 测量，无人机摄影测量，道路、桥梁、隧道交通建设工程施工，交通建模软件实训等教学环节。为保障虚拟仿真实训教学系统的专业性，实训空间内的仪器设备和实训实操内容均保持了与产业实际的高度统一。

在 2021 年基地建设过程中，通过将理论知识与实践技能系统整合、实训设备与虚拟仿真教学深度结合、实物资源与虚拟资源相互融合，满足了多学科多专业的虚拟仿真教学、实训需求，激发了学生、教师积极性和创造热情，为教师提供了崭新的教学手段和教学方式，丰富了教学内容，共享了教育资源，节约了教育成本，提高了实训教学针对性，进而提高了专业人才培养质量。

（二）通过虚拟仿真实训项目建设，提升了专业群人才培养质量

在基地建设过程中，不断深化与行业企业的协同合作，以社会和市场需求为导向，用新思路、新机制、新模式设计基地建设实施方案，融合多方资源，探索建立院校主导、企业协同、各具特色的实训基地创新建设模式，搭建校企合作桥梁，探索校企合作新模式，实现专业人才培养与企业培训需求的无缝衔接。

根据交通建设行业企业岗位职责和技能对职业院校人才培养提出的新要求，对标开发的测量测绘虚拟仿真实训、工程检测仿真实训和路桥施工虚拟仿真实训等教学资源，保证了实训资源的针对性与专业性。发挥不同类型、不同交互方式的虚拟仿真实训资源的优势，按照"三教"改革具体要求，对传统实训教学模式进行创新再造，实现实训教学的生动性、趣味性、互动性和自主性。

2021年，专业群三名学生代表新疆维吾尔自治区参加全国职业技能竞赛（工程测量赛项），获得国家级三等奖；四名学生代表新疆维吾尔自治区参加第四届全国交通职业教育"升拓杯"学生无损检测技能大赛，分别获得二等奖、三等奖。

（三）通过虚拟仿真实训资源开发，有效调动了企业参与职业教育的积极性

在实训基地建设过程中，企业参与职业教育的积极性逐渐提高。通过校企共建虚拟仿真实训资源，达到校企合作资源最大化利用。2021年，由合作企业投资440万元，建成多功能测绘实训室，结合地形沙盘完成基础测量技术与全数字测绘技术教学，弥补了专业群学生在信息化、智能化实训资源方面的不足。

同时，利用虚拟仿真资源开展教学，提升了教师的教学能力。利用实训基地资源，专业群教师积极开展课程建设，提高了课程质量和使用范围。2021年，专业群课程"数字测图技术""道路建筑材料"被评为自治区职业教育精品在线开放课程；"数字测图技术"被评为自治区课程思政示范课程，课程团队被认定为自治区级课程团队，成员被认定为自治区课程思政教学名师。

32 新能源汽车虚拟仿真实训基地

兵团兴新职业技术学院

一、基地建设概况

为适应新时代的发展要求,增强学院的办学育人实力,保证学院教学资源的先进性和代表性,学院在基地建设过程中,积极利用互联网技术、仿真技术等现代信息技术,构建崭新的教学培训框架结构体系,努力满足教、学、训、考、评五位一体的培训要求。2021年,新能源汽车虚拟仿真实训基地建设项目已完成招标采购、制度建设等相关工作,项目正处于建设实施阶段。

二、建设具体情况

2021年,学院经过调研确定了虚拟仿真基地建设的方向和建设资金,成立了由教务处、督导处、科研处、后勤服务中心、交通运输分院组成的工作小组,确定了新能源汽车虚拟仿真实训基地施工方案,基地局部效果图如图2-60所示,同步开展专业人才培养方案修订、课程体系重构、师资培训以及基地的建设。

图 2-60 基地局部效果图

基地硬件配备有 VR 桌面一体机、沉浸式 VR 实训一体机、智慧大屏教学机、计算机等。软件建设包括新能源汽车技术教学软件、新能源汽车动力总成拆装与检测教学软件、新能源汽车整车结构认知与拆装教学软件、新能源汽车电池虚拟结构原理教学软件等。

三、应用（推进）情况

面向基地建设，交通运输分院与自治区汽车改装（装潢）协会进行了专家座谈交流，强调基地建设要有先进教学理念，体现以学生发展为中心，致力于开启学生内在潜力和学习动力，注重学生德智体美劳全面发展。并根据现有实训条件进行了关于传统汽车一体化教学的交流，对于传统教学存在的教学难、理论知识和实际操作无衔接、实训条件与实训效果差等问题提出了整改建议。针对虚拟仿真实训平台建设能够较好改善相关教学以及实训存在的弊端的特点，提出从汽车基础知识、机械原理 VR 资源进行建设，增加传统汽车结构原理VR 资源、新能源汽车结构原理及其拆装实训 VR 资源建设。虚拟仿真实训资源建设项目包含通识教育课程、专业基础课程、专业核心课程等课程类别，学生可通过自主选择、自行操作，提高或补充实习实训中的特定技能，完善职业专项培训。

新能源汽车专业教师对城市建设分院 BIM 仿真实训建设进行了交流调研，并亲身体验了虚拟实训体验操作。相关虚拟设备创设接近真实的教学学习环境，将抽象概念具体化。体验者通过 3D 眼镜、VR 头盔、遥控手柄和投影笔等进行实训操作，可交互、沉浸式的三维体验，确实能够激发学习的兴趣和热情。教师通过亲身虚拟操作突破传统教学的一些难点和瓶颈，从而让教学变得更有效率。这为后期新能源汽车虚拟仿真实训建设提供了思路和方案，从而开创虚拟体验实训基地新模式。

2021 年，学院深化了基地建设的规划内容和建设重点。

（一）专业虚拟仿真实训中心

该中心可以根据新能源汽车专业教学内容要求，部署对应的虚拟仿真教学资源。以 VR 桌面式一体机为手段，通过构建一个逼真可视化的操作环境和实训对象（见图 2-61），使学生在开放的、自主的、交互的、仿真的虚拟环境中开展高效、安全且经济的实训，进而达到真实操作不具备或难以实现的教学效果。

（二）公共虚拟仿真实训中心

该中心建设目标是为了让学生适应集体学习、分组学习、讨论等多种学习形式。该模块的通用型设计具备开展新能源专业多方向专业基础课程的虚拟仿真实训，通过共享共用实训场地和软硬件系统，保证设备利用率和资源共享效率最大化，让汽车类专业的基础培训实现多样性与便捷性。

（三）展示体验中心

该中心包含 VR 硬件设备、HTC 行走平台、显示器及新能源汽车产线 VR 体验系统、新

图 2-61　基地 VR 资源效果呈现图

能源实训产品 VR 体验系统、新能源汽车动力总成拆装与检测 VR 仿真系统、新能源汽车动力电池拆装与检测 VR 仿真系统等 VR 数字化资源。通过 VR 技术，游览焊接车间、涂装车间、总装车间、锂电池产线；通过 VR 设备，结合 3D 建模技术生成数字虚拟实训产品，在新能源实训产品体验馆中进行沉浸式体验，从不同角度游览新能源实训产品体验馆，了解各个实训产品的功能及特点，以真实新能源汽车动力总成拆装、动力电池拆装教学设备、工具车及各类专业维修工具为蓝本在虚拟环境下 1∶1 建模，依托专业沉浸式 VR 设备、360 度全沉浸式虚拟实操环境，高度还原真实的作业场景。